全[illegible]
坐等出事

作者／王淨文 季達

火猴年政局或劇變
習近平有大動作

2016 新年伊始，北京官場上日子最難熬的恐怕是大陸證監會主席肖鋼。1 月 18 日路透社發布消息稱，肖鋼已辭職。由於他的管理不善，致使大陸股市市值蒸發逾 5 萬億美元，比日本的國內生產總值（GDP）還要高。因肖鋼設立的熔斷機制導致中國歷上最大的股災。

翻開肖鋼的簡歷，1958 年 8 月出生在江西吉安。在北京官場中，特別注重提拔老鄉的江派軍師曾慶紅就是吉安人。在「江派利用股市搞政變」，「江派想用經濟搞垮習近平」的各種傳言聲中，有人甚至懷疑肖鋼是別有用心，故意在人民幣貶值的關鍵檔口來這麼一刀，令中國經濟流血不止。

回顧熔斷機制的制定過程，那得追溯到 2013 年 8 月 16 日的「光大烏龍指事件」，當時肖鋼擔任證監會主席僅五個多月。官方稱那天光大證券自營部門發生交易系統錯誤，自身總資產才 100 多億的光大銀行，卻在 16 日當天下單 234 億元進行 ETF 套利，最終成交 72.7 億元，大量買單瞬間推升滬指 5.96%，造成當天 A 股和股指期貨市場大幅波動。

無論官方如何隱瞞光大證券的「偶然失誤」或「故意攪局」，有一點是非常令人吃驚的：當異常交易發生後，按照國際慣例，證監會完全可以宣布那一特殊時段的所有交易都取消，雙方各自重新開始，但肖鋼卻下令承認這個異常交易，坐實了烏龍事件，從而在習近平要審判薄熙來時，曾任光大銀行負責人的薄熙寧（薄熙來四弟）有機會搞出這驚天一跳，讓外界見識一下「我們薄家還是有人的」，藉以迫使習陣營輕判薄熙來。具體詳情，請看暢銷書《習近平與江澤民的三次生死大戰》。

從整體經濟的角度看，股市無論怎麼升降，它在中國經濟的比重是很小的，相比之下，人民幣匯率的不正常波動對中國經濟的傷害才是更大的。人民幣保衛戰也就成了火猴年李克強、習近平最擔憂的問題之一。

前些年中國很多企業借的債務都是美元債務，因為美元貸款利息比人民幣低，且貸款容易。如今人民幣貶值後，這些公司就得歸還更多的人民幣，於是很多大型企業都在利用各種手段兌換美元，促使美元價格進一步攀升。

中國自稱外匯儲備豐富，但中國外匯儲備的所有權並不歸屬於中國，當西方企業到中國來投資時，他們帶進上萬億美元，中國銀行就得加印相當數量的人民幣鈔票兌換給他們，但這筆資金的主人還是西方投資者，一旦他們想撤資，要把人民幣換成美元帶走時，中國經濟就會失血。有調查報告稱，如今中國外匯儲備是 3.5 萬億美金，但中國欠的美元債務是 5.3 萬億美金，中國反倒還欠別人 1.8 萬億美金。

也許是為了長痛不如短痛，中國政府主動讓人民幣貶值，同時控制人民幣離岸價格。如今在香港，很多大陸遊客把人民幣帶來換成美元存在香港，但同時對於那些想做空人民幣的國際大鱷們，中國銀行又通過拉高人民幣離岸價，阻止了國際炒家的搗亂。

今年元旦以來人民幣不斷下跌，引發股匯風暴，1 月 11 日人民銀行疑似在離岸市場打大鱷，先買入人民幣托高離岸價，逼空方平倉，再抽走香港的人民幣資金，大幅挾高隔夜拆款利率，增加空方空倉回補的成本。港銀隔夜拆款利率大幅抽升，飆至 13.4%歷史新高，翌日隔夜拆款利率更一度高見 68.5%，這是 2010 年 3 月有數據以來的歷史最高值。

不過專家稱，這次只是擊退了國際大鱷魚的火力偵探，對人民幣更多更大的攻擊還在後頭。1998 年東南亞金融危機時，索羅斯等國際大鱷魚們就是利用匯率搞垮了馬來西亞等國的整個經濟。如今的央行只是被動挨打，被人為推高到山頂的人民幣，能否憑藉聯繫匯率，平安著陸，這也是 2016 年人們擔憂的事。

如今資金大量外流，特別是那些通過自己的跨國公司、以及紅二代操控的所謂外資，這些美元熱錢都在拚命往外跑，有消息稱，在中國 170 萬億人民幣的大盤子中，已經有 30 萬億人民幣被抽走了，相當於五分之一的資金被流失了。一個被大量抽血的巨人還能應對多少外來攻擊，還能跑多遠？

反腐走向基層

而有關 2016 年的反腐預測，官方明確表示是要「保持高壓，持續推進」，除了沒有「丹書鐵券」、沒有「鐵帽子王」，要打「太上皇」之外，一個值得關注的新動向是，2016 年的打虎會從 2015 年擊落上百個省部級高官，下降到「基層打虎、捉蒼蠅」。也就是說，反腐向兩頭走，往高去擒拿曾慶紅和江澤民及其家人和親信，往低走去捉拿縣市級的貪官污吏。

軍改後清理公安武警

在完成軍改第一步之後，習近平又把矛頭瞄準了政法委管轄的公安部、法院、檢察院，特別是公安部和武警，這些是周永康把持了十多年的老巢。與軍隊一樣，公安系統也是相對很封閉的系統，外來者很少能夠成功的插入進來，公安部的改革也與軍隊改革一樣，比其他機構的改革難得多。哪怕是上面的頭換人了，下面的還是周永康的江派人馬，他們還是會伺機而動，甚至搞出暗殺、政變等瘋狂舉動。

2015 年 12 月 28 日至 29 日，習近平主持召開政治局專題「生活會」，讓政治局人人表態，總結周永康等人的教訓。會上孟建柱被點名批評政法系統上層組織建設、法制法治建設等方面「雷聲大雨點小」，社會各界有強烈意見。

據說習近平批評政法委系統：「周永康專政橫行期間人治淩駕法制，穩定壓倒法制，官意替代法律狀況現象十分嚴重。」習還批評孟建柱個人，「無所作為就是失職、瀆職」，要壞全面推進法治工作大事。而孟建柱在會上自責缺乏勇氣和意志，怕犯方向性錯誤等。

整頓殭屍國企 失業大潮將至

火猴年現政權面臨的另一大危機就是國企改革。

1 月 11 日，《人民日報》刊文稱，「殭屍企業」依靠非市場因素生存，靠政府補貼、銀行續貸等方式獲得給養，完全遊離於市場機制之外，導致要素配置扭曲，市場信號失靈。

財經網也刊發題為《中國經濟凜冬：倒閉、失業與工資福利萎縮》的長篇報導，認為在未來一年，失業將從民營中小企業向大型國企蔓延，國有基礎性行業會再次出現失業大潮。

11 日，新華社引述中金報告分析稱，未來兩三年，若產能過剩最嚴重的行業減產 30%，將會裁員 300 萬人。這些工業包括：鋼鐵、煤炭開採、水泥、造船業、煉鋁和平板玻璃。

不過 IMF 一項中國勞動力市場研究報告估計，加快精簡國有企業和產能過剩行業，可能讓短期失業率增加 0.5 至 0.75 個百分點。「殭屍企業」關停將導致 600 餘萬人失業。

完美風暴形成

面對上述種種危險因素，《新紀元》總編臧山表示，中國經濟結構有致命的缺陷，比如股市，即使沒有肖鋼，也會出來一個李剛、劉剛等，「大浪來時，任何人無論他如何做，都只有一個結局，那就是被巨浪沖走。」中國經濟走到今天這一步，其始作俑者正是中共前黨魁江澤民。其在掌握中共最高權力的時期，以貪腐治國，將國民經濟推向崩潰的邊緣。如今中國經濟面臨這樣的危局，任何人都很難做好。

他舉例說，就好比中國足球，無論你花幾千萬請來著名教練，中國足球在體制、人員、培訓、心理素質、精神面貌等諸多方面的致命弱點不克服，足球就沒有希望翻身。他表示，如今中國經濟，就像好萊塢大片《完美風暴》（Perfect Storm）那樣，各種極端不利的因素互相疊加，最後產生出一個大得不得了的風暴，徹底摧毀一切。

股市巨跌與人民幣貶值、資金外逃、房地產泡沫、產能過剩、地方債巨大、人口比例失調、環境被破壞，貧富兩極惡化、社會矛盾層出不窮，天怒人怨等，再加上貪官污吏瘋狂反撲、最大老虎伺機搞政變、搞暗殺等等，這些因素疊加在一起，令北京當權者真的是坐在火山口了。一有點風吹草動，可能蝴蝶效應就能摧枯拉朽一般使這個體制迅速瓦解。

2016 年是火猴年，猴年命理上的不太平，許多人預言在火燒眉毛的困難面前，中國官員會急的像猴子那樣「抓耳撓腮也想不出好的治理方案」。從古代觀星術來看，火猴年是熒惑守心，也就是火星運行到一個特殊的區域，預示災難將危及君主。歷史上秦始皇的死亡、漢成帝的死亡，都應驗了這個星象。

也就是說，2016 年對習近平來說，是不太平的一年。從現在的局勢演變來推算，上億因股市暴跌而不滿的人，600 萬殭屍企業的失業職工，軍改中觸及到了失勢軍官，還有被清理的公安部、情報特務系統的人，都有可能成為暗殺或危害習的潛在刺客，習因此很可能選擇突變，破局變天。

目錄

第一章

災難躁動的 2015 年

對許多中國人來說，2015 年猶如北京的霧霾，看不清方向，看不到希望。心情矛盾、焦慮、害怕，這是大風暴來臨前的預感。整個中國官場的心態也是等待，不敢作為，在劇變發生之前躊躇觀望，坐等出事。

2015 年 12 月聖誕節前，中紀委官員習驊的文章《【癸酉之變】官員都在坐等出事》，發出中共將要倒台的信號。（Getty Images）

第一節

困惑不安中度過 2015 年

2015年12月聖誕節前，中紀委官員習驊的文章《【癸酉之變】官員都在坐等出事》再次在網路熱傳。文章提到，早在200年前的癸酉之變時，清朝深陷歷史周期律的命運已經注定；帝國大廈由搖晃走向垮塌，癸酉之變只是第一步——費正清找到了原因：官員們都在坐等出事！很多評論認為，該文能在當時的時局下熱傳，實際發出的就是中共將要倒台的信號。

習驊：官員都在坐等出事

《中國紀檢監察報》和監察部網站先後在2014年1月及2015年2月分別以題為《從癸酉之變看作風建設與歷史周期律》及《作風建設與歷史周期律》轉載習驊的文章。2015年12月23日，習驊的文章又被部分微信公眾號以《【癸酉之變】官員都在坐等出事》為名，再次在微信熱傳。

該文介紹了清朝的「癸酉之變」。

1813 年 10 月 7 日中午，兵部尚書兼順天府尹劉鐶之，正與客人觥籌交錯。宛平縣令和盧溝橋巡檢破門而入，附耳低語：昨夜、今晨，家住宋家莊的林清等人，騙過崗哨，經盧溝橋進了城，明天午後攻打皇宮，情況十萬火急！

第二天，1813 年 10 月 8 日下午 3 時整，天理教徒 200 餘人裝扮成賣柿子的、送貨的，以迅雷不及掩耳之勢，由東華門、西華門攻入皇宮。兩天一夜之間，皇帝家中刀光劍影，箭矢亂飛。警衛部隊驚慌失措，死傷過百，假如天理教外援及時跟進，林清他們肯定會把大清皇宮連鍋端！

湊巧，嘉慶帝的二兒子，也就是後來的道光皇帝，平時最愛擺弄冷兵器時代最嚇人的玩意兒——火槍，這次派上了用場。幾聲槍響，竟然穩住了軍心，逆轉了形勢。在禁軍的圍剿下，天理教徒寡不敵眾，起義失敗。

這件事發生於夏歷癸酉年，史稱「癸酉之變」，是清朝由盛轉衰過程中的標誌性事件，是大清重複歷史周期律的不祥之兆。

文章提到觸發「癸酉之變」的，是整個官場出了問題。清朝的吏治腐敗很有特點：官員們除了「貪」，還特別「懶」，沒人想做事，討厭擔責任，整天無精打采，敷衍了事。從乾隆中期開始，官場就如一潭死水，不作為是主旋律，國家統治機器銹蝕得無法運轉，社會治理問題按下葫蘆起來瓢。人人麻木不仁，個個「炸雷都打不醒」，根子在於官員追求狹隘的人生目標：升官發財！目標明確了，辦法就有了。

文章還說，早在癸酉之變時期，清朝深陷歷史周期律的命運已經注定；帝國大廈由搖晃走向垮塌，癸酉之變只是第一步——費正清找到了原因：官員們都在坐等出事！

文章特別提到王岐山指：「學歷史最重要的是聯繫實際。」

時政評論員李林一表示，習驊的文章本身就在借古喻今。在當前中共徹底崩潰前，該文實際已經在預警中共的滅亡。而文章提到的「癸酉之變」，很可能在影射新四人幫曾圖謀的「政變」或江派為首利益集團 2015 年發動的「金融政變」。

習驊是 2015 年 3 月「慶親王」文章的作者。「慶親王」被認為是針對江派原常委曾慶紅。

王岐山承認中共已到崩潰的臨界點

此前，王岐山公開談到中共執政「合法性」的問題。2015 年 9 月 9 日，王岐山在北京大會堂會見出席「2015 中國共產黨與世界對話會」的外方代表60餘人，首次公開提到中共執政「合法性」問題。中共黨媒分析稱，王岐山「提出執政合法性問題，蘊含著深刻的危機意識」。

有報導說，王岐山在 2015 年的中紀委常委會上，首次公開承認中共體制已經處於瀕臨崩潰的臨界點。

6 月中旬，中共政治局擴大生活會上發放的一份調研報告羅列了中共「亡黨」的六大危機，涵蓋政治、經濟、社會、信仰、前途等各個領域，並指局部政治、社會危機已經處於爆發、蔓延、惡化狀態。報導披露，習近平說，面對嚴峻事實，承認亡黨危機的事實。

江派曾多次企圖發動政變

據報，周永康、薄熙來、徐才厚、令計劃被指是「新四人幫」，他們結成政治聯盟，曾密謀通過權鬥、甚至政變等方式奪取習近平的權力。

有軍方背景的《環球新聞時訊》雜誌 9 月 1 日報導了題為「黨政軍老虎紮堆 源頭難辭其咎」的文章稱，凡有政治常識的人都明白，新一屆中共高層掀起的反腐風暴，對中共黨政軍來說，如同當年打倒「四人幫」一樣。而熟悉中共歷史的人都心知肚明，「新四人幫」其實依附著一個共同的「老闆」江澤民。

而在 2015 年 6 月中旬到 7 月上旬，大陸發生股災。據報，中共江澤民派系的各大企業都集體參與做空 A 股，他們圖謀利用金融危機引發政治危機，當局已經將這次股災定為「經濟政變」。

中共高層權鬥越演越烈，中共政府公信力已降至無人可信的地步，中國社會危機層出不窮。截至 2016 年 2 月 1 日已有 2 億 2658 萬 9743 中國人退出中共黨、團、隊組織。

悲觀者的論調：很困惑 坐等出事

2015 年 12 月 31 日，這一年最後的一天，《紐約時報》這樣評價這一年的中國：

北京——對於中國首都的很多居民來說，這個冬天的霧霾都是一個恰當的比喻：它讓建築顯得模糊不清，太陽蒼白無華，正如他們 2015 年面對的不確定性。

在採訪和私下交談中，北京居民表示，2015 年是等待的一年，等待中國的政治和經濟前景逐漸明朗起來。

「整個國家處於一種等待狀態。」中國南方的商人和雜誌出版商歐陽勁說。他在造訪北京期間接受了採訪。「誰都不清楚未來會走向什麼方向，目前的狀況很複雜，大家的心情也很複雜——焦慮、希望、害怕——所以我們只能等待。」

投資者為經濟放緩和股市動盪而懸心，等著看增長是否會有起色。官員等著看習近平堅定的反腐運動會影響他們的工作多長時間。學者和作家等著看共產黨對知識界活動的冷峻鉗制是否會有所鬆動。人權律師和異見人士等著看下一個被拘捕的人會不會是自己。北京以及其他北方城市的居民則等著霧霾來而復去。

「可以說很多人都在等著呼口氣——雖然北京最近的空氣很糟，這麼說似乎有點不恰當。」加州大學歐文分校歷史學教授、中國問題專家華志堅（Jeffrey Wasserstrom）說。中國當前面臨的不確定性，已經超出了這個如此巨大而複雜的國家的一般程度。

對中國來說，2015 年是「充斥著矛盾信號的一年，或許也可以說，是矛盾激化的一年。」華志堅指出，習近平似乎正在「求諸於內」和「求諸於外」之間搖擺。「一方面，習近平倍加努力地展示中國能走自己的路，而且引經據典，無論這些經典出自共產黨掌權之前還是之後。」他說：「但另一方面，他出訪國外的次數比這幾十年來的歷任中國領導人都多，而且也走得更遠。」

幾名要求匿名的商人和官員表示，這種不安感滲入了中國的官僚階層，影響到中國經濟。他們表示，由於擔心被控徇私，就連沒有腐敗行為的官員，也越來越不願做出重要決定。反腐行動導致「灰色收入」消失，這削弱了基層行政人員的士氣。

「當官兒的都不知道這個反腐運動、學習會議等等會什麼時候結束，之前也不知道誰可能是下一個落馬的人。」中國人民大學歷史學者張鳴說：「上下都沒有一個明確的方向感。以前，在八、九十年代，事情要簡單得多——改革，建立市場經濟等等。但現在對於官員和老百姓來講，政策變得更難以解讀。」

清華大學知名社會學家孫立平也表示，2015 年底的感覺可以用一個詞來概括：「困惑」。他表示，「這一次有點像我們在沙漠和戈壁上開車。」「前面的路都是很明確的。但是走著走著，路沒有了，前面是個沙丘。」他說：「最後哪條路能走通它就是一條路，哪條走不通，那就不是路呢，我們現在可能就不知道。」

樂觀者：中國正處在三千年大變局中

面對習近平、王岐山、李克強上台後的一系列打虎、推改革的舉措，也有不少有識之士從中看到的習近平與此前中共黨魁的差別，下面簡單引述兩個人的觀點。

時事評論員周曉輝在 2015 年 11 月發表文章稱，他看到中國正處在大變革的關鍵時刻。「大概六年前，曾與一位外國教授聊到中國問題，他的認知是中國要發生翻天覆地的變化，至少需要 50 年，而我的判斷是時間絕不會如此之長。六年後的今天，中國出現大變局的信號正在不斷顯現。」

第一個是習近平一再釋放歷史轉折關頭及面臨生死抉擇信號。在 2015 年 4 月 3 日植樹節習近平首度發出「這是個歷史性的時刻」的說法後，習近平於 6 月 16 日突然到訪遵義，由於歷史上的遵義會議攸關中共的生死存亡，因此其到訪藉此傳遞的信號是：中共再次到了生死存亡的歷史性關鍵時刻。

其後，10 月 21 日，習近平在倫敦發表演講時，引用了英國大文豪莎士比亞劇作中最為人所熟知的一句：「生存還是毀滅，這是一個問題。」並稱自己在年輕時就開始思考這個問題。11 月 3 日，習近平在會見國際會議外方代表時，提出「改革是決定當代中國命運的關鍵」。而在 11 月 4 日，中共官媒在發文解讀「十三五」規劃建議文件時，亦明確提到「如今的中國，就處在不得不調整的歷史關頭上」。聯繫當下中共高層你死我活的博弈，習近平釋放這樣的信號顯然不是無的放矢。

第二個是中南海高層和體制內學者一再釋放危機和變局信號。近兩年來，習近平、胡錦濤、王岐山等高層多次在公開場合闡述「亡黨危機」，而王岐山除了在2015年9月提出中共執政「合法性」問題外，還在內部會議上表示「體制、機制上出了大問題，黨內上層政治生活出了大問題」。這表明習近平與北京當局早已知曉他們所面臨的危局。

而在最近一個月內，體制內四個不同身分之人則接連預警「中國大變局」。他們是中國社科院學部委員余永定、親習陣營評論人士牛淚、大陸學者童大煥和萬科董事局主席王石。從經濟角度，余永定罕見承認中國面臨「30 年來未有之變局」；從政治角度，牛淚稱「中國社會轉型到了關鍵時點」，童大煥認為「中國大陸正處於巨變時代，不以任何人的意志為轉移」，而王石則表示中國現在是「黎明前的黑暗，大變革時代即將到來」。

第三個是習近平的外交布局釋放變局信號。自中共 18 大習近平上台以來，其足跡已遍布歐洲、亞洲、北美洲、南美洲、大洋洲、非洲，從與俄羅斯建立全面戰略協作夥伴關係，到與美國構築新型大國關係；從訪問荷蘭、法國、德國、比利時、英國等，打造與歐洲的戰略合作夥伴關係，到出訪非洲、南美以及大洋洲等國，謀求合作；從出訪東北亞、東南亞一些國家，強調加強區域合作，再到 11 月 7 日的突破以往的與台灣領導人的「習馬會」，習近平通過頻頻出訪，一再告訴國際社會，中國要對外保持友好、加強合作，而非對抗。

無疑，其進行如此布局的主旨是求得中國外部環境的穩定，從而可以集中精力解決國內的大問題，即涉及大變局行動。這從官方的說辭中也可以得到驗證。

第四個信號是拋棄中共已成為中國社會越來越多人的共識，人心思變已毋庸諱言。從 2 億多中國人的「三退」，到近 20 萬法輪功學員和家屬的「訴江」、幾十萬人的舉報江澤民，再到中共媒體試水解散中共基層組織，業已失去民心的中共何時退出歷史舞台，正被許多人關注。

第五個信號是陸媒頻揭江澤民醜聞，網路以蛤蟆諷江博文不被封鎖，中南海更釋放出「擒賊先擒王」信號。這說明在連續拿下江派馬仔後，抓捕江澤民只是個時間問題了。

顯然，一旦江澤民被抓捕，將是一件轟動世界的大事，不僅由其主導迫害的千古冤案法輪功等獲得昭雪，而且習近平由此獲得更多民心，阻礙習近平施政的政治障礙也將被清除，江派未落馬的猢猻只能在惶恐中等待審判，而中國的大變局亦由此開始。

無論悲觀者還是樂觀者，目前中共政局的動盪不安，是每個人都感受得到的。古人云：「溫故而知新」，在預測未來中國會怎樣時，不妨先來回顧 2015 年中國發生了哪些大事，無論是十大群體事件，還是十大災難，這些事昨天發生在別處，明天就可能發生在我們身邊。

第二節

2015 年中國十大群體事件

綜觀 2015 年群體事件，任何事件都是大陸民衆為爭取最基本的生存權所進行的抗爭。（大紀元製圖）

2015 年對於大陸來說是一個不平靜之年，天災人禍不斷，政局詭異，高官紛紛落馬，大陸民眾維權群體事件層出不窮，規模之大、衝突激烈程度堪比歷年事件。

綜觀 2015 年群體事件，從爆發次數、參與人數以及警民衝突最為激烈且最多是由於垃圾站、PX 項目等環境污染相關所引發的群體抗暴事件，其次是投資受害者、工人討薪、村民抗強徵土地等各類維權群體事件。

發生在中國的群體事件，幾乎都是大陸民眾為爭取最基本的生存權所進行的抗爭。據中共《社會藍皮書：2014 年中國社會形勢分析與預測》透露，大陸群體事件每年以 30% 驚人比例遞增。

時政評論人士鐘聲曾在其評論文章中表示，中國人正在覺醒，中國社會正在發生一場空前的精神覺醒運動，中國人開始認真地思考自己存在的意義，開始意識到自己的權利和義務。中國正在出現一場沒有領導的自發式的革命，中國民眾正在以這種或那種的方式表達著對中共統治的唾棄和厭倦，同時，隨著中共經濟泡沫的破滅，席捲全國大地的大規模的維權抗暴活動已經有星火燎原之勢，這一切無疑都是在不斷地動搖著中共的統治。

1. 河南一藥廠排毒氣污水 萬民砸廠

2015 年 1 月 16 日，河南南陽市鎮平縣普康藥廠廢氣污染、暗管偷排、地下水污染等被陸媒曝光，引起當地民眾關注。但該藥廠不顧兩次要求停產整治的通告，仍然在生產。1 月 21 日，上萬民眾來到藥廠門口討說法，他們手舉著「拒絕污染 立即停產」的標語與橫幅進行抗議。

現場村民對《大紀元》記者透露，當時藥廠從南陽雇來四、五十名不明身分的黑社會人員，手持長刀、短刀威脅民眾，雙方起衝突，最後因民眾人多勢眾，將黑社會人員趕跑，有的黑社會人員慌忙中將刀具丟下，被現場民眾拍照上傳網路。

藥廠雇黑社會對付民眾的做法激起民憤，眾人一起將藥廠的捲閘門掀翻，民眾一擁而上，衝入廠內，四處亂砸。

當時場面很激烈，民眾一起衝進去，車輛、門窗、桌椅都被砸，當局從南陽、鎮平縣調集大批特警、消防等警力趕到現場，但是已無法阻止憤怒的民眾。據悉，民眾圍攻藥廠直至晚上 6 時許才漸漸撤離。

1 月 22 日，藥廠 3 公里範圍內被警方封鎖，抗議民眾被驅趕。

普康藥業有限公司是世界最大鹽酸林可黴素生產商，自 2004 年投產以來，大量廢水和有毒廢氣自由排放，周邊及下游民眾深受其害，當地民眾患癌症、心腦血管、皮膚病、畸形兒等明顯增多。

2. 廣東上千村民抗議強徵土地 包圍高鐵站

2015年，大陸各省村民抗議官方強徵、強占土地、官商勾結、貪污補償款的維權事件不斷，由於當局不作為，最終導致大規模衝突的群體事件。廣東普寧市馬柵村有上千畝土地被當地政府官商勾結強徵、強占，相關款項被貪官挪用，數千村民自2014年9月以來進行過多次維權。到2015年3月事件逐漸升級，與強占土地的新羽紡織公司老闆發生衝突，公司被村民砸毀，當局派出大批防暴警察進行暴力鎮壓。

4月2日晚，馬柵村上千村民手持橫幅、高舉旗子圍堵普寧高鐵站，要求當局釋放白天被抓的6名維權村民，當局調動數千警力施放催淚彈進行暴力鎮壓，雙方對峙數小時，多名村民被打傷。當夜凌晨，警方又封村大肆抓捕維權村民。

據村民透露，當晚警方的抓捕行動一直持續至凌晨5時許，全村的網路與通信全部被屏蔽。進村的四、五個路口全部被封鎖，不讓人、車進村，警察開始挨家砸門抓人。當晚有三、四十名村民被警方抓走，也有村民說有六、七十人。

4月5日，無奈的村民準備從鄉政府開始遊行至市政府，要求當局釋放被抓村民，但是，還沒有等村民集合，已有上千特警進村將整個村莊封鎖。出村都要過關出示證件檢查。

4月6日，揭陽市官方稱在高鐵事件過程中被抓捕的該村村民羅錦榮因心臟病搶救無效死亡。據村民透露，如同羅錦榮進看守所不久便被通知病亡的事件經常發生，還有的維權村民被抓進去之後活活被打死，因此村民們懷疑羅錦榮的真正死因。當局嚴密封鎖消息，屏蔽網路。

3. 廣東萬民抗議垃圾焚燒廠 掀警車砸廠

2015 年 4 月 6 日，廣東羅定市朗塘鎮數千村民反對華潤水泥（羅定）有限公司私建垃圾焚燒廠，圍堵水泥廠遭到大批警察暴力鎮壓，多人被打傷，其中包括一名舉橫幅的 11 歲小孩，引起村民憤怒，雙方發生肢體衝突。

該鎮村民劉女士對《大紀元》記者表示：「那名武警用警棍打一名小孩，村民就衝過去打，當時警察見人就打，見手機就砸手機，同時施放三枚催淚彈，抓走了 56 名村民，村民們根本抵擋不住警察的暴力。」

4 月 7 日，事件迅速升級。上萬村民準備汽油瓶、木棍、石頭等用具從鎮政府一直遊行至水泥廠，將該廠的兩個大門圍堵，村民阻止該廠的貨車出廠，同時要求警方釋放 6 日被抓的村民。數十名特警又開始對村民進行毆打，激起民憤，村民開始砸廠門，進而砸辦公室，同時砸向水泥廠旁邊的朗塘派出所警務室。

劉女士表示，村民準備了一車石頭，還有十多支汽油瓶，同時將推倒的該廠鐵門卸下鐵棍充當武器，開始見到什麼就砸什麼，場面非常激烈。由於村民人數眾多，警方根本無法控制場面，過程中有警察朝天鳴槍，但是也未能制止村民的氣憤情緒。

經過村民的反抗，當地政府於 8 日宣布取消垃圾焚燒廠項目。

華潤水泥廠欲在該鎮興建處置固體廢棄物項目，同時進行垃圾焚燒。該項目距離鎮中心只有2至3公里的距離，並且在項目既未經環評，又未徵求村民意見的情況下私自建設，因此遭到所有村民的反對。此外，該水泥廠已對該鎮的環境造成污染。村民經常出現莫名其妙的頭暈，由於水泥廠偷排污水，導致河裡的魚全部死亡。

4. 四川數萬民眾保路大遊行 警民激烈衝突

2015年5月16日、17日，四川省廣安市鄰水縣數萬民眾集會遊行，抗議廣安市當局更改原計畫通過鄰水縣的達渝城際鐵路線，將其移至廣安縣。同廣安警方爆發大規模衝突，期間有軍隊介入此事件。

5月16日上午9時，鄰水縣數萬名民眾自發地聚集在縣城萬興廣場，他們打著「百萬鄰水人民要鐵路」、「還我城際鐵路」等標語、橫幅，高呼口號，一路遊行至鄰州廣場，全程數公里，在鄰州廣場進行了萬人簽名活動。

據一位不願透露姓名在衝突現場的女士透露，衝突地點發生在鄰水西站附近，最開始是因為一位老人與廣安過來的警察發生爭執，警察打了老人的頭部，年輕人看不下去，上前幫助老人，最終演變成警民之間的石頭大戰。

17日，事態進一步升級。鄰水民眾冒雨繼續上街遊行，當局從廣安、南充、遂寧、綿陽、成都等地調集兵力，包括軍警、軍車，鄰水街頭隨處可見警察，以及坐滿警察的大巴、防暴車，保守估計警車、軍車達300輛，特警等約5000人集結鄰水。上萬民眾再次與數千警察對峙。

當日傍晚，警方向民眾施放催淚彈，驅趕民眾，與此同時對民眾進行大肆抓捕。據說抓走 20 餘人，其中包括一名年輕女子。

5. 上海萬民連續一周抗議 PX 項目

2015 年 6 月 22 日開始，連續近一周時間，上海金山區上萬民眾冒雨遊行示威抵制 PX 項目。22 日，數千民眾圍堵在區政府門前，數百警察現場戒備，警方封鎖主幹道金山大道。期間雙方發生小規模肢體衝突，民眾高喊「還我金山」口號，向警察扔礦泉水瓶，警察掏槍威嚇民眾，一名 17 歲拉横幅的年輕男子被抓捕。

23 日，越來越多的民眾參與其中，在區政府前人數一度達到萬餘人。有一名被抓民眾獲釋，但是由於遭警察毆打，是被人抬出來。

之後，民眾在區政府不予解決問題的情況下，到市政府進行持續抗議，27 日，數百名金山民眾突破封鎖來到上海市政府前的人民廣場持續抗議。當局如臨大敵，調動大批警力嚴陣以待，市府前警車林立，警察人數超過示威民眾。

有民眾透露，當局以天氣原因為由將人民廣場旁邊的公園臨時關閉。市政府前的人民廣場上有數十輛警車、一排排的警察，數百民眾在現場高呼口號，與警察發生肢體衝突，有民眾被毆打，現場是一片民眾呼喊「警察打人」的聲音。

還有民眾稱，警察不分男女，見人就打，男的直接按在地上，女的直接搧耳光，孕婦也不放過，打完後直接押進大巴士車裡。許多民眾都不同程度受傷，警察態度囂張，只要民眾稍有反抗就暴力相向。

金山區區內有中國石化上海石油化工股份有限公司和上海化學工業園區。中石化將斥資 600 億元在金山區新建一座包括總煉油產能達 2000 萬噸／年、乙烯產能達 100 萬噸在內的新煉化企業，並在新產能投產後完成對中石化上海高橋分公司原有裝置的拆遷。據悉，該項目最終在民眾的抗議聲中終結。

6. 民間借貸崩盤 現大規模投資受害人維權潮

2015 年，大陸民間借貸與理財擔保公司猶如多米諾骨牌一樣，連環崩盤，或演變為大陸民眾維權全面爆發的導火索。各地投資受害者大規模維權行動此起彼伏，其中號稱全球最大的「昆明泛亞有色金屬交易所」（簡稱「泛亞所」）出現的兌付危機應該是 2015 年最大案之一，涉及大陸 27 個省，22 萬名投資者，總金額達 400 億元。

自 2015 年 4 月份開始，泛亞所告知投資人因出現資金斷裂，無法支付本金，因交易所停牌，投資者也無法提取利息。因此，7 月中旬以來，投資受害者展開了一系列的維權活動。

7 月 20 日，來自上海、黑龍江、河南、雲南等 27 個省 200 餘名投資者來到雲南省政府門口，拉橫幅、打標語，並且喊口號要求見省長，他們剛一到現場，隨後過來百餘名警察在政府門前戒備，警察手拉著手，往後推維權民眾，最後他們被推至路邊，請願活動一直持續至下午 5 時許，但是無任何政府官員出面接見投資受害者。

9 月 16 日，位於深圳前海的泛融總部，泛亞泛融數十位深圳受害者自發來到現場，請求徹查泛亞龐氏騙局。

9 月 19 日，上千名投資人集體前往上海市靜安寺組織集會並追討投資款。

9 月 21 日早上，除了西藏、香港、澳門等地未有投資者參與之外，來自各大省市以及自治區的 1500 餘名投資受害人來到中共國家信訪局前排隊上訪，他們按著規定遞交上訪材料，現場有大批警察戒備。

下午 2 時許，投資受害者又來到位於西城區金融大街 19 號富凱大廈的中共證監會樓前示威抗議，投資者們打起長長的橫幅，在現場高呼口號，同時將金融大街封堵二個多小時。有二、三百名警力到現場戒備，最後投資者被多輛大巴士拉至久敬莊。與此同時，在雲南昆明市的省政府前，亦有大批受害者集會討說法。

投資受害者表示，在泛亞的投資者中不乏失業、退休的普通老百姓，22 萬人 400 多億元的資金，每位投資者至少平均投入 10 餘萬元，但是目前仍然有大部分受害者並不知道自己所陷入的險境，隨著維權活動的繼續，媒體的關注，相信將會有上萬的受害者參與維權，規模會持續擴大。

泛亞所於 2011 年成立，總部設在雲南昆明。其在宣傳中聲稱無風險、固定收益、隨進隨出，當時由雲南省政府做擔保，中共央視二台大力宣傳，因此許多民眾參與其中，資金規模迅速擴增達 400 餘億元。

7. 廣西城管暴打攤販 萬人憤怒圍堵聲討

大陸城管職業已被大陸民眾所唾棄，可謂人人恨之，2015 年因城管毆打小販等事件引發的群體事件頻繁發生，人數少則上千人，多則上萬人，一時間成為頭條新聞。

2015 年 10 月 14 日晚，廣西欽州市欽南區主幹道大花園發生數十城管暴打一家三口攤販事件。該市城管以「整治市容」為名，強行沒收擺攤攤主的貨物。當時擺攤賣手機膜的一家三口商販的攤位也未能倖免，城管在暴力執法時，攤主與城管發生口角，攤主拿出棍子毆打城管，從而雙方引起後續激烈的衝突。

城管追打男攤主，那位攤主跑進一家手機店內躲避，結果被二、三名城管追進店裡暴打，還將攤主拖出來，沿公路拖行。期間，攤主的妻子背著孩子上前阻止，結果其一歲的孩子掉在地上，被城管一腳踢出一米多遠，城管的暴力更加引起圍觀民眾的憤怒。

一位現場目擊者對《大紀元》記者表示，現場圍觀的民眾有近萬人，交通全部癱瘓。後來到現場的警察、武警亦有近千人，民眾情緒激動，高喊口號，城管遭到民眾圍堵，最終調動武警為其解圍。

整個衝突事件一直持續至凌晨 2 點，民眾才陸續散去。

8. 江西上萬民衆抗議污染爆衝突 警察開槍

2015 年 11 月 1 日，江西上饒市鄱陽縣饒埠鎮上萬村民到相鄰的萬年縣石鎮恆翔化工廠示威，抗議污染環境。當地民眾數年來飽受一河之隔的數家化工廠的毒氣、毒水污染，民眾苦不堪言。

當日早上 8 時許，饒埠鎮上萬名村民高舉橫幅陸陸續續地聚集到樂安河對岸的恆翔化工廠前，全副武裝的上千名特警、防爆警察、武警、交警等在各個路口設卡攔截，在政府門前則有三排警察把守，阻止村民進入，現場村民情緒激動，有村民向廠內扔石塊，砸碎工廠大樓玻璃，特警向村民施放催淚彈，並且開槍，橡膠子彈擊中多名村民，警察開了幾十槍。

現場村民王先生表示，有的村民背部被橡膠子彈打穿，還有頭被打破，以及胸部中彈，最多中彈村民身上取出 8 顆子彈，還有一村民身中 5 槍，10 餘名村民受傷，有的重傷者已轉移至縣城醫院進行治療。

整個衝突持續至中午結束，手無寸鐵的村民無力抵抗，最後救出傷者陸續撤離。有村民透露，數名村民被警方抓走。

萬年縣石鎮工業園有四家化工廠對周邊數村造成空氣和水的污染，給 6 萬民眾生活帶來影響。當地常年有一種臭味，許多村民晚上被熏醒，許多兒童身上患有不知名的皮膚病，到多家醫院都無法治療，並且癌症患者也在逐年增加。

由於化工廠的污染，導致莊稼減產、枯死等，河水死魚成片，美麗的樂安河已變得面目皆非，以前兒童在河水裡嬉戲的場面已不復存在。化工廠所在地的萬年縣石鎮村民曾經多次進行抗議，被當地政府鎮壓，數十人被抓、判刑。

9. 廣東上萬村民阻建垃圾場 警察開槍鎮壓

廣東汕頭市潮陽區金灶鎮的綠色動力發電廠（實為垃圾焚燒發電廠）項目遭遇上萬村民的強烈反對。2015 年 11 月 29 日，當地上萬村民為阻止垃圾焚燒發電廠開工，與上千名警察爆發大規模衝突，11 個村莊遭遇催淚彈襲擊，警方肆意抓人，村莊變得雞犬不寧。

警方的暴力鎮壓再次激起全鎮村民憤怒，11 月 30 日，全鎮數千名村民到鎮政府討公道，要求釋放被抓村民。在鎮政府前警察再次以催淚彈、開槍鎮壓。

30 日在抗議現場的當地村民王先生向《大紀元》記者透露，村民到鎮政府沒有任何過激行為，亦未喊口號、打橫幅，村民與政府人員理論的時候，政府內的防暴警察突然衝出來，向村民施放催淚彈，驅散聚集的村民。村民們開始湧向政府門外，四處逃散，許多村民眼睛被熏得睜不開。鎮政府前的警察向民眾至少開了 20 餘槍，施放催淚彈 10 餘發。村民被驅離後，鎮政府前的馬路上一片狼藉。

王先生表示，他也被催淚彈煙霧熏得眼睛睜不開，此時，後面的村民推著他往出跑，有人踩了他的腳，他身體一歪倒了下去，當他爬起時發現後面的警察抓住還未來得及撤離的村民毆打，而他距離警察有一段距離，有一名警察舉起槍向他射過來，連發兩槍，子彈擊中了他的脖子。

他還向記者透露，還有一名五、六十歲的老人胸部被警察擊中 4 槍，另有一名十二、三歲的小孩頭部受傷，處於搶救之中，一度傷勢危急轉入市級醫院，另有村民透露，其頭部被縫了 20 餘針。

村民表示，垃圾焚燒發電廠沒有徵詢村民意見，同時距離村民生活區只有區區幾百米，不僅涉及空氣污染、水源污染、重金屬污染，甚至電子污染等問題，而且金灶鎮是一個以楊梅、橄欖、油柑、桑葚、香蕉、水稻等農產品為主業的農業鎮，失去農田與果園，意味著村民的生活將永無保障。

10. 大陸煤炭企業疲軟 礦工維權規模擴大

據陸媒《第一財經日報》報導，2014 年，山西、河南、山東等省市 20 家大型煤炭集團淨虧損高達 105.59 億元，大中型煤炭企業虧損面接近 70%。進入 2015 年，大陸煤炭企業仍然是低迷不振，市場嚴重供過於求，煤炭價格一路走低，企業進入嚴寒期。大部分企業通過裁員、降薪、重組等方法進行維持，隨之而來的是，各大煤企工人維權事件此起彼伏。

2015 年 11 月 2 日，近萬新疆哈密市三道嶺礦區潞安新疆煤化工（集團）有限公司的礦工罷工，抗議月薪僅千餘元，以及公司取消季度獎金，令礦工生活困難。

礦工在維權現場與保安發生肢體衝突，公司高層未給予明確回覆。一位女礦工表示，礦工們只有三點要求，一是提高工資待遇；二是不能取消季度獎金；三是解決看病費用昂貴的問題。

目前普通礦工們的平均工資僅有 1300 餘元，井下礦工雖然略高一些，但是他們的勞動強度、危險係數與所獲得回報根本不成正比，如果再取消每季度 1000 餘元的獎金，礦工們的生活將更加陷入困境。她還透露，有消息稱，公司以煤礦業不景氣為由，或將陸續取消年終獎等等獎金制度，因此爆發此次抗議示威活動。

這位女工還告訴記者，以前當地醫院歸集團公司管轄，醫療費偏低，現在醫院劃規哈密市，導致礦工們看病費用昂貴，僅小小的感冒去一趟醫院治療就得花六、七百元，相當於半個月工資。

據資料顯示，潞安新疆煤化工（集團）有限公司，該公司共有 4 個礦區，資產總額為 62 億元，在職員工 1 萬零 719 人，離退休職工 5000 多人。

第三節

震驚中國的十大災難事件

2015 年裡，中國大陸的「天災人禍」事件頻發，不僅在大陸民眾心中投下了巨大的陰影，同時加劇了日益嚴重的社會政治危機。（新紀元合成圖）

2015 年裡，中國大陸的「天災人禍」事件頻發：上海踩踏事件，長江客輪翻沉，中國股災，天津大爆炸，霧霾肆虐……一系列引發國際關注的災難性事件，不僅在大陸民眾心中投下巨大的陰影，也加劇社會政治危機。分析認為中共專制不亡，人禍難休。

1. 上海新年夜踩踏慘案 36 人罹難

2014 年 12 月 31 日晚，上海市黃浦區外灘陳毅廣場發生民眾擁擠踩踏事故。據官方消息，截至 2015 年 1 月 1 日上午，外灘踩踏事件已致 36 人死亡、49 人受傷。

事故發生前，上海外灘地區人流量超過 100 萬人、超出該地區人流容量上限（30 萬人）達 2 倍多，目擊者表示當時人口密度平均達到每平方米 6 至 7 人。

外灘觀景平台人流的對沖被認為是事件的主要原因，但造成大規模人流對沖的原因仍不清楚。

踩踏慘案發生後，網路上呼籲「韓正下台」的聲音非常多。曾有消息指韓正親自下令不得透露死傷的真實消息，為此，對韓正和上海市長楊雄要求問責的聲音不斷。

《新京報》2015 年 1 月 13 日報導，有媒體對這起悲劇進行還原，有一個「不起眼」的細節遭到輿論聚焦：外灘跨年夜，當地部分官員曾在發生地附近吃豪華餐。報導認為，有關紀委監察部門應當及時介入調查，查出哪些人在吃豪華餐，是否是由公家出錢。

2014 年 12 月 21 日，中紀委網站通報，上海市副市長周波違規接受公款宴請，受到黨內嚴重警告處分。在 2015 年初，周波作為外灘踩踏事故調查組副組長還在查涉事官員的公款吃喝。

2. 貴陽居民樓垮塌 16 人罹難

2015 年 5 月 20 日中午，貴州貴陽市雲巖區頭橋海馬沖宏福景苑小區 21 棟 4 單元 9 層樓發生垮塌，三單元半側樓損毀嚴重，事發現場一片廢墟。

據官方通報稱，垮塌房屋共有住戶 35 戶 114 人。截至 23 日，此次事故已造成 16 人死亡。官方將此次事故禍因歸咎於「自然災害」。

該事發小區的李女士向《大紀元》記者表示，整棟樓是粉碎性坍塌，樓房質量肯定有問題，質量差是倒塌的原因之一。她說，遇難者中以小孩、主婦、老年人居多。

事發當天，在樓房垮塌現場，貴陽市副市長徐昊指使工作人員搶奪採訪記者的相機，阻擋拍攝，引發網路輿論的譴責。

3. 平頂山老人院火災 38 人罹難

2015 年 5 月 25 日晚，河南省平頂山市魯山縣城西琴台辦事處三里河村康樂園老年公寓發生火災。據官媒報導，截至次日凌晨，在火災現場共搜救出 44 人，其中 38 人死亡、2 人重傷、4 人輕傷。

從網上發出的現場圖片看，著火的整個「生活不能自理者」居住區現場剩下的是一堆空鐵架。

據陸媒報導，該養老院建築用的是易燃「鐵皮泡沫屋」即鐵皮板房，這些鐵皮屋牆體夾層多由泡沫板填充，易燃燒，根本不符合大陸的《老年人建築設計規範》。諷刺的是，魯山縣民政局 2014 年 7 月發出的一份公告顯示，康樂園老年公寓被確認為年檢合格單位，且排名首位。

事發後，習近平、李克強分別作出「指示」。據報導，當局已控制了 12 名相關責任人，尚有 3 人在追查當中。

4. 「東方之星」客輪翻沉 442 人罹難

2015 年 6 月 1 日晚，重慶東方輪船公司所屬旅遊客船「東方之星」輪在由南京駛往重慶途中發生翻沉。該事件震驚世界。

據中共央視 6 月 13 日報導，這起沉船事故造成 442 人死亡。事發客船共載有 454 人。旅客來自中國 7 個省市，最大 83 歲，最小 3 歲。事發後，船長和輪機長被警方控制調查。

「東方之星」號客輪翻沉事件是 1975 年以來，最嚴重的一起內河航運翻船事故，之前是 1975 年 8 月 4 日發生在珠江容桂水道的「八四」海事撞船，同樣造成 442 人死亡。

對於「東方之星」翻船的原因，當時中共官方的報導基本採用「突遇龍捲風發生翻沉」的說法。但這一說法受到各界的質疑。

陸媒澎湃新聞刊文提出 10 大質疑，包括經驗豐富的老船長為什麼在當晚江面出現狂風暴雨惡劣天氣時，還選擇繼續冒險前行？事發航道正在整治，並進行過改道，而事發前，當地航道部門曾發布警示，那麼，「東方之星」翻沉是否與航道有關等？

不久，中共中宣部下禁令，禁止各地方媒體派記者前往「東方之星」客船翻沉地採訪，已經派出的記者立刻撤回。所有報導以中共新華社和央視發布的消息為準。

5. 「6・12」中國股災 江派鬼影幢幢

自 2015 年初開始，上海、深圳兩市股市交易的股價指數持續上升，勢頭猛烈，呈現失控狀態。6 月 12 日，上海證券交易所綜合股價指數（上證綜指）瘋狂飆升，一度到達 5178.19 點高位，之後急速下挫。

在當時的持續下跌中，滬深兩市市值蒸發了 21 萬億元之多。據陸媒引述數據顯示，3 周左右人均虧損就超過 40 萬元，相當於 8 年工資。

據報導，2015 年第二季度大陸有 8.8%的家庭（約為 3700 萬戶）參與了股市。此次股災，大陸普通百姓的財富遭到一輪殘酷的洗劫。

7月初，大陸央行、證監會、中央匯金公司、期貨交易所、21個主要券商等聯手推出救市措施。在大批資金託市下，A股高開8%，不久再一次掉頭向下。

就在此時，中共新華社官網半夜發布稱「救市無效」，引發各界嘩然。雖然文章在短短幾個小時後被取消發表，但官媒不同尋常的表態，被視為和習近平當局「救市措施」唱反調。新華網發出的「救市無效」，令滬指盤中跌破3600點，當天股市拋盤大增。

掌管中共「筆桿子」的劉雲山，其所轄新華社曾連續7次發文託市。當滬指達到4000點時，新華社稱「A股或許才到『半山腰』」。中共喉舌《人民日報》也刊文指「4000點才是A股牛市的開端」。

知名經濟學家、北京大學教授王建國曾針對中國股市持續震盪連發微博認為，中共內部的貪腐利益集團趁李克強外訪期間，試圖發動一場驚天的「金融政變」以此搞垮國家經濟。

王建國認為，「這個局就是一環套一環，沒有天衣無縫的策劃，沒有對手對其弱點和金融無知的清楚了解，絕不可能在極短時間內發生這樣驚天的金融政變，外國人絕對幹不了這手絕活。宣傳配合，金融槓桿，創業板、集體做空，趁出訪時點……一方老謀壞精，一方掩耳自負，甚是合拍。」

知情人士透露，劉樂飛和掌控宣傳的父親劉雲山，在股市中聯手，利用內幕消息與操作套取利益，而且早有前科。

11月9日，「財新網」刊登了最新一期《財新周刊》的封面報導《清算日》。文章稱，2015年7月間的大救市以後，證券市場等待已久的「清算日」正在到來。該期《財新周刊》同步刊登文章起底已經被抓的私募大佬徐翔及其公司運作內幕，公開其與一些公司之間的合作關係。而海外報導說，這些公司都與曾慶紅、江綿恆有相關利益。

2015年12月9日，中共證監會副主席姚剛被免職。截至目前，姚剛是證監會被查的最高級別官員。落馬之前，姚剛在證監會領導班子中排名第二，僅次於證監會主席肖鋼。中紀委網站 2015 年已通報了包括姚剛在內的 4 名證監會官員落馬的消息。而 2016 年 1 月 8 日，也傳出肖鋼已辭職的消息。

6. 天津「8.12」大爆炸 173 人罹難

2015 年 8 月 12 日晚，天津市濱海新區天津港發生震驚中外的特大爆炸事件。爆炸現場火光沖天，衝擊波巨大，天津塘沽、濱海以及河北河間、肅寧等地有震感。

爆炸核心區位於天津港的瑞海國際物流中心，事發現場炸出直徑達 100 米的大坑，坑裡積水深約 6 米。北京地震台網檢測顯示，兩次爆炸當量之和相當於 24 噸 TNT 炸藥（或 53 枚戰斧導彈）。

「財經網」報導，此次爆炸事故共造成 173 人死亡，233 人住院治療，危重症 3 人，重症 3 人。官方通報，爆炸事故致 1 萬 7000 戶居民房屋受損，受影響工業企業 1700 戶，商戶 675 戶。

在爆炸點直徑 3 公里內分布住宅小區有 15 個以上，小區建築多為高層板樓，居住密度極大，在爆炸點周圍 1000 米內，有超過 5600 戶住戶。事發後，官方公布的遇難者人數一直備受各界輿論質疑。大陸民間估算及外媒報導認為，死亡人數超過千人。

據界面新聞援引公安部消防局的消息說，參與滅火 9 個消防支隊和 3 個專職隊已經全部死亡。

8 月 15 日，《中國新聞周刊》引述天津港公安局內部人士透露，「我們有一份內部統計的失聯和確認犧牲的人數名單，但沒辦法說。」

據中共公安部消防局副局長牛躍光稱，40 多種危化品，其中硝銨、硝酸鉀這些硝類的應該是炸藥類的，這個量是非常大的。牛躍光說，爆炸現場具體的危化品數量，現在能夠確認的危化品數量在 3000 噸左右。

天津「8・12」爆炸事件發生後，中共中宣部要求媒體統一口徑。之後，社交媒體上的抨擊、質疑帖文也被迅速刪除。

詭異的是，就在事發當天上午，中共官媒《人民日報》曾刊發評論文章《習近平執政 1000 天》。文章稱，18 大以來，截至 2015 年 8 月 12 日，習近平擔任中共總書記已經整 1000 天。就在當晚，天津發生了特大爆炸事件。

據港媒披露，事發後，習近平聽取現場指揮及調查組彙報後批示:「是人禍，官商勾結造成慘案。」此前，習近平等批示要「徹查事故責任並嚴肅追責」。

9 月 17 日，前中共天津市人大常委會委員、濱海新區人大常委會主任張家星和天津市濱海新區中心商務區管委會原黨組書記、副主任王政山因涉貪被移送司法機關處理。

在此之前，包括中共天津前常務副市長、安監局長楊棟樑等 10 多名官員落馬。港媒披露，張高麗在政治局常委會上做檢查，並提出辭去副總理職務。此前陸媒至少 4 次影射，追責張高麗。

7. 陝西「8．12」山體滑坡 65 人罹難

2015 年 8 月 12 日晚，陝西省山陽縣中村鎮煙家溝村發生一起突發性山體滑坡，造成包括 7 名未成年人在內的 65 人死亡。由於此次事故發生在天津港爆炸事故同一天，因此該事件未被媒體廣泛關注。

陝西省國企五洲礦業股份有限公司山陽分公司生活區 15 間職工宿舍、3 間民房被埋，14 人獲救，65 人死亡，年齡最小者僅 8 個月。

這起事故發生之前當地並未出現降雨情況。據媒體援引兩位逃生者的描述，事發時工人們正在睡覺。由於滑坡發生短短幾分鐘，很多人來不及逃跑。

山陽縣是「中國釩都」，釩礦儲量亞洲第一，由於是支柱產業，當地過度採礦挖空山體，造成環境污染和安全隱患。當地民眾對此詬病已久。

8. 廣西柳州連環爆炸

2015 年 9 月 30 日，廣西柳州柳城縣及周邊地區發生 49 年來最大連環爆炸。當晚，當地官方新聞發布會公布爆炸點包括政府、醫院、車站、監獄、商城等 17 處，傷亡 60 人。

民間對官方披露的死傷數據並不相信，其中大埔鎮畜牧局宿舍整個樓一半坍塌，很多爆炸的地方都是人員密集度比較大的市場，爆炸後的現場圖中，災情嚴重的整條街就像戰場。

官方曾經在 30 日公布一個大概傷亡情況表，只列出 8 個地

方有傷亡，其他地方就不提了。尤其在寨隆鎮寨隆街，官方只說有傷者，沒有提具體數據，而這個地方民間透露傷者數據非常驚人。並且民間披露爆炸地點有24個，且一個地方不止爆炸一次。

時事評論人士周曉輝表示，在「十一」中共竊國日前夕發生連環爆炸案，柳州警方以驚人速度在3天之內宣告破案，但疑點重重。從以往中共警方辦案經歷看，如此大案在短期內偵破，背後都有很多貓膩，很可能是源自於上級命令，而真正目的就是掩蓋製造爆炸的真凶。

他指出，如果這爆炸案的真凶與天津大爆炸乃至以往其他的恐怖襲擊活動有關聯，柳州警方的匆忙結案就不難明白了。不過，真相總有大白天下之時。

9. 深圳「12・20」特大滑坡事故

2015年12月20日上午，廣東省深圳市光明新區鳳凰社區紅坳村恆泰裕工業園發生的大規模土石崩塌事故。此次滑坡後形成的泥流覆蓋範圍相當大。

截至26日，官方調查結果顯示，滑坡事故已造成7人死亡，仍有75人失聯。事故造成33棟建築物被掩埋，90家企業、4630名人員受到影響。

深圳滑坡事故發生後，廣東省專家組初步認定，此事故是一起受納場渣土堆填體的滑動，不是山體滑坡，也不屬於自然地質災害，屬於安全生產事故。

據陸媒報導，一些失聯人員的家屬深夜徘徊在事故現場。一位名叫彭燦源的業主家有兩位親人失聯，他本人在事發時僥倖逃生。他說，當時山體像海浪一樣席捲而來，他眼看著附近一家輪胎廠裡有 7、8 個人被吞沒。

涉事泥頭堆放場於 2013 年 8 月由深圳市綠威物業管理有限公司投得經營權。綠威物業又將該堆放場的營運管理權轉讓給深圳市益相龍投資公司。事發後，益相龍公司副總經理被警方帶走調查。

10. 大陸空污爆表 北京啓動紅色預警

2015 年 12 月 24 日，北京市再發空氣重污染藍色預警，25 日上午，北京市官方將重污染預警級別由藍色提升至黃色。

據中共環保部通報，至 25 日中午，北京市空氣質量指數（AQI）達到 500。北京主城區當日污染最嚴重，東城、西城、朝陽、海淀、豐台、石景山等城六區 PM2.5 爆表，平均濃度為每立方米 580 微克。

12 月 8 日，北京市應急辦發布空氣重污染紅色預警，這是最高級別的預警。也是 2013 年採用顏色標示的空氣污染應急系統後，第一次啟用紅色預警。

12 月 19 日，北京氣象局啟動二級應急響應空氣重污染紅色預警，這是 10 天內北京地區第二次發出霧霾污染最高級的紅色警報。中國氣象台稱，第二次紅色預警期間，全中國範圍內從華北的西安市到東北部的哈爾濱都將受到影響。

據 BBC 中文網報導，瀋陽市環保局 8 日下午發布一級（紅色）預警。主要污染物體為 PM2.5，均值一度達到每立方米 1155 微克，局地霧霾指數一度突破每立方米 1400 微克。

12 月 21 日，從環保部公布 367 個城市空氣質量狀況顯示，近 6 成城市處於不同程度的空氣污染之中。截至 12 月 22 日，京津冀及周邊地區 70 個地級及以上城市中，有 48 個城市出現重度及以上污染。

正值北京主城區 PM2.5 全爆表之際，北京市長王安順在一年前曾向中央「立軍令狀」：到 2017 年還治不好霧霾「提頭來見」，此言論不久前被官媒《人民日報》重新翻出。不過就在 2015 年 1 月，中共北京市政協專題座談會上，王安順對於此前立下的「生死狀」向媒體辯解稱，那是一句「玩笑話」。

港媒東網對此發表評論員文章表示，這個解釋真讓人生氣，政治人物的表態豈能當作「玩笑話」，雖然不可能「提頭」，但完不成任務摘去「烏紗帽」則理所應當。

分析：專制不亡，人禍難休

時事評論員石九天說，目前，中國大陸社會危機四伏，道德誠信全面崩潰，官員極度腐敗，生態環境惡化，貧富兩極分化，社會不公，民怨民憤極大。

回顧中共對中國大陸 60 多年的統治，對於中華民族是一場巨大的災難和夢魘。這種劫難，不僅僅使得中國人付出了數千萬人的生命和無數家庭破碎的代價，破壞了我們民族生存所依賴的生態資源，更為嚴重的是，我們民族的道德資源和優秀的文化傳統，已幾乎被破壞殆盡。

石九天說，傳統文化是「天人合一」的，人與自然要平衡共處；共產黨號召「與天鬥其樂無窮，與地鬥其樂無窮」。

失本必亂。傳統文化的斷截必然導致道德的淪喪，引發社會整體墮落。貪污腐敗、賣官鬻爵、娼妓氾濫、黑社會肆虐，讓人們對社會道德和未來失去了信心。

石九天認為，中共對中國民眾犯下了滔天罪行，已經招致天怒人怨，中共已經完全地失去了執政的合法性，深陷亡黨危機。在越來越多的中國民眾認清了中共政權是一個賣國毀國的邪教之後，中共處於深深的恐懼之中。如今中共領導人首次公開談論中共執政合法性的問題，以及網路出現的「共產主義」的論戰，就是中共亡黨危機在中共政治和社會層面的最真實反映，也是中共政權在完全喪失了合法性和亡黨危機下的本能反應，這預示著中共政權的崩潰即將來臨。

第二章

動盪不安的全球局勢

2015 年，中國股市曾經多日「千股跌停」，美聯儲終於加息，歐洲央行繼續量化寬鬆，人民幣納入 SDR，TPP 協議令多國受益。百萬敘利亞難民湧入歐洲，「伊斯蘭國」的恐怖活動蔓延全球。2015 是全球動盪的一年。

2015 年 12 月 16 日，美聯儲宣布近十年來的首次加息。（Getty Images）

第一節

2015 年十大華人關注新聞

2015 年華人關注新聞（大紀元製圖）

2015 年是一個變幻莫測的年份，中國大陸繼續是華人關注的焦點。在政治和經濟的動盪中，中國民眾又走過忐忑不安的一年。

從中南海高層來看，試圖挽救民族危機的中國現任領導人習近平與中共前任黨魁不同，2015 年「打虎」運動升級，再有逾 80 名省部級（含軍級）以上高官落馬，其中大多是江派，江澤民勢力遭到進一步清洗。同時，習近平在軍隊、金融等多領域的改革，觸及範圍之廣前所未有；與馬英九的會晤更是被稱為兩岸關係的最大突破。

從民間來看，自 5 月底中國民眾掀起訴江大潮，迄今逾 20 萬人控告中共前黨魁江澤民，得到了世界逾百萬政要及民眾的支持。同時，每日退出中共黨、團、隊（三退）的人數屢創新高，總數已達 2 億 2 千餘萬，中共政權岌岌可危。

在中共被民眾拋棄的同時，以復興中華神傳文化為宗旨的神韻藝術團 2015 年在全球巡演了近 20 個國家逾百個城市，出現觀眾好評如潮，場次爆滿的盛況，獲得的成功被譽為「國際藝術界的奇蹟」。

此外，中國藥學家屠呦呦以傳統中醫獲得諾貝爾醫學獎，讓全球再次仰慕中醫藥及中華傳統文化，而在中國，她的研究 40 年未得到認可。以下是《大紀元》盤點的 2015 年華人關注的十大新聞。

1. 神韻引領觀眾體驗神傳文明

「一個失落的文明重現舞台，精彩動人，啟迪心靈。」總部位於紐約的神韻藝術團引領觀眾體驗神傳文明，每年呈獻全新的演出節目，風靡全球十年，被譽為「國際藝術界的奇蹟」。

2015 年，神韻四個藝術團走遍全球 18 個國家和地區的 124 個城市，在世界各地的頂級劇場共演出 400 多場，歷時約 5 個月。各地演出常常出現全場爆滿的盛況。

很多觀眾表示，神韻無論從藝術層面、歷史文化、還是精神內涵，都給他們帶來了深層次的觸動。

西方觀眾看到了一個真正的中華文化。聯合國特設盧旺達問題國際法庭（UNICTR）首席律師、國際刑事法院大律師查爾斯·塔庫（Chief Charles Taku）在觀看演出後表示：「神韻展現了中國人的文化和智慧。神韻展現了世界不了解的，中華文化最好的部分。」

華人觀眾則看到了天人合一的境界。國立台灣大學工業工程研究所副教授王銘宗表示看到了自己夢想中的「雲裳羽衣舞」。

他說：「神韻就是神之韻啊，就這麼簡單。他把『中華魂』整個帶回來。所謂『天人合一』的境界，在神韻所呈現的每一個片段裡頭，充分展現。」

神韻 2016 新演季自 2015 年 12 月 22 日在美國德州休斯頓拉開序幕。神韻四個藝術團配以中西方樂器合璧的四個樂團做伴奏，將巡演北美、南美、大洋洲、亞洲和歐洲各地的一百多個城市，歷時約 5 個月。

據神韻藝術團網站介紹，該團體於 2006 年在紐約成立，以復興真正的中華神傳文化為宗旨。神韻目前已匯集了世界各地的頂級藝術家，成為世界一流的以中國古典舞為主的演出團體，目前擁有同等規模大小的四個藝術團和四個樂團。

2. 陸股異常震盪 金融界涉「惡意做空」被大清洗

從 2015 年初到 6 月 12 日，在中國實體經濟面臨下行的情況下，滬深兩市 A 股承接 2014 年升勢持續上升。近五個半月，上證指數驟升 60%，而深證指數更是暴漲了 122%。期間，證監會開放融資融券交易，場外還進行配資炒股，每天交易量達上萬億，泡沫風險快速積累。

在中共前政治局常委、政法委書記周永康被判無期徒刑的第二天，6 月 12 日，上證指數一度到達這輪牛市的最高點 5178.19。6 月 13 日，證監會下文清理場外配資和打壓融資融券後，股市急速下挫，連續三周急跌。到 7 月 3 日，兩市千股跌停。這三周股市市值蒸發逾 21 萬億。

北京高層緊急救市，7 月 6 日，「國家隊」千億資金入場未能止跌。7 月 7 日，新華社罕見唱反調稱「救市無效」，引發市場恐慌，連累香港股市暴跌 1000 點。直至 7 月 9 日及 10 日，習近平動用公安部介入調查才止住跌勢。7 月 13 日，滬深兩市千股漲停。

由於中國股市一直是脫離真實經濟面的政策市，股災後市場信心頓失。7 月 27 日，股市再次暴跌，當周滬指下跌 360 多點，1000 多隻股票跌停。8 月 24 日，滬深兩市全部低開低走，滬指跌至 3209.91 點，跌去全年漲幅。同日全球股市全面下跌。

這場股災被北京高層認定是「惡意做空」，是一場內外勾結的「經濟政變」。

之後，充當「國家隊」救市的證券公司全部被調查，上百高管被約談，至少有 15 人落馬。其中，中國最大證券公司中信證券的 11 名高管中就有 8 人被拘查。傳中信證券董事、副董事長、中共政治局常委劉雲山的兒子劉樂飛已停職檢查。證監會包括證監會副主席姚剛在內的多名高官也被調查。

11 月 1 日，大陸被稱為「私募一哥」「中國索羅斯」的澤熙投資公司總經理徐翔被指涉內幕交易被抓。12 月 11 日，有「中國巴菲特」之稱的上海復星董事長郭廣昌被帶走「協助調查」，14 日雖然現身集團年會，但據稱調查尚未結束。郭廣昌與上海官員、江澤民家族有深度交集或涉惡意做空。目前對「股奸」的清查還在繼續，金融界反腐更大的風暴還在後面。

3.「習馬會」 習近平突破中共框框 走不一樣的路

2015 年 11 月 7 日，習近平與馬英九在新加坡香格里拉大酒店舉行會面，這是兩岸66年分治以來，雙方最高領導人的首次會晤，被指為兩岸關係的最大突破。國際主流媒體對兩岸領導人這一歷史性會面給予好評和肯定。

這次會見，習近平與馬英九兩人以「大陸領導人」和「台灣領導人」身分互動，互稱「先生」。習近平與馬英九會談前握手長達80秒給媒體拍照，其鏡頭隨即躍上美國各大媒體頭版。

有報導稱，「習馬會」前，習近平遇到不小內部阻力，江派政治局常委並不贊同，但在胡錦濤完全支持下，最後習近平親自拍板決定。但是央視11月7日上午沒有直播習近平在新加坡國立大學的演講。1月7日下午，習馬握手後，兩人進行了簡短的講話，央視「掐斷」馬英九的發言。

「習馬會」後，陸媒報導了抗日戰爭中，國軍在正面戰場上打贏的三次大型會戰和盤點了國軍在抗戰中打的22場會戰，贏了5場。雖然外界質疑國軍勝仗應該不只5場，但這與過去中共對抗戰史的歪曲宣傳已完全不同。

自此，兩岸互動加強。有評論認為，「習馬會」的破冰之舉，是習近平突破中共的框框走不一樣的路，改變此前中共以鬥爭為主的對台外交政策。

除對台政策的改變外，習近平上台後的行事也不同於中共以往的領導人。在外交上，使用柔性外交手段，向世界展示和平意願；對官場腐敗，進行大力反腐，至今沒有收手跡象；提出「依法治國」，廢除勞教、嫖宿幼女罪；改變一胎化計劃生育政策、推進戶籍制度改革、開放1300萬「黑孩子」戶口登記；重整軍隊宣布裁軍30萬；提倡傳統文化等等。

4. 習近平 9 月訪美 背後暗流洶湧

2015 年 9 月 22 日至 9 月 28 日，習近平攜夫人對美國進行國事訪問。這是習近平自上台以來的第二次以國家元首的身分訪美。

出訪期間，習近平出席由微軟和中國互聯網協會舉辦的中美網際網路行業論壇、在白宮會見美國總統奧巴馬及國務卿克里和國家安全顧問賴斯，還出席了聯合國成立 70 周年系列活動。

習近平訪美前的 7 月 9 日、10 日起，公安部突然大規模抓捕維權律師，至 9 月中至少有 286 名律師和維權人士被拘或被騷擾。幾乎同一時間，美媒曝光來自中國的黑客入侵盜取美國聯邦人事管理局 2000 多萬聯邦僱員數據，隨後美國聯合航空、醫療保險公司偉彭醫療也發現被中國黑客入侵。同時被美國關注的還有中共在南中國海進行大規模填海造島，造成地區局勢緊張的問題。

為此，孟建柱以「習近平特使」身分於 9 月 9 日至 12 日帶領有關部門的負責人祕密訪美，平息事件。習近平訪美後，美媒還曝光習訪美前就逮捕了幾名涉攻擊美國政府數據庫的網路黑客以撇清關係。

習奧會晤後在記者會上，雙方決定承諾不會支持侵犯智慧財產權和商業竊密的行為，及時回應對方關於打擊黑客的要求，並致力提倡網路行為準則。

習訪美期間，其車隊所經之處，都有成批的法輪功學員打出要求「法辦江澤民」的橫幅。中共使館組織的親共團體曾多次試圖用大型血旗和橫幅遮擋，都被警方警告驅趕。9 月 25 日，中國訪民在華盛頓攔截了習近平的車隊，甚至鑽入車底。之後中國訪民又在紐約法院告狀並被受理。

習近平訪美的時間幾乎與羅馬教宗方濟訪美時間重合，美國媒體版面幾乎被教宗歷史性訪美行程占據。12 月 18 日，在北京召開的中央經濟工作會議在檢討 2015 年工作與失誤時，據報外交安排失當就是其一。

5. 天津特大爆炸

2015 年 8 月 12 日 23 點 30 分左右，天津市濱海新區天津港發生連串爆炸。北京地震台網檢測顯示，其中兩次劇烈爆炸的當量之和相當於 24 噸 TNT 炸藥，現場出現了蘑菇雲。

爆炸中心被炸出了一個巨形大坑，直徑約 60 米，深度達 6 至 7 米。旁邊躍進路派出所大樓成為廢墟；300 米外的數千輛進口轎車被炸毀，鋁輪轂融化成水；稍遠處的居民小區高樓也滿目瘡痍。

事後媒體報導，事故現場有超過 3000 噸的多種危險化學品，其中劇毒氰化鈉就有 700 噸。在爆炸坑內測出有毒物質平均超標 40 多倍，氰化鈉超標 800 多倍。8 月 13 日，北京軍區緊急派出國家級核生化應急救援隊 200 多人趕赴天津。武警防化分隊也出動。可知毒品危害風險多大。

爆炸後天津當局極力封鎖消息，責任人在新聞發布會上一問三不知，直至第 8 次新聞發布會才解答指揮部的問題。

據官方數據，事故造成 173 人死亡，233 人傷。然而，民間從現場的破壞範圍之廣及嚴重程度估算，認為至少上千人死亡，爆炸當量超過百噸 TNT 炸藥，類似一個小型核武的爆炸威力。

現任政治局常委張高麗的親家被指是涉案的瑞海國際物流公司的真正掌控者，在張高麗主政天津期間該公司獲得設立化工品倉庫的許可。

8 月 18 日爆炸死難者的「頭七」，曾帶工作組赴現場指揮救援的國家安監局局長楊棟樑被中紀委帶走調查，11 月 2 日被最高檢立案偵查。

楊棟樑曾在天津從政多年，被張高麗提拔為天津市副市長。8 月 26 日上午，天津市交通運輸委員會行政審批處處長董永存在單位八樓墜樓後死亡。之後，天津交通和安全部門及天津港一批中級官員被查處。

天津爆炸案當天恰逢習近平執政 1000 天，這起爆炸被外界懷疑是江澤民集團對習近平發動的一次暗殺和跟習近平討價還價的籌碼。

外界還發現，全國距離民居低於國家相關規定 1000 米的危險化學品倉庫，至少還有 2489 個。

爆炸點附近高級住宅小區的業主因房屋受損而上街請願要求政府回購，但是遭到警察的打壓和抓捕。

6.「打老虎」升級 大部分是江派官員

2015 年是習近平「打老虎」升級和有重要突破的一年，這一年習近平反腐實現了 31 省「打虎」全覆蓋。2015 年有 35 名副部級以上官員被查處，大部分是江派官員。在軍隊反腐方面，軍方 11 批次公布 18 大以來有 47 名軍級以上將領落馬。

除在國內反腐外，習近平政府繼 2014 年開展「獵狐」行動之後，在 2015 年 4 月啟動「天網」行動追逃，截至 11 月底追回外逃人員 863 人，其中從境外追回 738 人，追贓 12 億元人民幣。

2015 年 35 名落馬「大老虎」最突出的案例有：前中共軍委副主席郭伯雄，郭與前軍委副主席徐才厚均是江澤民的馬仔，在胡錦濤執政時期，架空胡溫，在軍中賣官鬻爵，以貪腐培植自己的勢力。

河北省委書記周本順，原是中共中央政法委祕書長、周永康的「祕書幫」。2015 年北戴河會議前，周串聯江澤民，炮製了一份向習近平當局發難的絕密報告，而被習近平迅速拿下。

福建省省長蘇樹林，是石油系出身官員，38 歲就爬上副部級，坊間流傳蘇被當時的中共黨魁江澤民看中而受提拔。

中共安監局局長楊棟樑，楊曾在天津從政多年，得到時任天津市委書記張高麗的提拔而成為天津市副市長，再升為安監局局長，天津大爆炸發生後 7 天被中紀委帶走調查。

國家安全部副部長馬建，是國安部落馬「首虎」、是曾慶紅的心腹，曾幫助周建立中共高官的祕密檔案庫。

上海市市長艾寶俊，是上海落馬「首虎」，與江澤民家族關係密切，他是圈內人所共知的江澤民長子江綿恆的死黨，等等。

在 2015 年，前政法委書記周永康被判無期徒刑、前中共全國政協副主席令計劃被雙開和立案。

大紀元記者根據中紀委 2015 年公布的落馬官員名單和海外明慧網收集到遭惡報的中共官員案例所作的不完全統計發現，現任或曾任政法系統的官員就有 71 人落馬、被判刑或免職，有 34 人死亡。34 例死亡中有 20 人是得絕症或者其他重病死亡，比例接近六成，其中有 5 人是猝死，跳樓、自縊而亡也有 8 人。

中共落馬百「虎」盤點：近半在迫害法輪功惡人榜上。（大紀元製圖）

周永康

中共十七屆中央政治局委員、常委

周掌管中共政法系統瘋狂推動迫害法輪功，涉活摘法輪功學員器官，是江澤民集團迫害法輪功的主要凶犯。

徐才厚

中共前軍委副主席

徐是中共軍隊系統迫害法輪功學員、參與活摘法輪功學員器官的主要責任人，是江澤民迫害法輪功的主要幫凶。

薄熙來

原中央政治局委員
中央委員
重慶市委書記

緊隨江澤民賣力鎮壓法輪功，是迫害法輪功的主犯和活摘器官的主謀。

令計劃

原中共政協副主席
中央統戰部部長

令在任職統戰部時加強向海外輸出迫害法輪功政策，在港臺、美國控制特務組織變本加厲地打壓法輪功。

譚力

原中共海南省委常委、常務副省長

2001年3月至2004年1月擔任四川廣安市委書記期間，非法關押、勞改、勞教當地法輪功學員，將大量法輪功學員關押在洗腦班折磨。

趙智勇

原江西省委常委、省委祕書長、省直機關工委第一書記

趙2007年任九江市市委書記期間，對法輪功學員迫害不遺餘力。

王敏

原中共山東省委常委
原濟南市委書記

王任職期間，利用電視臺、報紙等媒體污衊迫害法輪功，積極參與迫害法輪功。

陸武成

原中共甘肅省人大常委會副主任

陸任甘肅金昌市委副書記、市長、金昌市委書記期間，是金昌市法輪功學員被迫害最嚴重時期。

蘇榮

原中共全國政協副主席

公開詆毀法輪功、親自參與洗腦迫害等。

王立軍

原重慶市公安局局長、副市長

緊隨薄熙來迫害法輪功，用法輪功學員進行人體實驗，並夥同薄、谷參與活摘法輪功學員人體器官。

李東生

原中共公安部副部長

李東生任中央「610辦公室」副主任、央視副臺長等職時，負責全國反法輪功宣傳和對法輪功學員的洗腦迫害，對大批法輪功學員被非法抓捕、關押、判刑，甚至被強制活體摘取器官，負有直接責任。

谷俊山

中共軍方總後勤部副部長

追隨江澤民、徐才厚等人迫害法輪功，涉嫌參與「活摘器官」罪行。

李春城

原四川省委副書記

在四川任職時對法輪功學員迫害手段殘酷，情節極嚴重。

劉鐵男

原中共國家發改委副主任、原國家能源局局長

江澤民的「財務管家」，參與迫害法輪功。

郭有明

原中共湖北省副省長

郭積極追隨江澤民、周永康迫害法輪功，任宜昌市委副書記、市長、市委書記期間，宜昌市衆多法輪功學員遭受過綁架、關押、勞教、判刑、騷擾恐嚇、抄家、經濟勒索，在洗腦班被強制洗腦等迫害。

金道銘

原山西省人大常委會副主任、黨組書記

山西省「610」系統頭目，對山西迫害法輪功學員負主要責任。

衣俊卿

原中共中央編譯局局長

江派的筆桿子，任黑龍江大學校長期間即開始積極參與迫害法輪功。

申維辰

原中共科協黨組書記、副主席、書記處第一書記

申任山西省委宣傳部長時，積極污衊迫害法輪功。

郭永祥

原中共四川省副省長、省文聯主席

郭跟隨周永康18年，積極追隨江澤民、周永康迫害法輪功。

秦玉海

原河南省人大常委會黨組書記、副主任

任職副省長兼省公安廳廳長期間，參與迫害法輪功。

萬慶良

原廣東省委常委、廣州市委書記

萬任省團委書記和揭陽市市委書記期間，大肆迫害法輪功，殺害法輪功學員。

仇和

原中共雲南省委副書記

仇在宿遷、昆明任市委書記期間，都積極迫害法輪功學員。

季建業

原中共南京市市長

季建業任揚州市市長、南京市長、市委副書記期間，積極追隨江澤民迫害法輪功。

楊衛澤

原江蘇省委常委、南京市委書記

楊任蘇州市市長期間，積極迫害法輪功。

韓學鍵

原中共黑龍江省委常委、原大慶市委書記

2004年12月，韓任大慶市長時，對法輪功學員實施非法抓捕、關押、判刑，甚至迫害致死。

傅曉光

原中共黑龍江省副省長

任黑龍江省副省長期間，曾參與迫害法輪功。黑龍江是鎮壓法輪功的最嚴重省分，至少491位法輪功學員被迫害致死，全國最多。

隋鳳富

原黑龍江省人大常委會副主任，農墾總局黨委書記、局長

隋鳳富是建三江司法公安系統迫害法輪功學員及多名維權律師的主要責任人之一。

王素毅

原中共內蒙古自治區黨委常委、區委統戰部部長

2009年1月，時任巴彥淖爾市委書記的王在媒體上詆毀法輪功。

孫鴻志

原中共國家工商行政管理總局副局長

孫任吉林省松原市委副書記、市長期間，對法輪功學員非法抓捕、判刑及迫害致死負有直接責任。

白恩培

原中共人大環境與資源保護委員會副主任委員

白任原青海省委書記時，被列為追查國際首批追查對象。

蔣潔敏

原中共國務院國資委主任

蔣從中石油帳內為周永康提供迫害法輪功的資金，恐嚇部下，而且身負多宗命案。

徐建一

原中國第一汽集團公司董事長

徐曾公開稱「對法輪功要嚴厲打擊」，任職期間當地非法抓捕和迫害法輪功學員十分嚴重。

張田欣

原中共雲南省委常委
原昆明市委書記

被追查國際列入追查名單。

杜善學

原山西省委常委、副省長

山西省「610」系統頭目。

譚棲偉

原中共重慶市人大常委會副主任

譚任南坪區委書記期間，對當地法輪功學員迫害致死、非法判刑、勞教等負有不可推卸的責任。

朱明國

原中共廣東省政協主席

朱曾在重慶市、海南省、廣東省三個省市出任政法委書記，期間被追查國際多次發通告追查。

李崇禧

原中共四川省政協主席、黨組書記

李緊隨江澤民、周永康迫害法輪功學員，多次召開對法輪功學員進行迫害的全省公安局長祕密會議。四川成迫害法輪功最嚴重地區之一，李負有不可推卸的責任。

沈培平

原中共雲南省副省長

在升任副省長之前，沈培平曾於2003年至2013年，先後擔任普洱市市委副書記、代市長、市長、市委書記。任職期間，沈是普洱市迫害法輪功的主要責任人。

韓先聰

原中共安徽省政協副主席

2002年擔任安徽省安慶市市長期間，積極追隨江澤民迫害法輪功。

馬建

原中共國安部副部長、黨委委員

馬負責國安部第十局，監控和偵查境外法輪功學員的活動。

陳鐵新

原中共遼寧省政協副主席

陳在丹東擔任市長、市委書記等期間，積極追隨江澤民迫害法輪功。

陽寶華

原湖南省政協黨組副書記、副主席

陽曾任長沙市市委書記，對法輪功學員實施群體滅絕性迫害。

武長順

原天津市政協副主席市公安局局長

天津市政法委、公安局頭目，對法輪功學員實施群體滅絕性迫害。

李達球

原中共廣西政協副主席、總工會主席

李在玉林、賀州期間積極參與對法輪功的迫害，並詆毀、污衊法輪功。

蔣尊玉

原中共廣東省深圳市委常委、政法委書記

蔣因迫害法輪功被追查國際列入追查名單。

景春華

原中共河北省委常委、省委祕書長

景任河北省衡水市委書記期間，曾積極迫害當地的法輪功學員。

姚木根

原中共江西省副省長

姚曾積極參與迫害法輪功。

陳正權

中共四川省資陽市政府副市長、市公安局局長

被追查國際追查。

7. 中共亡黨危機 三退大潮下民衆覺醒

大紀元退黨網站最新數據顯示，2015年12月21日一天，三退人數超過11萬人。自2004年大紀元社論《九評共產黨》發表引發三退大潮以來，截至2016年2月1日全球退出中共黨、團、隊人數已有2億2658萬9743人，三退大潮遍及中國社會各領域階層。

如2005年5月16日，中共中央黨校25名不同部門的官員集體向大紀元聲明退出共產黨，事件震撼中南海。他們在聲明中寫道：我們是來自中共中央黨校各個不同部門的官員，我們中有老幹部，有中青年在職官員，有正副部級、局級、處級官員，有一般科員和普通官員，也有博士、碩士研究生。我們借《大紀元時報》退黨專欄，刊登退出共產邪靈的聲明。據我們所知，中共中央黨校兩千多職工中，百分之九十的黨員如果條件允許都會退黨。

目前，中共在意識形態上徹底破產，從改革開放以來積累的政治信用喪失殆盡。中共陷於極其嚴重的信任危機與合法性危機，各級幹部對中央的方針路線一點都不相信。民間還傳出「上邊騙下邊，下邊騙上邊，中央騙全黨，全黨騙中央」，不再相信共產黨已是普遍的事實。

圍繞著中共亡黨危機的話題，近年來，不僅表現在民眾與外界絡繹不絕的討論中，事實上，在中共高層內部也多次發出亡黨危機的警告。

胡錦濤在中共18大致開幕詞時曾稱：「如果我們不能處理好腐敗這個問題，它將證明是致命的。甚至亡黨、亡國。」

2015年6月中旬，習近平主持中共政治局擴大生活會討論當前的政治、經濟、社會、前途等6方面存在的重大危機，習稱中共已面臨蛻化變質走上亡黨毀國危機，要勇於面對、接受、承認這個事實。調研報告稱，地方基層單位黨委需改組的「領導班子」高達90%以上。

2015年10月22日，北京市委機關報《北京青年報》頭版大標題「多數黨員嚴重違紀的黨組織應解散」引發外界熱議。外界分析認為，不排除這是習近平授意向外界釋放出「解散黨組織」的信號，試水輿論反應。

華盛頓戰略與國際研究中心資深研究員博斯科（Joseph Bosco）在演講中表示，中共在中國人的眼中並不享有真正的政治合法性。中共懼怕中國人民。中共執政的性質不僅對中國產生影響，還波及美國以及世界。

8. 台灣塵爆

6月27日晚間約8點30分，在台灣新北市八里的八仙樂園內，「玩色創意國際有限公司」正舉辦「彩色派對」活動，正當數百名遊客在舞台下隨著音樂舞動時，舞台上突然往台下遊客噴出大量粉塵，隨後從舞台上傳出疑似爆炸起火，火勢迅速擴大延燒，頓時慘叫聲四起，大家驚嚇拚命往後逃命，尖叫聲與哀號聲四起，彷彿人間煉獄。

衛福部28日晚間統計，八仙樂園事件傷患共累計524人，其中重傷141人，傷者國籍包括大陸籍、外國籍民眾，這是繼1999年921大地震以來台灣受傷人數最多的重大意外。

事故過程中有許多勇救燒傷者的感人故事，如吳聲宏逃離火場後重返火場救回 2 名幼童；劉國盛返回火場連救 2 人，他們自己都遭到三度燒燙傷，等等。

6 月 28 日，八仙樂園因為此事故關園停業，同日行政院院長毛治國也宣布全面禁止舉辦所有與粉塵相關的休閒娛樂活動。

10 月 16 日，八仙塵爆案偵結，檢察官會同消防署、刑事局進行火場鑑定後，查出舞台上的 Beam200 電腦燈高溫釀災，點燃濃度過高的粉塵。

據統計，至 12 月 10 日上午 10 時，八仙事故共死亡 15 人，還有 26 人繼續留院治療，其中 2 人在加護病房，1 人病危，其餘 458 名傷患已經出院。

台北士林地檢署 10 月 16 日偵結，依業務過失傷害、業務過失重傷害及業務過失致死罪，起訴玩色創意負責人呂忠吉；八仙樂園董事長陳柏廷等 8 人不起訴。

9. 屠呦呦獲得諾貝爾獎

2015 年 12 月 10 日，在瑞典首都斯德哥爾摩著名的藍色音樂廳內舉行一年一度的諾貝爾獎頒獎典禮，諾貝爾生理學或醫學獎得主、84 歲的中國女藥學家屠呦呦身著一身紫色套裝出席了頒獎儀式，並從瑞典國王卡爾十六世・古斯塔夫手中接過了獲獎證書。

屠呦呦因研發出抗瘧疾藥青蒿素及雙氫青蒿素，與美國科學家坎貝爾（William C. Campbell）及日本科學家大村智，共同分享本年度諾貝爾醫學獎。屠呦呦也成為史上首位奪得醫學諾獎殊榮的中國科學家。

屠呦呦 12 月 4 日到達瑞典，7 日在瑞典卡羅林斯卡醫學院發表題為「青蒿素：中醫藥給世界的禮物」的演講。她說：「中國醫藥學是一個偉大寶庫，應當努力發掘，加以提高。」她的得獎讓中國及國際社會審思中醫藥及中國傳統文化。

從1600多年前的中醫古籍、東晉葛洪《肘後備急方》中，屠呦呦獲得靈感，發現其中記述用青蒿抗瘧是通過「絞汁」，「青蒿一握，以水二升漬，絞取汁，盡服之。」最終分離提純出抗瘧有效單體，並命名為青蒿素。據悉，該藥物至今已拯救了千萬人生命。

屠呦呦出生於1930年12月30日，父親給她起名「呦呦」，源自中國古籍《詩經》中的詩句「呦呦鹿鳴，食野之蒿」，「呦呦」就是鹿鳴的聲音。宋代朱熹注稱，「蒿即青蒿也」。屠呦呦父母兩家族均為浙江寧波史上的名門望族。

屠呦呦是中國中醫研究院終身研究員及青蒿素研究開發中心主任。當10月5日屠呦呦獲諾獎消息傳出時，轟動中國。她在中國大陸是「三無學者」，即無博士學位、無海外留學背景，無兩院院士頭銜。據悉，前些年屠呦呦曾幾次被提名參評院士，但均未當選。屠呦呦青蒿素的研究成果在國內40年未獲認可。

2011年她獲得有諾貝爾指標之稱的拉斯克獎（Lasker Award），也是首位獲此獎項的中國人。

10. 訴江大潮 全球政要和民衆聲援「法辦江澤民」

2015年5月底，中國大陸法輪功學員發起了刑事控告中共前黨魁江澤民的運動，至12月14日，逾20萬法輪功學員及家屬以及社會各界正義人士向大陸最高檢察院控告江澤民，控告人來自全國所有省分和地區，並覆蓋全球至少 28 個國家。大陸控告人以真實姓名，冒著生命危險和其他威脅提出控告，擲地有聲，令江氏膽寒，令全球矚目。

江澤民 1999 年 7 月 20 日瘋狂發起對法輪功的迫害，對堅持信仰「真、善、忍」的法輪功學員實行「打死白死、打死算自殺」、「名譽上搞臭、經濟上截斷、肉體上消滅」等滅絕政策，甚至有目的地、系統地組織活體摘取法輪功學員的器官牟利，被外界稱為這個星球上前所未有的邪惡。

在訴江的控告人中，有部分是至親被迫害致死，有的甚至是多位親人被迫害致死，16 年來他們承受的巨大痛苦鮮為人知。據不完全統計，1999 年 7．20 以來，通過民間途徑能夠傳出消息的已有 3918 名法輪功學員被迫害致死。這些案例是突破中共的層層封鎖而得以核實的案例，實際只是發生致死案例的冰山一角。

訴江大潮迅速得到了歐洲、美國、澳洲、加拿大、烏克蘭、日本、韓國、香港、台灣等世界各國和地區的政要和民眾的聲援。多位世界政要要求中共當局逮捕江澤民；有的向最高檢察院致函，要求對江澤民提起公訴；有的政要期望最高法院聆訊告江案。

如美國國會眾議員特德．坡（Ted Poe）7 月在國會山表達了對控告江澤民的支持，他說：「現在到了把江澤民繩之以法的時候了，他才是應該被送入監獄的人，而不是法輪功（學員），他應該為對你們犯下的罪行、迫害你們而受到審判，所以他必須受到正義審判。」

瑞士 10 名政要 8 月 10 日聯名致信習近平，敦促習近平推動控告江澤民這一重大訴訟。他們表示，江澤民犯的反人類罪、酷刑罪等罪大惡極，必須被繩之以法。江澤民令全人類蒙受恥辱的重罪必須嚴懲。

12 月 10 日國際人權日，多名歐洲政要手舉「法辦江澤民！」的橫幅，共同要求中共當局按照中國法律以及國際刑事法法辦迫害法輪功的元凶江澤民，並強烈譴責自 1999 年以來對法輪功學員持續的全國性的系統性的迫害。

台灣高雄市議會提案聲援中國民眾控告江澤民迫害法輪功，呼籲北京停止迫害法輪功。高雄市議會是全球第一個通過這項人權提案的議會。

在中國大陸，有數萬民眾簽名按紅手印聲援法輪功學員訴江，僅河北省唐山市有 2 萬 7000 多人簽名；在亞洲發起聯署舉報江澤民活動，目前獲得超過 100 萬人簽名。

第二節

2015 年全球十大財經新聞

未來的一年金融局勢很可能依循 2015 年的主調和格局。（大紀元製圖）

2015 年是「黑天鵝」頻出和金融市場波瀾迭起的一年，全球經濟幾乎僅剩美國屹立不搖，雖然帶動美元升值成為投資主軸，但卻衍生非美貨幣競貶和商品行情崩跌的慘狀，加上中國經濟緩增引爆人民幣意外貶值，以及歐洲和日本貨幣貶值的股市激勵效應遞減，2015 年可說是金融市場乏善可陳的一年。

展望 2016 年，金融局勢很可能依循 2015 年的主調和格局。樂觀者認為美股仍有上漲 10%的空間，油價將逐步反彈帶動全球通脹；悲觀者則擔心貨幣戰爭再起、油價繼續破底、美股轉為熊市。以下且讓我們盤點 2015 年最重大的十件財經事件。

1. 美聯儲升息和美元飆漲

美聯儲升息的題材一直是 2015 年國際美元升值的主要理

由，美元指數2015年來約上漲8.5％，漲幅雖不及2014年的12.89％，但對全球金融市場卻造成了更廣泛的影響。12月16日美國總算宣布升息0.25％，結束了近7年的零利率政策，但美元指數卻未再觸及100心理關口，顯示匯市參與者「買傳聞，賣消息」的操作心態相當濃厚。

2. 中國股市過山車

2015年最投機的資本市場莫過於中國股市，上證指數從年初的3300點左右飆漲到6月中旬的5178點，然後又崩跌到8月的2850點，中國股民的投機性格表露無遺，也突顯投資中國股市風險過高的事實，若沒有「國家隊」砸人民幣1.5萬億（兆）元用力撐盤，以中國經濟當前的低迷展望，上證指數目前恐怕很難撐在3500點之上。

3. 布倫特原油創下11年低價

油價2015年三度築底失敗，主要理由是供給過剩利空頻傳，包括開採成本較低的俄羅斯和沙特都持續擴產，以及伊朗原油出口解禁，美國產量下降差於預期，加上石油輸出國組織（OPEC）12月的部長會議仍然上調產量目標，導致多頭信心潰散，布倫特原油在12月21日盤中創下每桶36.05美元的11年新低價，換算成每加侖約0.83美元，低於市售瓶裝水的1.3美元，堪稱全球最廉價的液體。

4. 彭博商品指數創 16 年新低

中國經濟緩增，加上近幾年零利率導致廠商過度擴產，以及美元升值助威，以美元計價的全球商品行情連連破底，導致包含鋁、鋼鐵、銅、白金、鉑金等各類商品的彭博商品指數創下 1999 年 6 月以來新低。受此影響，標準普爾信評服務公司估計，商品企業的債務違約率已達到 2009 年以來的最高水準。

5. 人民幣急貶引爆全球股災

8 月 11 日，央行放手讓人民幣兌美元連續 3 日貶值共 4.65%，投資人因擔心貨幣戰爭愈演愈烈和中國經濟降溫過快而賣壓湧現，投降式拋售此起彼落，美股進入下跌 10%的修正領域，全球 9 個股市進入下跌超過 20%的熊市領域，市場哀鴻遍野。

6. 黃金閃崩

7 月 20 日，國際空頭作手在成交量較小的上海市場瞬間狂拋 5 噸黃金，導致金價盤中重挫 5.5%，跌破 1100 美元／盎司關口，但實體金市卻出現難得的搶購潮，其中美國鷹揚金幣銷量 11 月狂飆 185%，美國鷹揚銀幣則出現無貨可賣的窘境。

7. 瑞郎狂升 25%

1 月下旬，瑞士央行突然取消維持 3 年的 1.2 瑞士法郎兌 1 歐元的匯率上限，震撼市場，導致瑞郎兌歐元單日一度狂升 3 成，收盤升值 25%。造成瑞士央行放棄守匯的主因是歐洲央行即將量化寬鬆（QE）救市，市場大量資金湧入瑞郎套利，瑞士央行若持續堅守匯率底線將付出更慘重代價。

8. 歐洲負利率擴大

由於經濟情勢不佳，歐洲各國政府紛紛採取各項刺激經濟的貨幣政策，包括大量購買國家公債，導致歐洲 12 個國家公債殖利率出現負值，德銀估計歐洲負利率的國債金額高達 3 萬億歐元。

9. 蘋果公司進軍電動車

科技大廠蘋果公司正積極挖角特斯拉（Tesla）人才和緊鑼密鼓跨入電動車市場，計畫 2019 年推出新產品。此舉突顯蘋果獲利主軸 iPhone 市場未來增長力道恐將遲緩，必須另闢新戰場。蘋果成為繼谷歌之後，第二家跨入電動車市場的科技巨擘。

10. 亞馬遜市值超過沃爾瑪

由於科技投資增加、薪資攀高和售價降低，全球最大的實體零售商沃爾瑪宣布 2016 年獲利銳減 12%，2015 年來股價大跌約 30%，市值不到 2000 億美元。反觀線上零售巨頭亞馬遜業績頻頻告捷，2015 年股價漲幅超過一倍，市值超過 3000 億美元。此一對比突顯民眾消費習慣已大幅改變，線上零售業的價格競爭力和購物方便性已逐漸凌駕傳統賣場。

第三節

2016 開局 A 股跌熔斷 全球股市開黑門

1 月 4 日恒生指數收市報 21327 點，跌 587 點。（大紀元）

2016 年首個交易日，亦是大陸股市實施熔斷機制首日，A 股大跌近 7%，兩度觸發「熔斷機制」而提前休市。消息拖累亞洲、歐美股市齊齊下挫，恆指收報 21,327，跌 587 點或 2.7%，創自 1995 年以來最差的新年首交易日表現。分析師認為經濟數據差和人民幣加速貶值等負面因素影響，加上熔斷機制觸發「踩踏效應」，均有可能導致股市大跌，並擔憂 A 股波動風險傳染至全球。

滬深 300 指數 1 月 4 日開盤後即倒頭下跌，午後約 1 時 13 分跌幅擴大至 5%，觸發 15 分鐘熔斷機制；其後，兩市在 1 時 28 分恢復交易後再度下挫，滬深 300 指數跌幅擴大至 7%，觸發全日熔斷，兩市將暫停交易至收市，是大陸股市史上首次熔斷。

恆指創 21 年來最差開局

上證指數收報 3,296.26，跌 242.92 或 6.86%，跌 242.92 點或 6.86%，成交 2,389 億元人民幣，此前最大單日跌幅為 2014 年 8 月 25 日的 7.63%；深成指收報 11,626.04，跌 1,038.85 或 8.20%，成交 3,552.84 億元。滬深 300 指數收報 3,469.07，跌 261.94 或 7.02%；創業板指數收報 2,491.24，跌 222.81 或 8.21%。

恆生指數亦一改過去 10 年有 8 次都能在首個交易日「紅盤高收」的宿命，昨早低開 131 點後跌幅急速擴大，一度急瀉 686 點，最終收挫 587 點或 2.68%，報 21,327 點，創 1995 年以來最差的新年首交易日表現，全日主機板成交則錄 738.44 億元。

歐亞主要股市重挫

受大陸經濟數據差和 A 股大跌拖累，2016 年全球股市一開盤走勢就不妙。亞洲、歐洲主要股市重挫，美股開盤也大跌，道瓊指數大跌 345 點。

亞太區方面，日本股市跌至兩個半月低位收市，日經平均指數收市跌逾 3%，錄得 2015 年 9 月底以來最大單日跌幅。南韓首爾綜合指數收市跌逾 2%，錄得逾四個月以來最大單日跌幅。馬來西亞股市曾錄得逾三個月以來最大跌幅。

歐洲主要股市 1 月 4 日午盤重挫，德國股市跌幅更超過 4%。在歐元區，法蘭克福股市 DAX 30 指數下跌 4.3%，來到 10283.64 點；巴黎股市 CAC 40 指數下跌逾 3%。倫敦股市礦業股午盤大跌 3.4%，是 2014 年 12 月中旬以來最大的單日跌幅。

美股開盤道瓊大跌 345 點

美國股市開盤 5 分鐘後，道瓊工業指數大跌 345.46 點，或 1.98%，報 17,079.57 點。標普 500 指數下跌 37.86 點，或 1.85%，報 2,006.08 點；納斯達克指數 111.70 點，或 2.23%，報 4,895.72 點。

分析認為，1 月 4 日早上公布的財新中國通用製造業採購經理人指數 12 月份終值疲軟、1 月 8 日的股東減持令解禁潮即將來臨，人民幣兌美元匯率近期連續急跌、熔斷機制等以及歐美亞等周邊股市大跌，均導致 A 股昨日暴跌。

市場指熔斷機制加劇波動

對於新年開市就大跌，交銀國際董事總經理兼首席策略師洪灝坦言超乎預期，認為熔斷機制放大了負面效應，導致投資者提前交易，從而形成踩踏。「第一天就跌停的現象可能還是很少人預見，這主要是因為 5%、7%的閥值設置得太小了，他們太謹慎了。你把股市的漲跌體現在這麼小的空間，反而會加劇股市的波動。」

2014 年 6 月末發生股災後，證監會於 9 月初表示將研究實施熔斷機制。中國三大交易所於 2015 年 12 月初正式發布指數熔斷相關規定，並決定 2015 年 1 月 1 日起實施。

根據熔斷規定，當滬深 300 指數當日漲、跌幅達 5%時，將觸發熔斷機制，三家交易所（上交所、深交所、中金所）暫停交易 15 分鐘；當滬深 300 指數當日漲、跌幅達 7%時，暫停交易直至收盤。

減持令解禁 A 股壓力大

另外，2015 年 A 股股災期間，大陸證監會 7 月 8 日推出禁令限制重要股東減持本公司股份，該禁令即將於 1 月 7 日到期。分析人士認為，8 日減持禁令解除，市場壓力會明顯加大。而有統計顯示，屆時解禁的上市公司共有 524 家，合計 841.20 億股，市值約 1 萬餘億元。中金測算 1 月份實際淨減持規模或超過 1500 億。

洪灝認為，這也是觸發 1 月 4 日大跌的原因之一，預期拋售潮將繼續，「那你肯定要把手上的股票先都拋掉。不會等到 1 月 8 日。」他預計 A 股還會下跌，雖然出現 2014 年 7、8 月股災的概率較小，但也不排除還有另外一次股災的可能性。

豐盛金融資產管理董事黃國英表示，過去兩、三個月 A 股已經累積了一段升幅，即使 1 月 4 日大跌之後，A 股估值亦不便宜，預計仍有空間再跌，他估計還會跌 5 ～ 10%。而作為國際提款機的香港，亦會受拖累，預計有資金流走的壓力，「昨日（1 月 4 日）你看到香港公司也開始跌了，就有這個擔憂。」他估計恆指長期或跌破 20,000 點，並擔憂低成交會令股市難以振興。

人民幣、PMI 齊跌 環球聚焦中國經濟風險

除了大陸 A 股，人民幣也在 2016 年首個交易日下挫。延續上周跌勢，人民幣中間價下調 100 點，跌穿 6.5 關口，釋放出央行主動貶值的訊號；其後，人民幣兌美元收市大幅貶值逾 200 點子，跌穿 6.51 關口，與中間價齊齊續創逾 4 年半新低。離岸 CNH 波動更為劇烈，午盤跌幅一度擴大至逾 600 點子，與在岸價

差重回千點以上，貶值幅度超過預期。

另外，1 月 4 日公布的中國 12 月財新製造業採購經理人指數（PMI）跌至 48.2 的 3 個月低位，低於預期的 48.9，並連續 10 個月處於 50 以下的收縮水準，顯示中國經濟持續放緩，下行壓力加大。

花旗銀行環球個人銀行服務投資策略及環球財富策劃部主管張敏華表示，2015 年中國經濟預料比往年差，預料 2016 年中國大陸經濟增長將放緩至 6.3%。她指，2015 年中國經濟仍面臨經濟轉型影響，產能過剩問題仍會繼續拖累經濟增長，未來中國經濟形態將依賴服務、科技等新興產業帶動。

張敏華認為，人民幣亦因此有下調空間。美元兌人民幣有機會上試 6.80 水準，反映 2015 年中國有機會出現資金外流情況。

風險外移 全球關注中國因素

目前中國經濟前景，成為 2016 年全球經濟關注的焦點之一。2015 年美聯儲推遲加息，考慮到了中國經濟放緩的因素。

英國《金融時報》（FT）報導，儘管美國利率不斷上升，但市場 2015 年最關注的問題將是中國經濟狀況。按購買力平價（PPP）衡量，中國已是全球最大經濟體，並將在未來幾年在絕對值基礎上超越美國。分析師普遍預期，除了美國本身的通脹壓力和就業情況等數據，對聯儲局加息與否產生影響外，人民幣匯價下跌，中國經濟前景亦令人憂慮，這些因素均會左右美股乃至環球股市的走勢。

第四節

中國衰退將至
影響全球五大看點

2015 年夏天以來，中國的經濟起起落落，持續波動。近期中國的股市跌盤發出了一個危險的經濟衰退信號。對於那些將其經濟前景押注在中國、認為中國經濟將呈持續上升趨勢的國家來說，這個信號著實令他們忐忑不安。

歐亞集團主席 Ian Bremmer 在《時代》雜誌撰文說，從以下五組數據中可以看出，在這場中國不可避免的經濟衰退過程中哪些國家輸得最慘。

1. 中國經濟疲軟的跡象

從 6 月中旬起，中國股票市場動盪始終是令人關注的焦點。但是，中國的真實情況是其經濟正在持續放緩。據國際貨幣基金組織（IMF）數據顯示，2007 年，中國的經濟增長率為 14.2％；

2010 年，經濟增長率放緩至 10.4%；2015 年，中共高層將經濟增長的目標定在 7%左右。這令許多國家焦慮和擔憂。

2. 石油價格下跌

中國經濟下滑對於沙烏地阿拉伯、俄羅斯和委內瑞拉影響甚鉅，因為這幾個國家向中國出口大量的石油。據美國能源信息署（EIA）近期數據顯示，沙特向中國出口的石油占其輸出總量的 14%，俄羅斯也是 14%，委內瑞拉為 10%。石油價格由 2014 年同期的每桶 100 美元跌至 8 月下旬的每桶 45 美元，由於中國石油需求減少，短期內石油價格不太可能回升，甚至還可能繼續下滑。

對伊朗的制裁取消後，沙烏地阿拉伯現在面臨著新一輪大量開採石油的地域性競爭；俄羅斯則不得不憂慮西方對其長期制裁所造成的影響；委內瑞拉的波利維爾革命造成了目前對石油出口嚴重依賴的現狀。過去 20 年，這幾個政府可以依靠向中國出口石油，因為中國對石油的需求可說是如飢似渴，但現在就難說了。

3. 不僅僅是石油

石油只是一個開始。自 2011 年以來，大宗貨物的價格大體上均呈下滑趨勢，因此，出口大宗貨物的國家受到重挫。

事實上，過去一年裡，石油、天然氣、金屬、礦物和其他大宗貨物生產國遭受達 2 萬億美元的損失，相當於印度的經濟總值。下滑的大部分原因是全球對基礎資源和礦物的需求疲軟，中國製造業的需求減少也很關鍵。澳洲、祕魯和印尼一半以上的金屬出口量，巴西和智利三分之一以上的出口量，仍然是出口至中國。

其實，透過國家的貿易數據即可看出，他們很容易受到中國經濟的影響。澳洲、智利、印尼、巴西和南非向中國的出口量分別占其出口總量的36%、24%、13%、19%和10%，但是，令他們陷入危險境地的是其對大宗貨物出口的過分依賴。澳洲向中國出口的產品中，大宗貨物占86%，智利占92%，印尼占71%，巴西占45%，南非占86%。中國的經濟衰退對任何一個主要的大宗貨物出口國來說，都不是好徵兆，這幾個國家尤為脆弱。

4. 不僅僅是大宗貨物

有些政府無法發展多元化經濟而導致過分依賴大宗貨物出口。但是，即使是多元化經濟國家也免不了遭受中國經濟衰退的影響。2000年，中國僅占全球貿易總額的3%；2014年，躍至10%。2014年，中國的GDP值占全球GDP總值的17%，但是，2015年的前7個月，中國的進口量卻已經下跌了14.6%。

換句話說，中國經濟增長的下滑趨勢對世界的每一個國家，都將造成不同輕重影響。

5. 疲軟信號

那麼接下來會是什麼情形呢？我們無需過度擔憂中國的股市，外國人在上海股市的持股比例僅占1.5%，不像成熟的歐美國家股市，中國股市幾乎反映不出中國經濟的基本狀況，也用不著擔心股市對中國普通消費者造成多大的傷害，因為當今每30個中國人中只有1人持有股票，美國則是每7人中有1人持有股票，而且，大部分美國人使用401（K）退休帳戶買賣股票。

中國經濟不透明

《福布斯》專欄作家 Harry G. Broadman 認為，更重要的是，沒人能夠看得清中國經濟，就連中共國務院的高層也沒有人能真正看清楚中國經濟的現狀。像中國這樣的社會，信息被視為一種奢侈品，常常只在內部上傳下達或時而公布一二。

尤其是在政府內部，包括中央各部委之間。即使不是如此，省級、市級和縣級政府如果存在同樣的機制，也會影響企業傳達至北京的信息的完整性和準確性。

「麻煩 10 國」

「彭博社」報導，在中國經濟放緩、人民幣貶值的情況下，摩根士丹利 2015 年 8 月報告中點名「麻煩 10 國」的貨幣最受拖累，包括台灣的新台幣、韓元、巴西里拉、祕魯新索爾、南非幣蘭德、泰銖、新加坡元、智利披索、哥倫比亞披索及俄羅斯盧布。

摩根士丹利外匯策略全球主管芮德克（Hans Redeker）表示，這些國家對中國都有高出口曝險及高出口競爭，是人民幣貶值後的主要受害者。

其中，2014 年台灣對中國大陸（含香港）出口占出口總額比重 39.7%，韓國 25.4%，台灣對大陸出口依賴度遠超過韓國，更使得台灣在人民幣貶值趨勢下的風險急速提高。

第三章

危機來臨的中國經濟

中共政府破產的話題早有經濟學家甚至中共體制內官員提出。2015 年底，美國國債鐘統計的數據顯示，中國整體負債達到 5 萬 3000 億美元，超過中國外匯儲備。在某種意義上說，中共實際上已經資不抵債，中共破產的論點並非聳人聽聞。

中國外匯儲備 3 萬 5000 億為世界第一，但負債總額高達 5 萬 3000 億美元，外匯儲備不敵外債。（新紀元合成圖）

第一節

入不敷出 中國經濟面臨破產

美元負債總額遠超外匯儲備

常言說，不說不知道，一說嚇一跳。一般人對於中國經濟實力的認識，大約來自中國外匯儲備為世界第一的直覺，3 萬 5000 億美元似乎是取之不盡的財富，是一國強大的資本。

不過，新出爐的一些數據，或許會擊破這種幻覺：中國的負債總額遠超外匯儲備（其實，外匯儲備本身也是一種負債）。

根據美國國債鐘（National Debt Clocks）網站截至 2015 年 12 月 1 日的數據，目前中國整體債務總額高達 5 萬 3000 億美元，這筆債務每秒產生的利息多達 5500 美元，中國平均每人負債大約 4000 美元。

以此計算，每小時利息為 1980 萬美元；每日利息為 4 億 7520 萬美元，每月利息為 142 億 5600 萬美元。這筆債務一個月的利息就足以讓李彥宏和雷軍這個級別的中國富豪傾家蕩產。

這樣每天侵蝕下去，中國的財富實際上在慢慢流失，這種慢性失血對於創富能力低下且還在下滑的中國來說，是一個致命的事實。

製造業對於一個國家是基礎，是財富的重要創造者，製造業的不景氣，顯示中國經濟基本造血功能萎縮。

9 月 22 日，貿易信用保險公司裕利安宜（Euler Hermes Group）指出，中國企業破產數字預計會飆升，建築行業影響尤大。

據該公司預測，中國大型公司利潤呈持續下降趨勢，未來 2 年，中國企業破產數字會飆升 50%，預料 2016 年破產數字接近 3920 家，對比 2015 年中國企業破產數僅約 2613 家，當中以建築、金屬及礦業受最大影響。

根據中共國家統計局 2015 年 12 月 27 日（周日）公布的數據，11 月規模以上工業企業利潤 6720 億 8000 萬元人民幣，同比下降 1.4%，降幅雖比 10 月收窄 3.2 個百分點，仍連續 6 個月下滑；2015 年 1 至 11 月，規模以上工業企業利潤 5 萬 5386 億 8000 萬元，同比下降 1.9%，降幅比 1 至 10 月收窄 0.1 個百分點。

此外，地方國有企業利潤利潤同比下降 7.3%（1 至 10 月同比下降 6%，1 至 9 月同比下降 2.7%，1 至 8 月同比下降 1%），降幅逐漸加大，並為連續 4 月下降，鋼鐵、煤炭和有色行業繼續虧損。

而人行 12 月 24 日發布的《2015 年第 4 季度企業家問卷調查報告》、《2015 年第 4 季度銀行家問卷調查報告》以及《2015 年第 4 季度城鎮儲戶問卷調查報告》調查結果顯示，4 季度銀行家宏觀經濟信心指數 37.9%，環比下降 2.7 個百分點。企業家信心指數為46%，較上季下降4.5個百分點。企業生產經營不景氣導致投資意願不足，信貸需求萎縮。

郎咸平：中國經濟得了重病

2011年10月22日，經濟學家郎咸平在東北瀋陽進行了一場關於中國經濟問題的閉門演講。郎咸平在演講前嚴肅告誡聽眾，這次演講內容都是實話，現今體制不允許的就是講實話，實話不能公開講，這可能會刺激北京當局，為了避免不必要的麻煩，希望大家不要記筆記，不要錄音、錄像，不要把演講內容或者是聽講感想發到網路上傳播。

郎咸平痛心疾首中國數據的全部造假，他用「完了」兩個字來概括中國經濟形勢。他說，人們看到新聞報導有地方政府發債，以為是好事。

他說，他這次演講的開場白就是今天的政府已經破產了，真想不明白為什麼地方政府還膽敢發債。

他還告訴聽眾，中國經濟病情嚴重，一邊是冰，一邊是火。全世界沒有一個國家像中國這樣。一個國家的市場一邊是冰一邊是火，唯一原因就是這個國家的經濟生了重病。經濟生了重病，相關部門卻拚命掩蓋，所以只有在數據上造假。

郎咸平預言，由於製造業面臨嚴重危機，中國將是全世界第一個走入蕭條的國家。

郎咸平引用當時經濟觀察報實地調研結果，顯示當時江浙地區服裝行業開工率不到三分之一，塑膠工業50%，橡膠工業60%，大豆搾濾行業不到30%。

郎咸平團隊的研究報告也顯示，海寧皮革城，皮革加工工廠目前停工 60%，還有發電量不足，儘管中國總裝機容量 9 億 1600 萬千瓦，發電只有 40%。他解釋發電量不足的原因是經濟極度蕭條，根本不需要用電。

郎咸平提到截至 2011 年 6 月 20 日為止，中國各個港口積壓的鐵礦石，高達 9890 萬噸，已經超過了金融海嘯時期的 7098 萬噸。

這些製造業的數據說明中國經濟已經在蕭條了，也是中國經濟病入膏肓的結果。中國得的病叫做製造業危機，由於製造業生病，導致發燒跟發冷的現象，導致發電量不足 40%，導致一系列的負面數字。

王石：不敢保證中國會不會破產

2014 年 2 月 10 日下午，萬科董事長王石出席了新書《大道當然》的發布會。這本書是王石《道路與夢想》的姐妹篇。

王石說，他這本書是對現在中國企業家面臨的困惑和迷茫的思考，因為在中國經商面臨的問題與各國都不一樣。中國經濟問題非常多，以致有學者曾經預測 2012 年或 2013 年中國會破產。

王石對中國 2012 或 2013 年破產的說法不大認同，但 2014 年中國經濟非常不妙，2014 年中國會不會破產，他不敢保證。

王石的這段論辯來自他在哈佛讀書的經歷。王石來到哈佛以後，很快發現中國問題已經成為顯學，大家對中國問題都感興趣。哈佛有很多很有權威的經濟學家、社會學家、歷史學家，他們對中國的歷史確有非常深的造詣和非常深的研究，可是對中國現狀並不了解。

王石提及，一名從復旦出去的教授在哈佛講授中國房地產課，他認為，中國 2012 年就要破產。對此，王石說這不可能。教授就請王石配合他上課，講 20 分鐘回答 20 分鐘問題。

王石跟這名教授唱對台戲。教授說中國要破產，因為地方政府債。王石卻說，地方政府債不是問題，中國的銀行效率沒有西方那麼高，不會很敏感，會把這個問題拖延下來，但不會破產。

教授又說 2013 年中國會破產，王石還不同意。但 2014 年中國會不會破產，王石卻沒有把握，因為 2014 年情況非常非常困難。

鄭恩寵：中國有多少地方政府會破產？

中國著名維權律師鄭恩寵 2013 年 9 月 7 日撰文表示，2013 年 7 月 18 日，曾經的美國第四大城市底特律申請破產，給中國官民帶來了巨大震撼與衝擊。對此，中共國務院研究室副主任黃守宏表示：「如果按嚴格的審計制度來審核，按底特律的那種演算法，中國有些地方政府已經破產了。」

鄭恩寵表示，中共建政 60 多年來，離市場經濟主要由法律人治國相距甚遠，對 13 億人的大國的財政收支制度仍屬外行。英國於 1542 年頒布《破產法》，從此破產法在歐洲普及。美國的破產法起先不包括政府，1937 年起國會修訂破產法案，《美國破產法》第九章為「政府債務重組」。

鄭恩寵斷言，中國一批城市已實質破產。他援引 2013 年 5 月曾任發改委副主任並在深圳主持工作 6 年的李子彬與中共副總理馬凱的一次聊天內容。這次聊天內容事後被寫成一份 8 頁紙的信。

馬凱在 2013 年 7 月 15 日中共國務院會上宣讀了該信並在中共政治局學習會講述了此信內容：「中國沒有幾個省、市是自己拿錢出來搞建設的，保吃飯都有問題。300 個地級市有 8000 個融資平台，搞不清借了多少錢？」

鄭恩寵表示，壓垮底特律的是沉重的政府債務負擔，2013 年底特律預期債務 182.5 億美元，其中退休金和退休醫療福利金的負債 92 億美元，但預期收入僅為 12 億美元。

鄭恩寵表示，從 1992 年鄧小平南巡以來，中共徵地使農民損失 30 萬億人民幣，這說明一大批縣、鄉、鎮政府已破產，強徵是為維持政府生存。

鄭恩寵引述，國務院發改委東北司過去幾年向國務院上報了 3 批共 60 座資源枯竭型城市名單，自 2007 年以來累計下撥救濟金 463 億元。有學者認為全國有各類資源型城市 400 多座，其中有 118 座城市已經或行將破產，包括煤炭城市 63 座，有色金屬城 12 座，石油城 9 座，森林工業城 21 座等。僅江蘇省 13 個地級市中，除南京外有 6 個債務占財政收入的比例超過百分之百。

鄭恩寵表示，中共中央政府對全國各地債務負「無限責任」，加上地方政府及國企的資產負債不透明，使地方債無法通過破產保護來解決危機，最終有可能導致中共中央政府破產。

人大委員：政府債 36 萬億 約收入 2 倍

2015 年 12 月 22 日上午，中共財政部副部長張少春向中共全國人大常委會作地方政府債務報告，提及一些地方政府存在違規舉債，「明股暗債」等變相舉債行為時有發生，有發生局部風險的可能性。

據中共全國人大常委會委員姚勝粗略計算，目前中國的政府債務大概已經達到 36 萬多億左右，估計占到 GDP 的 60%左右，約是 2015 年全國財政預算收入的 1.78 倍；至於地方政府債務，負有償還責任的是 16 萬億，是 2015 年地方本級財政預算收入數的 1.23 倍，如果加上或有債務，則達到 1.84 倍。

這些數據顯示，中共政府已經是入不敷出。

中共全國人大常委會副委員長陳竺提出，地方政府未來是否可能出現事實上破產問題值得警惕。

財經作家余豐慧 12 月 25 日撰文表示，地方政府的事實破產並非危言聳聽。如果從財政收入與其負債總量衡量的話，一些地方政府確實已經出現事實上的破產。

余豐慧說，負債率過高直接導致槓桿率上升。2014 年末，中國實體部門（不含金融機構）的債務規模為 138.33 萬億元，實體部門槓桿率為 217.3%；而中國經濟整體（含金融機構）的債務規模為 150.03 萬億元，全社會槓桿率為 235.7%。實體部門和全社會槓桿率達到 2 倍多。這是非常罕見的。

槓桿率一定程度上就是風險率，足以看出全社會與實體部門風險之高。而在高槓桿率中，經濟發展中最主要的細胞——居民部門、非金融企業部門這兩大主體占比過高。

余豐慧表示，最大的風險隱患還是地方債瘋狂膨脹。在 2010 年經過一次系統性審計澄清底數後，僅僅經過不到一年實踐增速稍稍下降，此後又開始大舉膨脹，特別是這一兩年又有加速之勢。有數據顯示，地方債由 2010 年的 17 萬億元多，已經增長到目前的超過 30 萬億元。

第二節

人民幣是否會像金圓券一樣崩盤？

人民幣貶值引發的國際市場動盪，促使投資者、中國富裕階層對市場信心崩潰，加速將資金撤離中國，而人民幣是否會重蹈國民政府時金圓券崩盤的說法在網路傳開。

此次人民幣貶值引發的危機不僅是經濟、金融危機，更是中共政權的危機。

2015 年 9 月，人民幣貶值引發的國際市場動盪餘波未了，從中共官方公布最新經濟數據來看，中國經濟依然下行，製造業通縮已經超過 42 個月，投資數據降至 15 年來最低點，外貿數據也不景氣。2015 年中國經濟增長速度極有可能跌破 7%。

對中國經濟繼續惡化的擔憂，促使投資者、中國富裕階層加速將資金撤離中國。為堵塞資金外流通道，中共實施了諸多新的措施，包括對遠期售匯徵收 20%的風險準備金，加強對個人購匯的管制以及對地下錢莊的打擊。

然而，這次人民幣貶值引發的風險似乎並非技術層面的問題，也不單純是經濟層面的問題，而是市場信心問題。

對於關注中國局勢的人士而言，一種預感逐漸加強：中國即將發生一場巨變。在這場巨變發生之前，人們都在踟躕觀望，不敢對中國市場貿然投資。

或許，人民幣貶值會成為這場巨變的一個引線。

市場信心崩潰

2015 年 8 月 11 日，人行突然宣布引導人民幣中間價貶值的決定。市場對人民幣的貶值迅速作出反應，引發全球資本市場和亞太各國貨幣連鎖下跌。

這樣的結果是北京當局始料不及的。分析認為，人民幣貶值釋放重要信號，也就是中國經濟健康狀況堪憂，這使外界對中國經濟放緩的擔憂有所加強。

國際清算銀行（BIS）9 月 13 日發表的報告認為，中共政府 2015 年 8 月引導人民幣貶值的決定震動了市場，投資者加劇了對中國及新興市場經濟體增長前景的擔憂，並擔心中國經濟、金融危機最終將波及全球。

BIS 指出，對中國和新興市場的擔憂持續打擊著投資者情緒。2015 年上半年，新興市場經濟體融資放緩已經暗示了未來將有進一步市場動盪。新興市場經濟體的銀行貸款規模在 2015 年一季度下降了 520 億美元（經匯率調整後）。

BIS 說，「全球金融市場過去幾個月來遭遇了多次打擊，其中許多來自中國。」中國市場的脆弱性越來越成為投資者聚集的焦點。

法國經濟部長馬克 8 月在柏林表示，中國近期的市場動盪可能會使中國在未來 6 到 8 個月的處境非常艱難。RP Tech 代表董事倉都康行認為中國經濟困境或持續 10 年以上；日本經濟新聞編輯委員吉田忠則也說，人行誘導人民幣貶值的背後原因是中國經濟面臨嚴峻的局面，依靠刺激舉措僅能勉強避免中國經濟進一步惡化。

英國《金融時報》報導認為，市場更深層次的擔憂是對中共當局實現經濟轉型、掌控經濟的能力產生懷疑，如果中共不能主導經濟從投資驅動到消費驅動的轉型，可能發生經濟和政治動盪。

美國金融危機專家、哈佛大學經濟學教授肯尼斯·羅格夫（Kenneth Rogoff）認為，中國有潛在的金融危機風險。而金融危機可能導致社會崩潰，發生政治危機，這才是最可怕的事情。他說，近期天津發生的爆炸危機將是給中國金融帶來麻煩的一種因素。爆炸摧毀了中共政府的公信力。

市場對中共政府可以說信心全失，或許有些人可能預感到中國將會發生一個巨大變化，在這個變化出現之前，誰也不願意對中國市場投資，都在等待和觀望。一個備受懷疑和令人止步不前的市場，應該說是毫無動力的，中國經濟活動可以說處於極其疲弱的狀態，勉強維持不倒而已。

中國經濟增速很可能會破 7

中國經濟是以投資為主導而驅動。然而，從中共官方 9 月 13

日公布的數據來看，2015 年前 8 個月投資增速降至 15 年來最低。

許多外媒報導認為，新公布的投資數據表明，中國經濟的許多領域持續疲弱，加上股市震盪衝擊金融業增加值，2015 年中國經濟經濟增速破 7%概率增大。

《華爾街日報》報導稱，由於外界擔心中國經濟放緩的情況比預期更嚴重，近幾周有關中國經濟健康狀況的疑問令全球市場感到不安，影響很可能更大。

不少投資者對中國的擔心是其經濟要比 GDP 數據顯示得更弱。

中國資本加速外流

中國經濟持續疲弱，使投資者對中國市場失去信心，資金也在加速流出中國。

國際清算銀行（BIS）的數據顯示，2015 年第一季度，中國銀行業出現了 1090 億美元的資本淨流出，並預計這一趨勢有可能繼續。

花旗集團的數據顯示，在截止 2015 年 6 月底的四個季度裡，中國資本外流總額超過 5000 億美元（不含債務償還部分）。中國的外匯儲備一度達到接近 4 萬億美元，現在則下降到 3.7 萬億美元以下，而且預計年末將進一步降至 3.3 萬億美元。

《華爾街日報》報導稱，人民幣貶值令國內一些高淨值人士後悔沒有早些將資本轉移出去。

英國《金融時報》旗下機構調查發現，在接受調查的中國富人中，六成有在短期內向海外轉移資產的計畫。

2015年8月底中共警方徹查地下錢莊，據國內一些專家學者分析，中國每年通過地下錢莊流出的資金至少達2000億元人民幣。

《華爾街日報》報導稱，如果人民幣進一步貶值，抑或中國經濟顯示出新的疲弱跡象，則未來幾個月資本外逃現象可能加重。

中共加緊資本管制

人民幣貶值增加了投資者對中國經濟放緩的擔憂和對中共當局管控經濟和金融能力的懷疑，在濃郁的避險情緒催促下，資金加快了出逃的速度。

分析師和知情人士透露，為干預人民幣匯率，北京方面已投入多達2000億美元，但效果似乎並不明顯。為此，中共只好採取收緊資本管制的措施，堵截資本外流管道。

根據一份官方通知，隸屬人行、負責管理中國外匯的外匯管理局（外匯局）近期責令各金融機構加強對所有外匯交易的檢查和管制。

而新浪財經9月9日援引知情人士透露，中共外匯局上海分局下發通知，要求加強銀行代客售付匯業務監管。其中被稱作「螞蟻搬家式」的個人分拆購匯被加強監管受到了廣泛關注，外管局要求各家銀行對可能的分拆交易提高警惕，必要時拒絕購匯申請。

專家認為，這主要是防範國內資本快速外逃。

根據外管局的規定，5個以上不同個人，同日、隔日或連續多日分別購匯後，將外匯給境外同一個人或機構；個人在7日內從同一外匯儲蓄帳戶5次以上提取接近等值1萬美元外幣現鈔；同一個人將其外匯儲蓄帳戶內存款劃轉至5個以上直系親屬等情況界定為個人分拆結售匯行為。

人行開始干預人民幣離岸市場

中共對個人和企業可以購買或出售的外匯金額長期實行管制，但隨著中共希望擴大經濟影響力，正在為人民幣加入國際貨幣基金組織儲備貨幣籃子而努力，人民幣在世界各地的使用越來越廣，中共的外匯管制近年在一定程度上失效。

與資本交易存在限制在岸人民幣（CNY）不同，在離岸市場上，中國本土以外的投資者可以自由買賣人民幣。人行8月11日將人民幣兌美元匯率中間價下調近2%之後，海外投資者加速拋售人民幣，CNY和CNH的匯率差出現擴大。

根據日本經濟新聞中文網9月14日報導，為阻止人民幣過度貶值，繼干預國內外匯市場之後，人行又在離岸市場進行買入人民幣、賣出美元的外匯干預，以牽制投機者拋售人民幣，阻止資金加速流向海外。

在人民幣貶值的背景下，中國企業為了避免因人民幣貶值而造成的匯差，大幅增加今後賣出人民幣買入美元的匯率預約，從而導致拋售人民幣的壓力加大。

不過，從市場收回大量的人民幣後，資金供需變得緊張，銀行間同業拆放利率上漲等，抵消金融放寬效果的擔憂也浮出水面。

分析認為，人行出手干預人民幣進一步貶值的舉動可能是為習近平9月下旬即將與美國總統奧巴馬舉行的首腦會談掃清一些阻力。

瑞銀首席中國經濟學家汪濤表示，外界早就預期中共會收緊某些外匯管制，不過，僅僅依賴這些管制來捍衛人民幣「不是長久之計」。

流動性枯竭的危險

中共對資金外流應該是非常擔心的，因為現在非常缺錢。中共為救樓市、地方債和股市消耗了很多資金，加上資金外流，中共外儲在快速縮水。由於外儲是中共發鈔之錨，外儲的縮水應該說限制了中共印鈔的能力，它不能再像過去那樣通過超發貨幣來應對流動性緊張問題。

現在中國出現的問題是生產領域的通縮和消費領域的通脹。製造業通縮顯示其資金緊張，活力不足，這使中國經濟創富和創匯能力大大降低；消費領域通脹是人民幣貶值帶來的相應後果。

股市泡沫的破滅使中共不可能通過股市為企業打通直接融資之路，而外儲的減少限制了其印鈔能力，所以它只有限制資金外流，盡量讓錢留在境內。

目前，中共的處境很難，一方面它的經濟活力非常疲弱，過去常規的刺激措施不再像過去那樣效果明顯；另一方面，由於外儲降低，它不能再像以前那樣可以肆無忌憚的超發貨幣了，那會使人民幣貶值更加嚴重，並進一步加劇資金外流。在經濟嚴重失血下，印鈔只能使經濟加速惡化，通貨膨脹一發不可收拾，那樣的結果不僅是經濟全盤崩潰，更將是社會和政治危機。

因此中共只好堵塞資金外流通道，以此避免全社會面臨流動性枯竭的危險。

金圓券故事

人民幣會重蹈金圓券覆轍的說法並不是新聞。

2014 年一篇題為《2016 年人民幣將重演 1948 年民國金圓券的故事》的文章在網路流傳。

9 月 7 日，人行公布外儲數據的同時，也公布了黃金儲備。從公布的數據看，人行黃金儲備有所上升。

有人認為，中共之增加黃金儲備，意圖可能是在必要時動用黃金儲備穩定貨幣。然而，從民國政府在大陸統治晚期金圓券崩盤的事實來看，黃金儲備可能不是萬能的。當時金圓券崩盤，國民黨政府並不缺少黃金儲備，而是民眾對國民黨政府的信心已經失去。

因此，動用黃金儲備穩定貨幣的假設建立在一國國民對政府依然信任的基礎上。

美國經濟學大師米爾頓·佛利民在《貨幣的禍害》一書中曾說，紙幣之所以具有價值，是因為所有參與交易的人相信，別人在交易時會接受它。說白了，貨幣之所以值錢，是因為人們相信它有價值。這在信用貨幣時代尤其如此：貨幣是建立在一個國家以其綜合實力做信用擔保的基礎上的。

目前，中共早已將國家信用透支殆盡，對中共行將滅亡的預期越來越成為社會的主流，因此，市場對人民幣貶值的預期透露出的信號實際上是對中共的不信任。

中共這次因人民幣貶值引發的危機不僅是經濟、金融危機，更是中共政權的危機。一旦中共政權危機降臨，無論是外匯儲備還是黃金儲備，也無論採取何等措施阻止資金外逃，都救不了中共的命。

金圓券故事是為前車之鑑。

第三節

房地產問題太大
中共新政或成新危機

有學者測算，大陸樓市庫存至少為 85 至 90 億元平方米。按照過去 3 年平均銷售速度計算，至少需要 7 年時間才能消化。（AFP）

近年來，中共政府動用了除軍事力量以外的大部分行政手段也沒能使中國樓市的庫存、房價下降，相反，在庫存持續攀升的同時，10 年房價上漲 10 倍以上。目前，中共當局已經開始打農民的主意，但房地產問題太大，中共的任何新舉措都可能引發一個新的危機。

去化庫存需 7 年

由於樓市庫存居高不下，房地產開發投資持續下滑。中共國家統計局數據顯示，2015 年前 10 月，房地產開發投資同比下降 0.5%，為近 10 年來首次出現同比下降，1 至 11 月降幅擴大至

1.3%，且存在進一步下降的趨勢。

中國指數研究院常務副院長黃瑜表示，從歷史經驗來看，在銷售面積回暖半年左右，新開工回暖。2015 年 1 至 6 月，商品房銷售面積同比轉正，但截至 2015 年 11 月，全國房屋新開工面積仍同比下降 14.7%。

房地產投資持續下行主要是因為樓市庫存居高不下。數據顯示，截至 2015 年 11 月底，全國商品房待售面積 6 億 9637 萬平方米，比 10 月末增加 1004 萬平方米，處於歷史高位。

北師大教授鐘偉測算，全國樓市庫存至少為 85 至 90 億元平方米。按照過去 3 年平均銷售速度計算，至少需要 7 年時間才能消化。

房地產拖經濟增長的後腿

同時，房地產開發投資對於經濟的貢獻率也再度創下歷史新低。社科院城市與競爭力研究中心主任倪鵬飛表示，2015 年房地產住宅投資同比增幅持續下滑，已快接近 2009 年 2 月的歷史最低值。房地產投資下降直接拖累經濟增長，初步預算，2015 年年前三季度房地產投資對經濟增長的直接貢獻率已降到只有 0.04 個百分點，創下 2000 年以來的新低。

因此，在 2015 年 12 月 21 日開的中共中央經濟會議上，中共最高決策層以罕見的大篇幅詳講地產庫存，並把去庫存列為 2016 年經濟工作的重要任務之一。會議上給予去庫存的政策包括加快農民工市民化，鼓勵房企降價、取消過時的限制性措施、建立購租並舉的住房制度等。

鐘偉認為，去庫存不只是 2016 年的工作重點，也將是未來 5 年乃至更長一段時間的工作重心。他稱，過去的 15 年，房地產行業引領著中國經濟增長，可從 2014 年到 2015 年二季度，已經轉為拖後腿了，「未來 5 年，房地產不給經濟惹麻煩就不錯了。」

為拿銀行貸款 房子賣不出也不降價

過去的十幾年，導致樓市庫存嚴重過剩、房價高企的原因是銀行的貸款開放。有分析人士舉例稱，比如以前一個開發商通過某銀行貸款 1000 萬元開發了一個房子，如果還不起那他就倒楣了，因為所有的銀行都是一個體系，你欠了錢沒還就再也沒有翻身的機會。但是中國在銀行改革的基礎上開了一條口子，為了各銀行之間的競爭所以把工行、農行、建行等等全部獨立運營。這本來是好事，可問題是這些銀行都不是私有的，而是國家的。

當一個開發商從工行貸款 1000 萬元後，他只需要用 500 萬來開發房子，然後把售價提升，再把這個開發中的房子按他的售價標準抵押從農行再貸款 2000 萬，然後再用這 2000 萬中的 1000 萬開發一套售價更高的房子來找建行抵押貸款 4000 萬，就是這樣一個滾雪球的瘋狂貸款模式。

房子賣不賣得出去不重要，關鍵是房價要高，不得降價。反正銀行的錢不是私人的，所以稍微疏通一下行長，加上又有「合法的」高零售價的樓盤做抵押，所以自然就越來越好從銀行貸款。這樣造成的結果就是房子越建越多，且房價只漲不跌。因為不能跌，一跌銀行貸出去的錢就再也回不來了。

這可是政府的銀行，所以為了堵住這個資金黑洞，一些被收買的專家、媒體便開始瘋狂制造輿論用各種輿論手段威逼利誘民眾買房，另一邊中共當局更是頻頻出台新政策刺激市場，進而把這苦果轉嫁給百姓。

美國南卡羅萊納大學艾肯商學院教授謝田認為，如今中國房地產庫存過高，一個重要原因就是房產價格過高。甚至有些房子的價格比美國的還貴，而中國國民的收入只有美國的三分之一到五分之一。即使對城市居民來說，讓他們來負擔現在的房地產都感到心有餘而力不足，農民就更不用說了。

謝田表示，要讓農民工來消化庫存房有兩個前提，一是就業穩定，收入有保證；二是有一定的經濟能力。然而現在中國經濟正急劇下滑，在公司裁員、工廠關閉、產能過剩的情況下，不少農民工根本沒有固定工作和收入。

謝田還表示，「現在看起來房價很難降下來。一降下來，中國這些地方政府就會紛紛破產，所以呢，他們不敢降，也不可能降。我不知道中共中央政府怎麼能做到讓房價降下來，讓人買得起，除非他們做好準備，讓大量的國企、包括國有銀行和地方政府全面破產，這個也恐怕不是中共願意馬上做得到的。」

此外，由於之前房企拿地價格普遍過高，目前很多項目的房價基本降不下來。一位全國性大型房企營銷負責人對陸媒表示，「房企銷售是市場化操作，如果庫存無法出清，那開發商肯定早就讓步了，現在一些三四線城市甚至已經是虧本銷售，基本沒有降價空間。」

CLSA：中國銀行業壞帳率或達 8.1%

中共銀監會數據顯示，2015 年三季度末，中國商業銀行不良貸款餘額 1 萬 1863 億元，較上季末增加 944 億元；不良貸款率為 1.59%，較上季末上升 0.09 個百分點。其中農行不良率高達 2.02%，在維持數年低位運行後，不良率首次突破 2%。

銀監會副主席閻慶民曾表示，「部分地區房地產風險是銀行不良貸款上升的重要原因。」

東方資產近期發布報告稱，商業銀行不良率上升還會持續 4 至 6 個季度。並預測在 2016 年四季度末，不良貸款規模為 1 萬 6154 億元，不良率為 1.94%。其中，有一半的受訪者認為其所在地區銀行類金融機構不良貸款率最高超過 3%，甚至有兩成受訪者認為這一數據超過 5%。

法國里昂證券（CLSA）認為，中國銀行業的壞帳率可能高達 8.1%，是官方數字 1.5%的 6 倍之多，這意味著 7 萬 5000 億元的資本缺口，超過中國 GDP 的十分之一。

CLSA 認為，中國房地產部門在新增債務方面最為激進，儘管一線城市的房地產開發商盈利能力較強，幫助提升了整體行業財務狀況，但二三線城市的開發商有著較高的潛在壞帳率。

大陸一位地方銀監局人士曾表示，現在房地產風險主要集中在二三線城市，狀況確實非常糟糕，主要是空置率很高。當企業出現貸款逾期或不良，銀行收回了一些企業用於抵押的商品房，但是在目前市場環境下根本處置不了，這給銀行也帶來了很大的風險隱患。

有分析人士表示，在經濟低潮的現在，民眾還不了貸款斷供進而棄房，同樣會使金融系統出現大麻煩，中共對於房地產的任何新舉措都可能變成新的危機。

絕望中的希望

然而，無論是股市還是房地產，還只是整體經濟的局部，而人民幣的貶值卻是關係各行各業的大事。隨著大陸資金的瘋狂外流，中國經濟處在失血狀態，各項經濟指標迅速惡化。

而比這些更可怕的是市場信心的喪失，一旦悲觀情緒像瘟疫那樣蔓延，中國經濟就真的崩潰了。

但天無絕人之路，很多有識之士都看到了解決的出路——由於中國的經濟問題從來都是政治問題，特別是在習江鬥生死搏擊、大陸股市上演一場「國家隊救市，反被內鬼戲弄」的鬧劇，人們「坐等出事」或「妄議中央」之際，抓捕製造經濟社會動盪、為禍中國近 20 年的江澤民，破除其黨羽，從根本上重塑信心，中國經濟就是「山窮水盡疑無路，柳暗花明又一村」。

第四章

政法系現落馬自殺潮

根據公開信息所做的不完全統計，2015 年一年中，中共政法系統官員，超過百人遭遇落馬、判刑或意外死亡的厄運。政法官員在中共迫害人權尤其是鎮壓法輪功運動中充當一線打手，成為高危職業。

中共迫害法輪功已持續 16 年，直接參與迫害法輪功的官員遭厄運的事例屢見不鮮。（Getty Images）

第一節

2015 逾百人落馬或死亡 政法系成高危職業

《大紀元》記者根據中紀委 2015 年公布的落馬官員名單和海外明慧網收集到遭厄運的中共官員案例所做的不完全統計發現，現任或曾任公安、國安、國保、「610」、檢察院、法院、司法、監獄這些部門的政法系統官員有至少 111 人，其中政法委書記就有 37 人，比例有近三成半。

2015年政法系統官員遭厄運不完全統計			
政法委書記	610辦公室	國保大隊	監獄
37人	12人	8人	4人
國安／公安	檢察	法院	司法
23人	5人	10人	12人
註：這當中曾經任以上職位的有29人，其中有11人曾任政法委正／副書記。			

僅 2015 年現任或曾任政法系統的官員有 71 人落馬、被判刑或免職，有 34 人死亡。34 例死亡中有 20 人是得絕症或者其他重病死亡，比例接近六成，其中有 5 人是猝死。而跳樓、自縊而亡也有 8 人。政法委書記、610、國安 / 公安都分別有 9 人死亡。34 個死亡者的平均年齡 54 歲。

71 名官員中，現任或曾任政法委書記的多達 28 人，比例接近四成人數，被追查迫害法輪功國際組織發出追查通告的就有 16 人。其次，落馬的國安、公安系統官員有 14 人，也接近兩成人數。

<table>
<tr><th colspan="5">111名政法系統官員遭厄運形式及人數分布</th></tr>
<tr><td>落馬
判刑
免職</td><td>患重病
殘廢
癱瘓</td><td colspan="3">死亡</td></tr>
<tr><td rowspan="3">71人</td><td rowspan="3">6人</td><td colspan="3">34人</td></tr>
<tr><td>癌症</td><td>中風、猝死
癱瘓</td><td>自殺、車禍
意外</td></tr>
<tr><td>10人</td><td>10人</td><td>14人</td></tr>
</table>

<table>
<tr><th colspan="7">34名死亡官員部門職位分布</th></tr>
<tr><td>政法委書記</td><td>610
辦公室</td><td>國安公安</td><td>國保</td><td>法院</td><td>司法</td><td>監獄</td></tr>
<tr><td>9人</td><td>9人</td><td>3人</td><td>9人</td><td>1人</td><td>2人</td><td>1人</td></tr>
</table>

71名落馬／判刑／免職官員部門職位分布						
政法委書記	610 辦公室	國安公安	法院	司法	檢察	監獄
28人	2人	14人	9人	10人	5人	3人

34名官員死亡原因								
自縊	跳樓	車禍	癌症	中風	猝死	溺水	墜樓	癱瘓
2人	5人	3人	10人	4人	5人	2人	1人	1人

錦州監獄惡警厄運

1999 年 7 月中共江澤民集團發動鎮壓法輪功運動，操控整個國家機器開足馬力對法輪功學員進行殘酷迫害，其中政法系統中的公、檢、法、司官員是最直接參與迫害的人員。與此同時，政法系統官員遭厄運的事例屢屢發生。專門為迫害法輪功而設的 610 辦公室主任一職更有「死亡職位」之稱。

最新一例是遼寧省錦州監獄副獄長王洪博，11 月 12 日在家上吊自殺，年僅 54 歲。

據明慧網報導，遼寧省是中共迫害法輪功最嚴重的省份之一，而錦州監獄迫害法輪功學員極為嚴重。為強迫法輪功學員放棄信仰，該監獄使用了各種酷刑，許多學員被折磨致傷、致殘，有 3 名法輪功學員被迫害致死。錦州監獄還對積極參與迫害的惡警、犯人進行獎勵、利誘。錦州監獄因此多次受到遼寧省司法廳監獄局的「嘉獎」。

但是，錦州監獄參與迫害法輪功學員的人員也是厄運連連：

1. 原刑罰執行處處長張慶死於肝癌。

2. 二大隊管教科長李向陽一家三口遇車禍，他本人死亡。

3. 迫害致死法輪功學員張立田的原二十監區獄警、監區長張寶志，於 2011 年被捕，後以涉嫌受賄罪和瀆職罪被判刑。

4. 包庇張寶志罪行的馬振峰、高文偉、王亮三個獄長因為張寶志等的受賄瀆職行為被免職。

5. 2015 年 11 月，錦州監獄一刑滿釋放人員向檢察機關舉報監獄內多名警察貪污、受賄、瀆職、偽造減刑材料等犯罪行為，隨後陳學利、李東、崔鵬、李大健等 6 名獄警被盤錦市檢察機關刑拘，原監獄長辛廷權、馬振峰已被檢察機關多次約談。

6. 錦州監獄的主管部門遼寧省原監獄局局長張家成被雙規，政委黃濤、政治部主任楊麗被免職，監獄局總經理宋萬忠被刑拘後已進入司法程式。

據信，王洪博自殺前曾被檢察機關多次約談，要求其主動交代犯罪事實。

廣州市政法系統官員厄運不斷

另一例是 2015 年 11 月初剛退休不到 10 天就被紀委帶走調查的原廣州市政法委書記吳沙。

吳沙從 2005 年 9 月就出任廣州市公安局局長、黨委書記，2006 年 12 月，再兼任廣州市委政法委書記，直到 2012 年 2 月才卸任廣州市公安局局長的職務。

據明慧網報導，廣州市也是中共迫害法輪功學員嚴重的省會城市之一。廣州市法院系統非法審判法輪功學員已逾百人，截止於2012年底，證實已經被迫害致死的廣州法輪功學員就有36人，其中，至少有5人是在吳沙任職政法委書記期間被迫害致死的。

廣州市政法系統官員遭厄運的例子也接連發生：

1. 2013年1月8日，廣州市公安局副局長兼政法委副祕書長、分管國保大隊的祁曉林，在辦公室自縊身亡。

2. 2010年6月10日，是江澤民為迫害法輪功而專門建立610辦公室的特殊日子，廣州市公安局610辦公室副主任王廣平，在辦公室倒地猝死，年僅54歲。據悉，經王廣平親手送洗腦班迫害的法輪功學員至少有310人次，非法勞教395人，非法判刑16人。

以上僅是略舉發生在政法系統官員身上的眾多厄運中的幾件而已。

中共政法系統官員遭厄運不完全統計一覽表						
序號	日期	地區	官職	姓名	年齡	惡報形式
1	2015/11/24	四川成都市	市委副書記、政法委書記	李昆學	54	被調查
2	2015/11/20	內蒙古	安全廳廳長	傅益生	不詳	被調查
3	2015/11/20	廣西	高級法院副院長	蘭海寧	60	雙開、立案
4	2015/11/12	遼寧錦州	錦州監獄副監獄長	王洪博	53	自縊
5	2015/11/10	四川	省公安廳副廳長	獄德松	59	免職
6	2015/11/9	吉林蛟河市	政法委書記、公安局局長	郝壯	不詳	擦窗墜樓
7	2015/11/8	廣州	政法委書記	吳沙	60	被調查
8	2015/11/3	河南周口市	公安局原局長	姚天民	52	被調查
9	2015/11	湖南常寧市	市國保大隊	唐少忠	不詳	胃穿孔搶救
10	2015/10	內蒙古太僕寺旗	原610主任	張建國	不詳	肺癌死亡

11	2015/10/30	廣西	自治區法制辦公室主任	林日華	不詳	開除黨籍、降職
12	2015/10/30	廣西	自治區法制辦紀檢組組長	李芳真	不詳	降職
13	2015/10/30	廣西	自治區法制辦副巡視員	黃澍東	不詳	黨内警告
14	2015/10/29	廣東潮州市	政協主席、原政法委書記	湯錫坤	61	被調查
15	2015/10/28	重慶市	巴南區檢察院原檢察長	郭祖祥	52	雙開、立案
16	2015/10/23	陝西西安市	610處長	李勝利	不詳	跳樓自殺
17	2015/10/23	河南	省政法委副書記	徐合民	53	被調查
18	2015/10/21	貴州貴陽市	白雲區公安局局長、區政法委書記	魏榮華	不詳	被調查
19	2015/10/20	廣東江門市	人大常委會副主任、原政法委書記	聶黨權	60	被調查
20	2015/10/22	遼寧盤錦市	政協副主席、原檢察院檢察長	劉鐵鷹	61	被調查
21	2015/10/17	廣東揭陽市	人大常委會原副主任、原政法委副書記	黃水利	63	被調查
22	2015/10	山東青島市	原市610副主任	趙敏	53	判刑8年半
23	2015/9/15	遼寧省錦州市	古塔公安分局局長	王俊仁	不詳	開除公職、送司法
24	2015/9/14	廣東	省戒毒管理局局長	施紅輝	不詳	被調查
25	2015/9/14	廣東	戒毒管理局（原省勞教局）黨委書記、局長	陳達	不詳	被調查、雙開
26	2015/9/24	湖北省	司法廳副廳長、原省政法委副書記、原綜治辦主任、省高院副院長	魯志宏	52	被調查
27	2015/9/9	四川資陽市	公安局局長	陳正權	52	立案
28	2015/9/9	重慶	教育矯治局（戒毒管理局）局長	謝倫	56	跳樓死亡
29	2015/9/5	内蒙古鄂爾多斯市	副市長、市公安局局長	王會師	59	被捕、起訴
30	2015/9	遼寧鞍山市	政法委書記	梁冰	52	被調查
31	2015/8/26	黑龍江七台河市	國保支隊政委、610辦頭目	畢樹慶	不詳	猝死
32	2015/8/20	山東梁山縣	610頭目	劉傳秀	不詳	猝死
33	2015/8/5	北京	海淀區原610辦公室主任	王建鐘	62	肺癌死亡
34	2015/8/4	吉林舒蘭市	蓮花鄉610頭子	楊文學	不詳	腦出血死亡
35	2015/8	黑龍江哈爾濱	松北區政法委書記	賈巖	55	車禍死亡
36	2015/8	山東高唐縣	公安局局長	常朔	51	中風死亡

37	2015/7/24	河北	省委書記、 原中央政法委祕書長	周本順	62	被捕
38	2015/7/22	新疆	公安廳副廳長、原監獄管理局局長、勞教局局長	謝暉	52	被調查
39	2015/7/12	中央	最高法院副院長	奚曉明	61	被調查
40	2015/7/7	江西都昌縣	國保大隊隊長	洪流	40多	肺癌
41	2015/7/3	江西都昌縣	國保大隊隊長	張世新	40多	中風 半身不遂
42	2015/7	河北蠡縣	610頭目	張躍賢	不詳	患癌症 兩三年
43	2015/7	遼寧阜新市	政法委書記	欒利民	不詳	癌症死亡
44	2015/6/30	山東鄒平縣	政法委書記	程作通	不詳	自縊
45	2015/6/26	西藏	區人大副主任、原區安全廳廳長、原江西安全廳副廳長	樂大克	55	被調查
46	2015/6/23	江西都昌縣	國保大隊隊長	黃益慧	不詳	車禍殘廢
47	2015/6/19	廣東	省檢察院反瀆職侵權局局長、原監察廳廳長、原紀委副書記、原預防腐敗局局長	杜言	59	被調查
48	2015/6/15	遼寧	原省政法委副書記、 司法廳廳長	張家成	63	被調查
49	2015/6/14	廣東中山市	市委副書記、政法委書記	鄧小兵	51	被調查
50	2015/6/13	河北張家口市	橋東公安分局副局長	馬福維	65	肺癌死亡
51	2015/5/26	廣東廣州市	從化區委書記、 原花都市政法委書記	黃河鴻	50	被調查
52	2015/5/26	內蒙古赤峰市	公安局長	董歧福	60	癌症死亡
53	2015/5/14	湖南高沙鎮	政法委書記	嚴力強	60多	癌症死亡
54	2015/5/8	四川資陽市	副市長、公安局局長	陳正權	52	被調查
55	2015/5/5	廣東佛山市	政協副主席、檢察院檢察長	廖東明	61	被調查
56	2015/5/2	青海海西自治州	政法委書記	金海寧	56	跳樓死亡
57	2015/4/25	江西九江市	廬山區政法委書記、 公安分局局長	陳文	不詳	被調查
58	2015/4/22	黑龍江牡丹江市	公安局治安支隊長	董經國	不詳	自縊身亡
59	2015/4/15	廣西	司法廳副廳長	梁振林	59	被捕
60	2015/4/15	廣西	原監獄管理局書記	鐘世範	59	被捕
61	2015/4/15	廣西	人防辦原紀檢組組長、 原監獄管理局副局長	曾愛東	58	被捕
62	2015/4/13	四川遂寧市	中級法院副院長	徐昌輝	不詳	被調查

63	2015/4/10	湖北武漢市	青山區政法委書記	高玉奇	不詳	被調查
64	2015/4/10	山西呂梁市	政法委書記	李良森	60	雙開、立案
65	2015/4/10	吉林	司法廳原副廳長	趙洪興	59	雙開、立案
66	2015/4/9	河北省清河縣	縣委書記、 原沙河市政法委書記	冀東書	52	被調查
67	2015/4/7	廣東深圳市	政法委書記	蔣尊玉	58	立案調查
68	2015/4/2	廣東深圳市	中級法院副院長	黃常青	不詳	被調查
69	2015/4/1	湖北麻城市	市人大常委會主任、 原610頭目	陳遠亮	51	被調查
70	2015/4/1	遼寧	省監獄企業集團有限公司 總經理、原盤錦監獄監獄長	宋萬忠	49	被調查
71	2015/4	吉林省通化市	二道江區原政法委副書記、 610主任	戴貴義	不詳	白血病死亡
72	2015/4	遼寧朝陽	公安局國保大隊大隊長	張曉過	不詳	癌症離職
73	2015/4	遼寧鳳城	法院院長	鞠傳傑	51	被捕
74	2015/4	遼寧鳳城	法院副院長	李貴中	52	被捕
75	2015/4	河南周口市	政法委書記	朱家臣	60	被判刑18年
76	2015/4	內蒙古赤峰市	國安局長	翟大明	不詳	血癌死亡
77	2015/3/31	海南瓊海市	市委副書記、政法委書記	陳列雄	60	被調查
78	2015/3/31	江蘇無錫市	委副書記、政法委書記	蔣洪亮	56	跳樓死亡
79	2015/3/30	湖南株洲市	政法委書記	謝清純	52	被調查
80	2015/3/27	雲南昆明市	官渡公安分局局長	韓玉彪	44	被調查
81	2015/3/24	內蒙古	自治區政協原副主席、 原公安廳廳長	趙黎平	64	殺人、逮捕
82	2015/3/23	山東臨沂市	開發區治安大隊長	王文坡	50	自溺死亡
83	2015/3/18	湖北白果鎮	綜治辦主任	魯性輝	48	猝死
84	2015/3/18	河北石家莊市	原政法委副書記	黃朝慶	50	被捕
85	2015/3/15	河北曲陽	國保大隊長	陳建文	不詳	車禍死亡
86	2015/3/13	廣東揭陽市	政法委書記	袁廣	53	被調查
87	2015/3/13	福建連城縣	縣委副書記、政法委書記	林慶禎	57	被調查
88	2015/3/8	廣東化州市	政法委副書記	郭志玲 （女）	48	被調查
89	2015/3/1	河北省樂亭縣	原610主任	王繼忠	50	車禍死亡

90	2015/3	山東	政法委書記、省委常委	才利民	50	免職
91	2015/2/28	寧夏	自治區公安廳副廳長	賈奮強	53	立案調查
92	2015/2/27	山東	省監獄管理局里能分局原局長	曹務順	68	被調查、開除黨籍
93	2015/2/13	天津市	政協原副主席、市公安局原局長	武長順	62	雙開、立案
94	2015/2/9	遼寧普蘭店市	行政執法局局長、兼國保大隊長	李紹舉	57	腦出血猝死
95	2015/2/9	遼寧省鞍山市	原中級法院院長	宋景春	不詳	被調查
96	2015/2	山西定襄縣	政法委書記	智志林	53	被調查
97	2015/1/27	安徽馬鞍山	司法局局長	劉學傑	60	跳樓死亡
98	2015/1/19	遼寧瀋陽市	原市檢察院檢察長	張東陽	不詳	被判無期
99	2015/1/15	遼寧大連市	中級法院	李威	不詳	被雙開
100	2015/1/13	河北廣宗縣	原公安局副局長	代現保	不詳	敗血病死
101	2015/1/12	吉林劉家鎮	原610頭目	周德存	54	腦出血死亡
102	2015/1/11	黑龍江伊春市	金山屯區法院審判長	張海濤	43	心梗猝死
103	2015/1/7	重慶市	永川區公安局政委	王程	50	被調查
104	2015/1/4	遼寧東港市	政法委副書記	宋小河	61	下身癱瘓死亡
105	2015/1/4	四川成都市	中級法院院長	牛敏	53	被調查
106	2015/1/4	廣東	省政協主席、省委副書記兼省委政法委書記	朱明國	52	被免職
107	2015	山東肥城市	原國保大隊隊長	王澤生	不詳	肺癌
108	2015	吉林省	原女子監獄監獄長	賈秉新	59	被調查
109	2015	吉林省	原吉林監獄監獄長	王昆	50多	被調查
110	2015	廣西百色市	田東縣原政法委610頭目	鄧明北	49	游泳失蹤
111	2015	黑龍江大興安嶺	韓家園公安局政保科長	郭長友	60多	癡呆癱瘓

江澤民把政法委當作殺人工具

將政法委推上一線充當政治打手，是江澤民一手搞出的邪惡體制。

1999年4月25日，上萬名法輪功學員中南海和平上訪後，江澤民不顧中共政治局其他常委的反對執意要鎮壓法輪功，在6月7日成立了包括由最高法院、最高檢察院、公安部、國家安全部、中宣部、外交部等中央黨政各部委組成的「中央處理法輪功問題領導小組」，後來改名為「中共中央防範和處理X教問題領導小組」（又稱「防範辦」），這是專門用於迫害法輪功的最高法外權力機構。6月10日，中共成立了一個辦公室處理日常運作，也叫「610辦公室」。其下屬分支機構從上至下遍及全國，有一套嚴密而獨立的體系，並且與中共政法委緊密聯繫，全方位地組織、指揮、實施對法輪功的迫害。

「中共中央防範和處理X教問題領導小組」通過地方各級「610辦公室」，控制中共的公安、法院、檢察院、國安、武裝警察系統，還可以隨時調動外交、教育、司法、國務院、軍隊、衛生等資源，全面推動和實施國家級迫害，對中國大陸法輪功學員進行非法監控、抓人、抄家、送洗腦班，操縱法院審判過程和判決結果。

由於中共迫害法輪功的政策不得民心，鎮壓的初期受到各地的抵制或消極對待。與此同時，大批的法輪功學員不畏中共的暴政而走出來澄清真相、上訪鳴冤，使江澤民「三個月內消滅法輪功」的狂言落空。

江澤民在2001年1月23日一手製造了「天門案自焚偽案」，

煽動全國對法輪功產生仇恨。接著，又在 2002 年中共「16 大」把時任政法委書記的羅干塞進政治局常委，提拔周永康為中央政治局委員、中央書記處書記、中央政法委副書記，12 月再升為公安部長，2003 年 3 月再任國務委員，之後再兼任武警部隊第一政委、國家禁毒委員會主任。

這樣就形成了公安部長有權命令和指揮最高法院、最高檢察院的荒唐局面，因為最高檢察院檢察長、最高法院院長也只是中央政法委的委員，那政法委等於是凌駕在法律之上。也就是說江澤民製造了一個政法委體制控制國家機器公檢法，而政法委又和 610 辦公室合署辦公，這樣就完全打破了任何法律和制度的約束對法輪功進行迫害。

江澤民當時還發出對法輪功要「名譽上搞臭、經濟上截斷、肉體上消滅，打死算自殺，不查身源就地火化」的密令。但是，江澤民害怕留下證據而只將將密令寫在白紙條上，沒有正式的文件，也不敢簽字。2000 年，時任中央政法委的羅干還專門飛赴各地「610」機構親自口傳。

流亡海外的前「610」官員郝鳳軍證實，「610 辦公室」的工作指令直接來自中共高層，然後下達到地區。

活摘法輪功學員器官 公檢法司犯罪「一條龍」

江澤民使政法委、「610 辦公室」凌駕在法律之上，控制公檢法成為其迫害法輪功的工具，將公檢法官員拖入了罪惡的深淵。其中最令人髮指的就是國家系統化活摘法輪功學員器官。

根據追查國際多年來的調查，有充分的證據顯示，中共的公檢法司等政法系統活摘法輪功學員器官是「一條龍」的犯罪機制運作。

據追查國際調查員對駐北京豐台的解放軍307醫院移植科腎源聯繫人陳強的電話調查顯示，陳強在對話中強調他們官方、警方、監獄是「一條龍」的運作法輪功學員器官的交易，還可提供證明法輪功學員供體身分的材料。

錦州中級法院刑一廳的警察也向追查國際調查員承認，法院能拿到法輪功學員的器官，並表示只要「只要條件好」法院領導就能提供。

追查國際在2015年11月27日發布最新調查報告中披露，2015年10月12日，追查國際調查員在對華中醫科大學同濟醫院心胸外科二病區醫生進行的電話調查中，宮姓醫生承認移植的器官是從關押在監獄、勞教所的法輪功學員身上摘取，是江澤民下令，「要有國家的文件才會做的」。

追查國際調查員在對原中共中央政法委辦公室副主任魏建榮、前中央政法委書記羅干的于姓祕書、遼寧省省委政法委副書記唐俊傑電話調查中，都分別得到直接或間接的承認，中共政法委直接參與活摘法輪功學員器官的犯罪。由此可見，江澤民將中國的政法系統官員都拉入一個罪惡的深淵，幹出了這個星球上從未有過的罪惡。

江派血債幫遭清洗應合天理

根據公開的資料顯示，習近平上台三年已拿下大陸上百名省部級以上官員，其中九成是江派人馬。僅2015年11月就拿下了寧夏自治區政府原副主席白雪山、上海市原副市長艾寶俊、北京市委原副書記呂錫文 3 名副省部級以上官員。

據悉，呂錫文在任北京任西城區區長期間，積極迫害法輪功，在北京最早成立洗腦班強迫法輪功學員放棄信仰。他被提拔為北京市常委時，正是江派地方大員劉淇任北京市委書記期間。另一個上海的艾寶俊父子涉貪與江澤民家族掌控的電信業有關，而且之前有消息披露，江澤民家族曾阻撓習近平當局對艾寶俊的調查。

2015 年 4 月底，「追查國際」發言人汪志遠就表示，中共 18 大後落馬的一百多名中共高官，至少有近半數已被追查國際發出追查公告。

汪志遠說，其他落馬高官因為中共的信息封鎖，還沒有掌握到他們的罪行，但未必代表他們沒有參與迫害。現在國內落馬的大貪官大多數參與了迫害法輪功，追查國際將堅持不懈地追查。

「貪官未必是江派的『血債幫』，但是『血債幫』就一定是貪官。」哥倫比亞大學政治學博士、中國問題專家李天笑表示，根據這幾年他的觀察得出了以上的結論。

李天笑分析說，中共建政後推行無神論共產邪惡主義，而有系統地摧毀中華傳統的神傳文化，破壞了中國社會的整個道德體系。江澤民執政後又以貪腐治國，用「悶聲大發財」來籠絡官員，培植自己的勢力，在迫害法輪功後，也是用金錢、升官、放縱貪腐來引誘想升官發財的官員跟隨其參與迫害，誰越積極迫害，誰就能被提拔。薄熙來、周永康就是非常典型的例子。

李天笑繼續分析說，那些本來道德低下的腐敗官員在中共官場「政治正確」的潛規則氣氛中，紛紛積極參與迫害，用「政治正確」來掩蓋其貪腐的罪行。而且越貪腐的越積極迫害，升官就越快，甚至突破人類的道德底線，對法輪功學員進行活摘器官。

習近平上台後在反腐中大力清理江派的「血債幫」，一方面是因為「血債幫」都是巨貪，另一個主要原因是，江澤民的繼任者胡錦濤、習近平並沒有跟隨江積極參與迫害法輪功，江澤民一直害怕迫害法輪功被清算，因此極力培植勢力以能延續其迫害政策，甚至多次對胡、習進行暗殺和謀劃政變，以確保迫害法輪功的政策能延續。但人算不如天算，王立軍出逃掀開了江派的黑幕，成了推倒江派血債幫的第一張多米諾紙牌。

李天笑表示，那些在江澤民主政和干政時，積極迫害法輪功被提拔上來的官員都有可能在習近平的反腐運動中被處理，應合了善惡有報的天理。

第二節

僅地方醫院
活摘 50 萬法輪功學員器官

旅居丹麥的異議人士楊光透露，僅公安部掌握的資料，就有超過 50 萬名法輪功學員被活摘器官致死。（新唐人）

自 1999 年 7 月 20 日，中共江澤民集團發動迫害法輪功修煉團體以來，明慧網共收集到 3643 例可以查找的法輪功修煉者被迫害致死案例，更多的致死案例因中共的群體滅絕政策而無從知曉。特別是 2005 年，相關證人揭露，中國存在大量的集中營，用以關押法輪功修煉者，目的是「活體摘取法輪大法修煉者器官」，這一驚天黑幕的爆出，舉世震驚，被認為是「這個星球上前所未有的邪惡」。

2015 年 7 月 25 日，海外「新唐人」電視台報導，據知情人士透露，僅公安部掌握的資料，就顯示有超過 50 萬名法輪功學員被活摘器官致死。

這部分印證了「追查國際」的公告稱，中共活摘法輪功學員器官，至少涉嫌殺戮超過 200 萬人。

另據報導，中共軍隊總後勤部是活摘器官的核心機構，中南海曾暗中調查中共軍隊醫院活摘器官情況。

生死之交披露驚人內幕

1989 年 10 月 2 日，異議人士楊光匆匆坐船逃往香港。一位老朋友告訴楊光，因為他經常發表文章揭露中共惡行，公安部已經準備抓捕他，勸他快逃。

楊光現在旅居丹麥。在得知法輪功學員被活摘器官的消息後，楊光通過人脈多方打探，結果他的兩位生死之交向他透露了驚人內幕：僅公安部掌握的資料，就顯示有超過 50 萬名法輪功學員被活摘致死。

楊光在給「新唐人」電視台的親筆信中說，這位朋友在公安部工作，負責某沿海大型城市的情報站，消息來源豐富。2012 年新年，楊光接到了他的拜年電話。楊光就詢問了他一直關注的活摘話題。

楊光說：「據公安部的一個朋友在電話裡跟我說，僅他知道的一般醫院的統計，在這十幾年裡，對法輪功學員摘取器官移植的案例，造成法輪功學員的非正常死亡，已經超過 50 萬人，這 50 萬人僅僅是一般的人民醫院，市立醫院等這樣普通的醫院，並不包括武警醫院，軍醫醫院，和公安醫院，因為武警醫院和軍醫醫院那個統計數字更機密，連他們公安部的人都沒能掌握。」

2006 年，楊光在海外媒體上了解到，法輪功學員指控中共活體摘取法輪功學員器官。良知促使他決定打探真相。楊光想到自己有一位患難之交，在文革時期他們曾一起被打成反革命，他還是楊光老師的兒子，後來成為醫療業內人士。

楊光說：「我有一個同學，是東北一個醫科大學的副校長，負責後勤供應，負責醫療設備和手術設備的準備，及各種移植器官設備向西方的採購。他準確的知道，僅僅（他們）一個城市裡的醫科大學，每年起碼做 2000 例到 3000 例的器官移植手術。」

這位朋友向楊光透露，1999 年以後專責鎮壓法輪功的 610 辦公室，向他們醫院提供了很多供體。

楊光說：「他的器官來源呢，我的同學跟我說，有一種情況，沒有姓名只有一個編號，也沒有家庭地址，更沒有人收骨灰，610 辦公室也不同意收骨灰，而且不管是手術當中還是送到煉人爐去煉了，都有 610 的人員在現場監督，這種器官供體基本都是法輪功學員，法輪功學學員器官的供體，在整個醫院的器官手術上能夠占 90%而我這同學跟我說，武警醫院、軍醫院和公安醫院的移植數字，往往比他們民用醫院移植的數量還大。」

楊光和這位副校長的聯繫，2009 年被中共國安發現，對方還遭到國安威脅。楊光發現，這位同學隨後被「退休」。

2015 年 6 月，楊光看到海外「追查國際」組織的報告，該報告推算出，大約有 200 萬法輪功學員被活摘器官虐殺。楊光認為，真相還遠遠沒有到來，有待更多有良知和正義感的人士，一起探索和披露。

追查國際：活摘涉嫌殺戮超 200 萬人

2015 年 6 月 20 日，「追查迫害法輪功國際組織」（簡稱「追查國際」）發布最新公告稱，根據目前掌握的大量證據證明，中共活摘法輪功學員器官是由時任中共軍委主席江澤民親自下令，以江澤民、羅干、周永康等中共中央和中央軍委高層涉入，全國軍隊、武警和各省市整體參與的大屠殺。

僅因活摘取器官而被殺戮的法輪功學員的最低數量涉嫌超200萬人。這是一場對普通民眾的群體滅絕性國家行為。江澤民集團涉嫌犯下了群體滅絕罪、反人類罪。

追查國際在2003年1月20日以來調查所獲得大量的證據基礎上，採用大資料實證調查、證據陳述和交叉驗證的分析論證模式，得出如下幾個核心結論：

結論一：中共活摘法輪功學員器官而犯下的罪惡來自國家行為。

「追查國際」通過幾千通電話調查所獲取的5類37個調查錄音證據證實，是江澤民親自下令，中央常委、中央軍委等高層涉入，在全國範圍進行，動用了軍隊、武裝警察，和政府的武力包括公、檢、法、司和政法委系統，以及全國所有的器官移植機構。

其中原中共軍方總後勤部衛生部部長白書忠2014年9月在追查國際的電話調查中承認，是江澤民下令用法輪功學員的器官做移植手術。通過中共政治局常委張高麗進一步印證了江澤民下令活摘法輪功學員器官幾百萬的罪惡。

結論二：活人器官供體庫的背景來源調查結果顯示，數百萬被非法抓捕失蹤的上訪不報姓名的法輪功學員成為活摘器官大屠殺的主體受害者。

1999年江澤民集團迫害法輪功之後，數百萬上訪者被非法抓

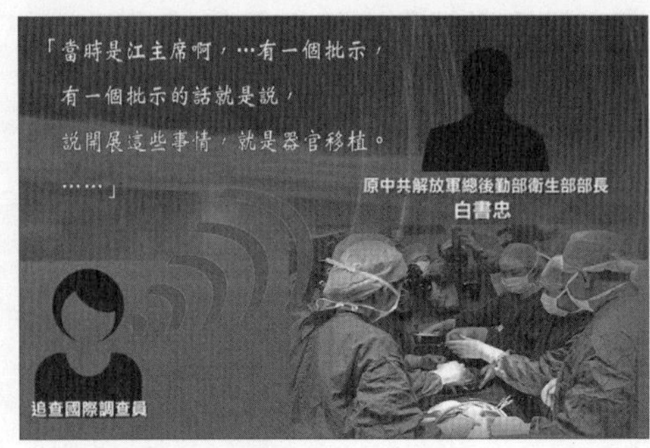

原中共軍方總後勤部衛生部部長白書忠 2014 年 9 月在追查國際的電話調查中承認：是江澤民下令用法輪功學員的器官做移植手術。（新紀元合成圖）

捕失蹤，隨後全國器官移植爆炸性增長。中國器官的豐富，達到 1 至 2 周就可以配型做手術，創造了世界奇蹟，到 2005 年底就吸引了數萬國外器官旅遊的人，直到 2006 年 3 月被證人指控大量活摘法輪功學員器官，許多事情轉入了地下。

調查證據證實：很多上訪不報姓名的法輪功學員被祕密關押、用代號管理做為活人器官供體。

結論三：7 大證據證實中國器官移植是反向配型，證明活人器官供體庫的存在，基數涉嫌有 200 萬至 600 萬。

器官移植等待時間超短，數量驚人的急診移植，怵目驚心的多台移植手術同時進行，活人做備用器官，被關押的法輪功學員在受盡肉體摧殘和精神凌辱的同時被莫名其妙地抽血化驗、卻從不被告知檢驗結果。種種證據揭示龐大活人器官庫的存在，並論證活人器官庫總人數涉嫌高達 200 萬至 600 萬人。

結論四：大資料逐個調查和實證分析得出的結果：中國醫院器官移植實際數量是公開公布數量的 10 至 20 倍，因此被殺戮的法輪功學員人數涉嫌超過 200 萬人。

調查發現，中國至少有 3 套器官移植數字，第一套是中共衛生部對外發布的所謂移植總數，第二套是各家醫院公開發布的移植數，第三套是真實的移植數。

主要的器官移植是軍隊和衛生部嚴密控制的一些核心地方醫院和軍方醫院完成的，根據調查，真實肝腎移植是醫院公開發布數量的 10 至 20 倍，而醫院公開資料則是中共衛生部發布的所謂總移植數量的大約 3 倍。

分析從事肝、腎移植的 714 家醫院（共發現 865 家器官移植醫院），保守統計，他們公開的肝腎移植總量超過 40 萬例。因此算出實際腎移植量應是：320 萬至 640 萬例。在此基礎上，推測出被殺戮的法輪功學員最低量涉嫌超 200 萬人。

中南海曾查中共軍隊醫院活摘情況

2014 年 11 月 6 日，中共官媒《解放軍報》發表題為《給別人看病，先拿自己「開刀」》的報導，文章一開始就引述一則通報稱：「4 名專家教授因私自外出行醫，被警告處分……」文中暴露出 2014 年 3 月至 9 月中南海暗中整肅軍隊醫院的樣貌，顯示軍醫院中違法事件的嚴重程度。

文中引述總後衛生部負責人的話稱：「全軍醫療衛生系統分批對 386 個單位巡查督導。」更一連用了 4 個「前所未有」形容這次明查暗訪的情況。

據悉，這次調查軍隊醫院，目的是追查江澤民派系主導的活摘器官事件，其他都只是表面文章。

消息稱，2014 年底，中共當局開始對軍隊進行大整肅，後勤部門是重點之一，其中對軍隊醫療系統進行了全面的調查。

尤其2015年3月更擴大對300多個軍隊醫院進行調查，包括陸海空三軍和武警醫院。調查重點之一是活摘器官事件，尤其武警醫院是參與活摘最重要的醫療機構，其他還包括4個軍醫大學的附屬醫院等。

該消息來源稱，中共中央派出了25個檢查組，其中有5個級別最高，組長都是中將級的軍官，主要針對參與活摘器官問題進行調查，調查結果列為絕對機密。

實際上，中共當局從2012年就已經開始派人進行調查，至今已經有7名和活摘器官有關的軍隊醫療專家和副院長以上級別的官員自殺，10多人被以各種名義「雙規」。

調查組中還安排非軍方的司法部門人員，據悉是因為許多軍隊和武警醫院不但進行器官移植手術，還和法院、檢察院、公安局（主管監獄）串通購買犯人器官。軍方移植專家以前也進行所謂的「走穴」，即到地方醫院動手術，獲得高額手術費，因此這方面也是核心小組的一個調查內容。

分析稱，官方報導的因私自外出行醫而被處分的4名教授，很可能與活摘器官有關，因為很多從事移植的醫生常常到需要進行器官移植的醫院做手術，或到擁有器官的醫院。

而在中國大陸，因健康原因需要進行器官移植的病人很多，如患尿毒症的病人多半選擇腎移植。

中共軍隊總後勤部是活摘核心機構

據明慧網報導，中共軍隊總後勤部是活摘器官的核心機構。總後勤部則利用軍隊系統和國家資源，將到北京上訪而不報姓名的法輪功學員和各地被非法拘捕的法輪功學員驗血編號，輸入電腦系統，利用軍車、軍航、專用警備部隊和各地軍事設施和戰備工程作為集中營，統一關押，統一管理，成為國家級的活體器官庫。

總後勤部統一分配集中營，分管調度、運輸、交接、警衛和核算，在進行器官移植的過程中，如果器官移植失敗，被移植器官人員的資料和屍體必須在 72 小時內全部銷毀。

整體的資料和屍體，甚至是活人焚毀必須經軍事監管人員認可。軍事監管人員有權逮捕，關押，強制處決任何洩露消息的醫生、警察、武警、科研人員等。軍事監管人員由中央軍委授權相關軍事人員或軍事機構執行。

總後勤部通過各級管道將供體調配到軍方醫院和部分地方醫院，其運營模式是向醫院提供一個供體直接收取現金（外匯）的血腥交易，醫院付帳給總後勤部後自負盈虧。

軍方高層通過總後勤部直接牟利，器官的利潤不入軍隊預算，而其活摘器官的層層系統卻是靠軍費維持，因此來自活摘器官的金錢是沒有成本的純利潤。

軍隊移植是大頭，賣給地方的器官只是額外牟利，目的是把地方醫院作為向海外攬客的櫥窗和廣告，否則只有中國軍方做移植手術對世界將難以掩蓋。

由中共總後勤部主導的活摘法輪功學員的器官，其相關信息是作為軍事機密對待。中共總參謀部利用其情報系統，全力阻擋真相向世界傳遞。

第三節

逾 20 萬人實名控告江澤民

從 2015 年 5 月底到 12 月 15 日，超過 20 萬人向中共最高檢察機構控告江澤民，敦促就江澤民對法輪功的迫害罪行立案公訴。大部分控告狀已獲確認，遞達中共最高檢察院、法院。

明慧網報導，已收到總數 20 萬 283 名（16 萬 9747 案例）法輪功學員及家屬遞交的實名控告狀副本。2015 年 12 月 15 日一天，超過 76 人（74 案例）遞交訴狀控告江澤民。由於網路封鎖和信息傳輸的不便，實際數字不止於此。

控告江澤民的刑事控告狀來自中國大陸所有省份以及至少海外 28 個國家和地區。

江澤民是迫害法輪功的元凶

1999 年 7 月，中共時任黨魁江澤民一手發動了對信仰「真、善、忍」理念的法輪功修煉團體的群體滅絕性的迫害運動。除勞教、判刑、精神折磨、慘無人道的酷刑外，還犯下了滅絕人性的罪惡——活體摘取法輪功學員器官。這場迫害令難以計數的法輪功學員家破人亡，多人致殘、致死、被迫家庭破裂，他們承受的巨大痛苦鮮為人知。

中共迫害法輪功已經走進第 17 個年來，據不完全統計，1999 年「7・20」以來，通過民間途徑能夠傳出消息的已有 3918 名法輪功學員被迫害致死。這些確認案例，是突破中共的層層封鎖而得以核實的案例，實際只是發生致死案例的冰山一角。

河北王建華遭迫害致死 妻子控告首惡江澤民

河北省平泉縣平泉鎮居民于秀芳女士於 2015 年 8 月 4 日向最高檢察院郵寄了《刑事控告書》，控告迫害元凶江澤民發動迫害法輪功，導致她及家人遭受嚴重迫害，丈夫王建華被迫害含冤離世。

2000 年 11 月 27 日，王建華去內蒙古寧城縣辦事，散發法輪功真相材料時，遭不明真相的人舉報，被寧城縣「610」（中共專職迫害法輪功的非法組織）、公安局國保大隊綁架。在寧城公安局裡，國保警察使用了吊銬、背銬、死刑床、老虎凳、電擊等 23 種酷刑折磨他。

2004 年 5 月 12 日，平泉縣「610」人員、國保大隊長胡啟文帶領多名警察，晚上以看水錶為名，非法入宅搜查，把我們一家三口都綁架到國保大隊。王建華被非法刑拘 23 天。在這期間，平泉公安局副書記、「610」頭目佟立軍、國保大隊長胡啟文調用窪子店精神病院的大夫，用電精神病人的電棍，對王建華進行了慘無人道的電擊酷刑。

他們把王建華按住，四肢銬在床上，四周圍了一圈警察，五根電棍一起落下。胡啟文喝令，一邊電一邊問：「你還煉不煉？」王建華說：「煉！電死也煉！」胡讓加大電流電，並說：「我就不信整不服你，北京就是這麼搞的，整一個服一個。」

佟立軍說：「對法輪功沒有法律，打死白死。」就這樣，一直電到電棍沒電了，他們又換了一茬新的繼續電。大約有半小時，電棍漏電，反擊回去，他們才停手。電完後，王建華的手腳腫得像包子，臉上腫得像南瓜。四個人把他抬回看守所。20天後，他回家時，腦門、太陽穴、手和腳、肋骨處被電傷結的厚厚的痂還在。

2009年9月，王建華又被平泉縣國保大隊佟彥會等數名警察劫持到承德勞教所迫害。

2009年12月22日冬至那天傍晚，承德勞教所的大隊長馬冀紅和縣國保大隊佟彥會，把王建華連人帶行李扔到他妹妹王會敏打工的平泉家樂家地下超市，就跑了。此時的王建華反應遲鈍、雙目發呆，口齒不清，語無倫次。他雙腳抬不起來，邁不出步，雙手不靈，解繫不了褲帶，和被綁架走時精明強幹、活蹦亂跳的王建華判若兩人。

王建華在妹妹的精心照顧下，通過閱讀法輪功書籍和煉功，身體逐漸恢復。2010年春天，國保、「610」人員又跳牆入室騷擾，致使王建華精神受到嚴重刺激，於2010年7月7日含冤離世。

湖南書店業主夫婦控告江澤民

李占鮮，湖南祁東縣人，年輕時就被人稱為「老頭子」、「半條命」，疾病的長期折磨，使他未老先衰，苦不堪言。1994年7月，他開始修煉法輪大法後。不僅自己身體好了，還為之前所在的工作單位解決了許多生產技術難題，造福了社會。他的妻子彭秀蓮，親眼見證了法輪大法的神奇，也走入了法輪大法修煉的行列。

江澤民發動對法輪功的迫害後，李占鮮夫婦飽受無數的非人迫害，包括被非法判刑一次，非法勞教二次，非法關進洗腦班二次、非法關入看守所三次、非法關入拘留所至少三次。

在湖南郴州市第二看守所（螺螄嶺），李占鮮遭受多種酷刑。

「第一關就是大冷天洗冷水澡，脫光衣服，先用冷水全身淋透，然後用一個容器，下面一個小孔，慢慢往身上淋水，名『將軍澡』，時間長達40多分鐘。開始一個多月，我天天被逼洗冷水澡，之後就幾天洗一次了。」

「第二關，我又被脫掉衣服，三個犯人對我胸口，每人擊打50拳，共150拳，名『開心拳』。還有『剁鳳爪』、『炒肚片』、『炒腰花』、用牙刷把彈額頭，一次幾十次，額頭全是包。用針扎全身，各種名目的酷刑有十幾種。還有一種叫『三步倒』，人離牆三個腳掌長，人直立頭向牆撞去，連他們自己都說這種刑法太殘酷。」

他表示，在看守所期間，他多次遭注射不明藥物迫害，造成頭部劇痛，記憶力幾近喪失。

「在看守所一個多月我絕食反迫害，看守所給我多次注射不明藥物，雖然口乾、口苦，也沒有想到他們在打毒針。一年後

2012年到2015年初，我的身體出現嚴重問題，頭痛像裂開一樣，頭腦昏昏沉沉，全身無力，隨便坐哪兒就昏昏睡過去，幾乎失去記憶，誰給我說話，一轉身什麼也記不得。這是打毒針（造成的）。」

遭惡性灌食 湖北黃岡醫生控告江澤民

湖北省黃岡市醫生王建生2015年8月3日向最高檢察院郵寄了《刑事控告書》，控告迫害元凶江澤民發動迫害法輪功。

修煉法輪功前，王建生醫生在野戰軍20年工作期間，患上了多種疾病，例如：急性化膿性闌尾炎手術後感染了乙型肝炎病毒攜帶者，在治療期間併發了急性胰腺炎，因治療不力轉為慢性，另患有腰椎間盤突出症，內外混合型痔瘡病，身體極度消瘦，體重只有一百零幾斤。

修煉法輪功讓這位醫生嘗到了無病一身輕的滋味。王建生在控告書中說：「1996年，我聽鄰居介紹說法輪功祛病健身有奇效，於是我抱著試試看的想法參加了看講法錄像的九天班，九天班下來後我被法輪大法的法理折服了，世界觀發生了巨大變化，從此處處按照『真、善、忍』的要求修心性，我妻子說我煉法輪功後變了，不發脾氣了，遇事向內找。知道了有得有失的高深法理後，我把每年藥品回扣4萬6000多元交給單位，20%的回扣反饋獎勵9000多元後，我分給臨時工每人2000多元過年費，局領導和職工一致對我評價很好，曾多次得獎勵。隨著不斷修心性加上每天堅持煉功，我一身病不到三個月奇蹟般好了，大法給我生命裡注入了生機，使我嘗到了無病一身輕的滋味兒，於是我逢人就講大法神奇，並把單位的慢性病職工引入大法修煉，她們像我一樣受益匪淺。為單位節約了不少醫藥費。」

江澤民發動的這場迫害導致王建生被非法拘留六次，被關洗腦班四次，流離失所九年。

2000 年 9 月份，王建生在鄂州古樓派出所裡遭四天四夜的刑訊逼供。第五天又被押往一看守所繼續非法關押長達 16 個月。

王建生在控告書中表示，在被非法關押期間，「楊帆犯人共三人把我背靠牆用重拳朝心臟部位猛擊，犯人叫定心饃，打得我當時血往頭沖，腦血管發脹，雙眼發黑，當時我呼救沒有人理睬，現給我留下的後遺症，胸骨內陷、駝背。」

「2011 年 4 月份，我在家幫兒媳料理完月子，準備返回武漢，在街上發了幾張真相光盤，遭人構陷，被 110 警察綁架。在東門派出所，我被警察打得頭昏目眩噁心，送看守所後，突發昏厥、抽搐、不省人事，口吐白沫，看守所所長見狀趕快給市公安局長打電話拒收，緊接著打電話叫醫院救護車來把我拉到 CT 室檢查頭部，結果是：腦硬膜充血，不排除慢性出血。」

在洗腦班，王建生遭到野蠻灌食：「洗腦班對我洗腦 20 天後見我不動搖，迫害升級……我對他們的非法行為以絕食五天來抗議。他們強行給我灌食，用較粗的胃管剪去尖頭，保留齊頭，從鼻腔用力往胃裡插，胃管到哪裡，就痛到哪裡，口鼻鮮血直流，姓萬的醫生故意將胃管插到胃裡後拔出來重插，以此來摧毀法輪功學員的意志。在省洗腦班長達四個月的迫害，導致我 58 歲的人像 70 歲的人一樣，瘦得皮包骨頭，滿頭白髮。」

全球政要和民衆聲援大陸訴江大潮

在中國大陸，有數萬民眾簽名按紅手印聲援法輪功學員訴江，僅河北省唐山市有2萬7000多人簽名；在亞洲發起聯署舉報江澤民活動，目前獲得超過100萬人簽名。

與此同時，歐洲、美國、澳洲、加拿大、烏克蘭、日本、韓國、香港、台灣等世界各國和地區的政要紛紛響應，在全球形成了一股聲援中國大陸民眾控告江澤民的浪潮。多位世界政要要求中共當局逮捕江澤民；有的向中共最高檢察院致函，要求對江澤民提起公訴；有的政要期望中共最高法院聆訊告江案。

十名瑞士政要於2015年8月10日聯名致信中共國家主席習近平，敦促習近平推動控告江澤民這一重大訴訟。他們表示，江澤民犯的反人類罪、酷刑罪等罪大惡極，必須被繩之以法。江澤民令全人類蒙受恥辱的重罪必須嚴懲。

美國國會眾議員特德・坡（Ted Poe）在公開集會的演講上表示，應該把江澤民送進監獄。

2015年世界人權日之際，來自德國等國家的不同黨派的5位歐洲政要手舉「法辦江澤民」的橫幅，共同要求中國當局法辦迫害法輪功的元凶江澤民。

第五章

九死一生
老中醫師控告江澤民

自2015年年底的半年多期間，逾20萬名海內外法輪功學員及家屬遞狀控告迫害元凶江澤民。16年來江氏集團對法輪功慘絕人寰的酷刑迫害知多少？山東青島中醫師邵承洛自述的遭遇，可謂無數中國法輪功學員的縮影。

2015年8月14日，山東青島中醫師邵承洛遞狀控告江澤民，唯願世人看清法輪功受迫害真相，明辨善惡，為自己選擇光明的未來。

第一節

身為醫生難自治
一部天書引新生

我是自學成才的中醫針灸醫生，1984 年經青島嶗山縣衛生局考核獲行醫資格證書，是本地受病人尊敬的醫生。我熱愛針灸與人體全息穴學習研究，少年時曾立志做當代的華佗，寒窗十多年，苦讀奮鬥不止而積勞成疾。

但是，修大法之前，我一身疾病，有消化系統肝膽炎症、慢性鼻咽炎哮喘、腰痛肩胛肌勞損、風濕性膝關節炎、胃竇炎、胃潰瘍、十二指腸炎，每天腹瀉最少三、四次，瘦弱無力最後不能上班了，天天在病痛中苦苦地煎熬。失眠也是 20 多年每天睡前吃藥才能入睡。性格急躁易發火，對人生對未來半點也高興不起來。1994 年我 43 歲就出現腦血栓手指麻木不靈活時，自己針灸治療，後來用西藥每年疏通二次血管預防中風，手背與小臂布滿了老年斑。修煉法輪功前，我極為怕冷，夏天膝關節也冷痛，因怕冷就怕過冬天。我青年就發誓要做名醫，沒想到壯年就顯老相。

1998 年，經病人家屬介紹，我看了法輪功書籍《轉法輪》，我平時看書半小時就頸椎酸痛受不了，當時看《轉法輪》兩小時，頭不昏不木，頸椎也不酸，身上也有力氣了，當天往家走時感到兩腳生風。我修煉了法輪功（法輪大法）後，身體很快變好了，布滿手臂上的老年斑全消失了，十幾年的腎虛怕冷感症狀都消失了，大腦不再反應遲鈍與忘事了……得法 16 年來，我再不需要吃藥，有時只睡三、四小時精力也充沛，爬樓梯時一步二層，幹活也不感到累，我的體力精力真像 20 歲一樣。

修煉法輪功才幾天，我就恢復了健康與記憶力，並開發了我的智慧，我驗證了手掌紋全息應用於臨床指導針灸對心腦血管病、糖尿病、消化系肝膽胃腸病，癌症的早期診斷與早期預測，早期預防早期治療有很高的臨床價值，可以大大的降低心腦血管等病的發病率與死亡率。1999 年 8 月我寫出《掌紋指導針灸治療心腦病症的臨床應用》，被中醫中青年學術研討會錄用。

2000 年，我又寫出《心腦血管病的最佳對策》，被北京 2000 年 4 月世界傳統醫學大會錄用。我還寫出手紋與耳診對婦科病症的應用，獲論文證書得二等獎。由中醫基礎臨床研究錄用出版。並寫了《消化系病症的最佳對策》等多種疾病的早期防治。還應用掌紋全息密碼指導臨床，調節人體，選擇出最佳的受孕時機，達到優生優育，降低父母家族中病症的遺傳基因，降低心腦血管病與癌症等發病率死亡率。

因抄家搶劫去我寫的《應用掌全息早期診測防治心腦血管的最佳對策》的論文底稿，使我失去參加北京 2004 年世界傳統醫學大會的機會。當時論文已被大會錄用，當年 8 月，中國康復雜誌出版社要給我出版，就因底稿抄家時遭搶劫而未能成。

第二節

我在王村勞教所遭受的酷刑

山東淄博市王村勞教所（山東省第二勞教所）大門。

2001 年 7 月 25 日，我被李滄區劫持到青島勞教所。2001 年 9 月 11 日，我們六個法輪功學員又被從青島勞教所密押到臭名昭著的淄博市王村勞教所（山東省第二勞教所）。我繼續絕食反迫害。當天下半夜王村勞教所的包夾犯人就跟我說，他們可以隨便將我打死，然後由所裡對外公布我是自殺的。

當時王村勞教所只剩下我沒「轉化」（被迫放棄修煉）了。一天中午，包夾犯人無故把我打倒仰面躺在地上，一包夾犯人騎在我身上，扒開我眼皮用力往眼裡吹氣，還有的對我拳打腳踢，他們對我進行的折磨還有：拔頭髮、刺眼球、罰站、坐小凳等，我的眼疼痛、紅腫得都看不見了，臀部也被坐得血肉模糊，我絕食抗議迫害。

魔鬼式灌食

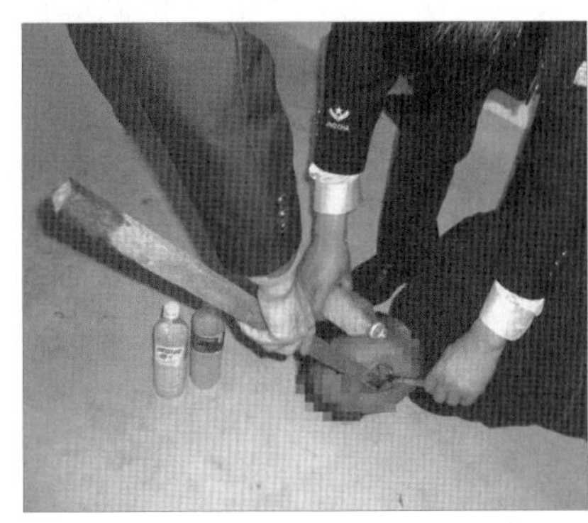

酷刑演示：野蠻灌食

一天，王村勞教所所長鄭萬新對我大叫，這裡是他說了算，要給我灌食。鄭萬新指揮幾個包夾犯人把我強按在木椅子上，兩腿強行往椅子腿裡別進去，腿痛的好像關節拉開了，將我的兩臂從椅子靠背上後伸下去，同時兩手各銬緊，手銬一頭銬在椅子後底層上，另一頭銬在我的手上，接著他們用力把我上肢往下壓與底層銬子連上，我的上身關節像拉開了一樣，劇痛難忍。

這時包夾犯人又殘忍的用膝頂在已繃緊的臂銬上，我感到關節都拉開了，眼冒金星，幾乎停止呼吸了。

獄醫見我不開口，大罵著用一把長鑷子熟練地從我嘴右側沿著牙外，從後面沒有牙的地方，刺向咽喉，極快速地反覆捅刺了七、八次，頓時從咽中湧出大量的血來，我被迫張開口往腹中咽血。醫生等我一開口，就趁機把一個鴨嘴機械開嘴器插入我口腔，然後把開口器擰到極限，停了約六分鐘又擰了幾轉，連擰三次直到擰不動了，我臉上的關節感到被拉錯開了，嘴張到了極限，兩側嘴角全裂開流血了。

然後獄醫把大粗號的味道濃烈的新橡膠管刺入我的咽喉，並反覆刺進、拔出，刺激咽喉，引起我乾嘔，流淚不止。獄醫折騰夠了，才將膠管插入我胃中，又用管搗胃底多次，引起胃劇痛，嘔吐不止。等灌完食、抽出開口器後，我的嘴長時間合不上，關節痛了兩個多月。

獄醫還把橡膠管直接留在我胃中，難聞的橡膠味與膠管刺激我不停打嗝，夜裡整個中隊都能聽到我劇烈的打嗝聲。後來獄醫怕插死我才給取下管。

一次，插管灌食時，獄醫又魔性大發，給我撐開口後就走了，等了一個多小時，連包夾我的獄警也生氣了，催他快灌，這個土匪醫生還戲弄我說：「讓你久等了，很對不起。」我行醫四十多年了，從沒想到看到在人類文明的今天，還有這種整治人的魔鬼醫生。

灌食的同時，鄭萬新對我開始車輪術嚴管，在一個空房間，室內都結冰，我坐地上兩臂向外平伸，兩手腕各一把鐵銬連在鐵床上，大小便也一直銬著，包括吃飯也是銬著。這都是包夾犯人幹的，夜裡兩手腕到手指冰涼腫疼痛發麻無法承受，吃飯不會用筷子，也不敢用涼水洗手，麻痛了一年才慢慢恢復。

雙盤捆綁

大隊長鄭萬新讓我雙盤煉功，我看透他是沒安好心謝絕了他。因為我知道與我同來的一個同修就是被這樣長時間捆綁，承受不了而「轉化」的。

在兩手臂吊銬嚴管時，一天包夾犯人們讓我雙盤腿我拒絕

酷刑示意圖：捆綁吊胳膊

後，他們把我強行盤上腿，再用床單把我死死捆綁起來，等著看我笑話，求他們寫「三書」（決裂書、悔過書、保證書），我咬緊牙長時間忍著疼痛。下半夜一個包夾犯人抓住我腳住前猛拉，我兩臂本來就是抻的很緊，再經拖拉到極限，頭也抬不起來了。關節又像拉開似疼痛，並感到天地都旋轉。以上是王村勞教所對我的肉體迫害的一部分。

對我精神迫害也很邪惡，轉化隊長就因我堅修大法心不動，公開當眾侮辱我說：「像你這樣的醫生，你的診所應該寫成廁所。」還有那些包夾犯人經常威脅我說，在王村勞教所不轉化就是送精神病院去了。

在王村勞教所整整 100 天，我絕食 11 次抗議。我回青島的前幾天，鄭萬新又把那個被迫害坐彎了腰的法輪功學員又和我一起「嚴管」，也是兩手各一把銬子連在兩側鐵床上，即使他多次與警說了要轉化，還被打入禁閉遭迫害，邪警察明講「你想轉化就可以轉化了？得我們說了算。」山東王村勞教所真是名不虛傳的「魔窟」。

我堅信法輪功，「邪不壓正」是天法，2001 年 12 月 20 日我終於活著走出了王村勞教所，從這個食人魔窟、人間地獄回到青島。

在江澤民迫害法輪功的十多年中，王村這樣的災難只是我修煉「真、善、忍」路上的剛剛起步。就在勞教所遭受的違法虐待與迫害酷刑就有百餘種。

第三節

我在山東男子監獄遭受的酷刑

山東省監獄入監隊南面部分

2006年7月24日晨5點半，我被祕密押送到青島城陽看守所。山東省監獄的犯人打手江學東叫扶著我的武警閃開讓我自己走，我走了幾步就一頭栽倒在地，眾犯人抬著我住進了醫院，在醫院我接著反迫害絕食近兩個月後，11監區就開始對我車輪術暴力強制酷刑違法的轉化，熬了12晝夜後我在高壓下「轉化」，又抄傳經文反迫害，這就引發了11監區警察對犯人明示要幹掉我，7年來11監區讓我反覆飽嘗上百種的酷刑折磨。

凶殘的灌食

因為堅持絕食抗議反迫害住在獄醫院。11監區犯人主任劉書江與我住一個病房，在獄醫院灌食時，劉書江與死刑犯鄭劍對我講：「你不怕死，我也會叫你正常死亡！」還說「你不『轉化』，一天灌你 17 次，上一次一個絕食的一天灌了 17 次，二天就把他灌服了。」有時灌一杯半感到胃要脹破，有時一小茶杯，有時灌變質的酸菜湯，有一次灌的是變質腥臭的魚湯時管爆開了濺我一身。那些看護我的新犯也有人罵鄭劍是獸醫，是個魔鬼，我被他電烙鐵電、強制跪圓臘木、跪在地上壓槓子。

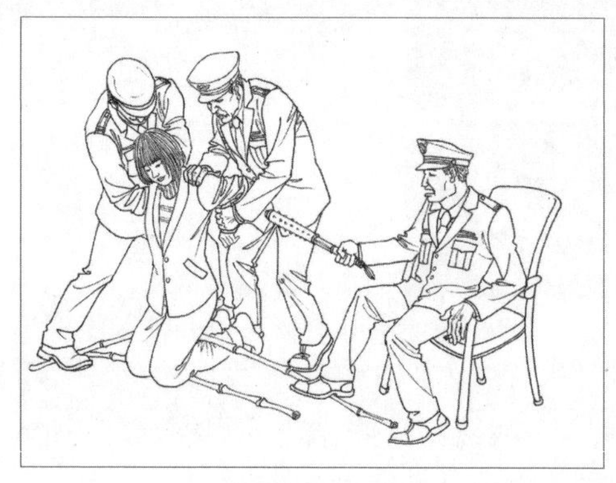

中共酷刑示意圖：「跪圓臘木」

2006 年 9 月，在山東省監 11 監區暴力車輪術熬了約 10 天時，一天下半夜我在睏的昏睡中痛醒，感到腿上冒煙，仔細看清他們五個犯人把電鉻鐵往我腿上鉻，冒出了煙。折騰完又把我強制跪圓臘木上一會，看我還不屈服，他們又強制按跪在地上，在我的後膝彎中壓上圓臘木，五個人用力往下壓槓子。鞋刷子柄搗刮兩側肋骨，用鞋底打爛臀部發炎腐爛得都發黑了。

犯人江學東是東北人，自稱「轉化」46 個法輪功學員了，在他手裡沒有「轉化」不了的，對我動手前當著我的面對眾新犯人講：「你們被共產黨捉到監獄，一肚子氣，現在幹活幹累了，有氣無處出，咱這裡來了個『出氣包』法輪功，你們隨便玩，想怎麼玩就怎麼玩，玩出什麼事不用擔當。」

臘木勒咽

我拒穿囚服，犯人江學東、劉建華、郭來新等一擁而上12人，先把我穿的便服撕碎，再暴力強制穿上囚服，江學東還令新犯把我按壓在木凳上。當時我的臀部已爛得發黑了，我奮力反抗拒坐木凳，5個犯人扭押我，後來增加到12人齊上還是不行，江學東氣得臉都變形了，從新犯組找來力大的新犯四、五十人，整個屋裡人直接對我下了死手，先把我打倒在地，側著身子坐臥在地上，身上踏上十多隻腳，有兩個新犯，用圓臘木勒在我的咽喉下用力向上抬，另有幾隻手壓著頭住下死命地下壓，瞬間我出現窒息，臉色變紫。

這時區犯人主任劉書江來了，大叫：「不能讓他死得這麼痛快，叫他慢慢地死，他七年期，我們玩他三年，讓我們玩夠了再叫他死也不晚。」當時我真感到肉體身子是保不住了，到了晚上江學東大叫：「比你咬牙的、頑固的都沒過去這個關，都死了。」我質問江學東：「你這樣違法打法輪功，不怕警察辦你？」江學東說：「你真老糊塗了，咱們都穿一樣的囚衣，警察不叫幹，誰也不敢動你，是警察叫幹的，要我們『轉化』你，管理你們法輪功，我就是『政府』了，我說出的話就是聖旨，現在我使個眼色就會使你瞬間死去。」

劉書江在大廳上課時，氣燄囂張猖獗狂叫：邵承洛不「轉化」是有病了，要加大力度幫助治。江學東對我加大迫害，用酷刑「轉化」不了，就叫新犯用極下流的話辱罵我的女兒與法輪功，一連三晝夜辱罵不停。

因為晝夜「轉化」，每一組都是五個新犯與一個包夾，還有幾個幫教共 20 多人，分三組對我進行車輪術熬肉體折磨，腰與腿被迫害的當時都癱了，頸椎也傷殘得抬不起頭來，吃飯時得用手託起下巴骨才能吃飯。江學東每天專令一個新犯，不停的踢我的爛臀部，又用一根圓臘木塞到爛臀部底下，每五、六分鐘擺動臘木，不准臀部著地，反覆肉體折磨。

抽打眼球 高音轟耳

在放天安門假自焚光碟時，我不看，便遭到種種酷刑的毒打與肉體折磨。江學東令新犯用濕毛巾抽打眼球，最後又把濕毛巾紮在我的眼睛上，或用手指彈眼球。當我講：「天安門自焚是假的，是江澤民編導出來的一齣戲，在欺騙人民！」又遭到江學東的毒打，並叫新犯把擦廁所的髒布，在便盆裡浸透屎尿水，堵在我的嘴裡半天。

我不聽誹謗大法的光碟，江學東令新犯把 MP3 耳塞插入我的兩耳加大聲音，強迫聽邪毒的謊言，聲音大得到了極限來迫害我。

木凳酷刑

一次，劉書江令新犯抬著我的四肢回到 11 監區。又被嚴管了，遭受殘酷的肉體折磨。江學東為了讓我屈服，令眾新犯把我塞進一個木凳裡，我的爛臀部下有一個腿朝上的小木凳。

那木凳窄小，坐在裡面呼吸都艱難，全身的骨頭如同撕裂碎了，兩隻腳幾乎是直立的。當時我絕食五個月，皮包骨頭。新犯不停的、輪流著按著我的頭，往下猛力長時間的按壓，十多天的晝夜熬，多數處於昏睡，萎縮在木凳裡。

這種酷刑用了多次，使我的頸椎重傷，頭長期抬不起，耷拉著頭超過半年。江學東用車輪術熬了我 12 天晝夜，使我身上留下多處傷殘，人都癱了，後經新犯架著練習走路，三個月後走路還極為艱難。

鞋底抽臉

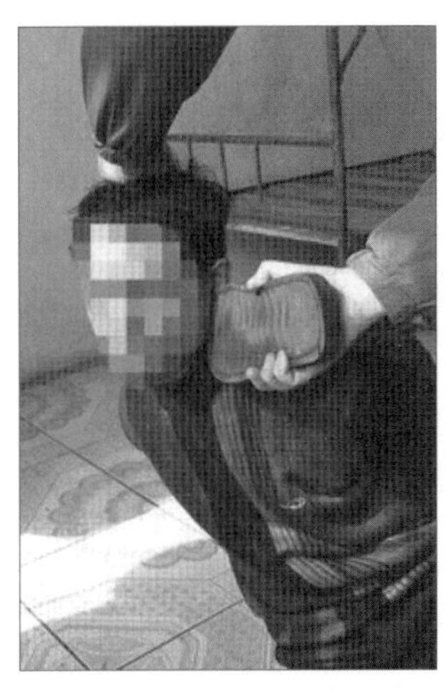

酷刑演示：鞋底打臉

一天，我們五名法輪功學員被叫到談話室，主任吳加勇與韓曉磊指揮六、七個包夾，圍著法輪功學員逼迫脫光衣服搜查經文，我對吳加勇當面揭露講了 11 監區虐待法輪功學員沒有人權，我家裡人千里迢迢從青島來濟南九次，只讓會見了三次。2005 年還迫害死我的老鄉、法輪功學員錢棟才與王新。吳加勇聽後大驚狂叫：快堵上他的嘴！眾包夾一擁而上用髒布堵我的嘴，我奮力反抗，吳加勇又下令把我抬走，眾包夾又慌忙抬起我跑著送入 21 組嚴管室扔在地上。

組長馬道格與朱慶江是社會人渣打手。馬道格先手持一把鞋刷子衝了上來令我蹲下，我坐在地上沒動，馬道格就在我的手背、足背反覆擊打，後又擊打身上所有的關節骨頭，當即就腫起變了形，後又擊頭面部，刮肋骨，馬道格累得喘不上氣敗下陣去，朱慶江又接著又用鞋刷子在身上重複擊打。兩個人又輪換用鞋底擊打頭面部與全身。

牙刷絞指

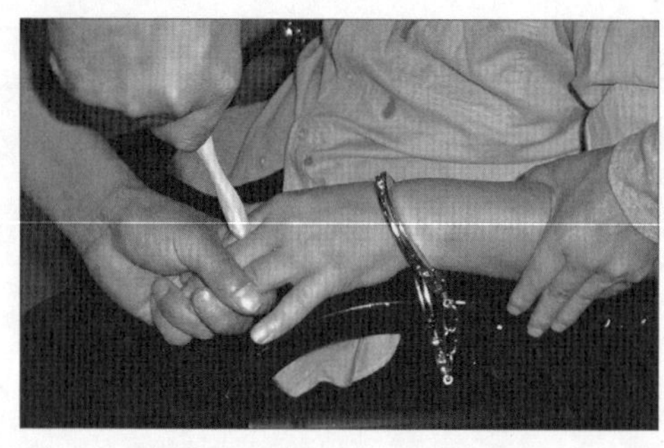

酷刑演示：牙刷鑽指縫

馬道格又用鞋刷柄頂扭我的大腿內側腹股溝，直到擰累了，再由朱慶江用牙刷插在指縫中，再用細繩紮緊我手指，把我的手放在一個小方塑膠凳上，凳中心有一個孔，那牙刷的下端插入方凳孔。朱慶江轉累了，新犯高帥與石銀再輪換絞轉我的指縫，兩手指絞的皮開肉爛，鮮血淋漓，新犯寧亮用打火機燒，把我右手拇指燒起一個大水泡，在這些整個的酷刑迫害中，我一直坦然不動平靜微笑著。

我絕食抗議第五天開始，給我灌食，醫生插管時又有意的折騰，反覆插到胃底，再反覆往下搗。灌完食我對醫生說了謝謝，朱慶江與馬道格回來後又氣急敗壞地給用上了酷刑轉指縫。

2007 年秋 11 監區在小崗開了大會，警察就因法輪功學員邢同福寫了聲明（聲明不承認受迫所寫的不修煉「保證書」），在大會上狂叫，要幫教打手們加大力度迫害。到 11 月份韓曉磊又在大會上大叫：政府講了，邵承洛在 11 監區傳經文要嚴管他。

到 12 月 10 日午睡後，朱慶江領一群打手來到 18 組又要嚴管我，是因為監區叫我寫檢查，我沒按他們要的寫，而是寫了二萬餘字 11 監區對我的迫害，捅了 11 監區這個馬蜂窩。我見眾打手來到，很坦然的把我的暖瓶與一枝筆都送給他人，準備好我的後事。上來二人把我從 18 組架出室外，我就連聲大喊「法輪大法好」。這時眾包夾從各個監舍湧來對我齊下手，拳打腳踢還有捂嘴的。眾打手抬著我四肢快速地抬到 21 組，扔在地上，18 打手一齊上來拳打腳踢要我蹲著，我不配合，暴徒們輪流折我的膝關節折不上彎。在這同時朱慶江下手用牙刷插入手指縫，叫一個人握緊我的手指，然後朱慶江用力絞轉我的左右兩手每一條指縫。絞轉第一遍就皮肉稀爛，又連續絞了二遍，共絞了三遍。我的兩手指縫絞得皮肉稀爛，鮮血淋漓，有的露出骨頭。

鞋底暴打

朱慶江同時又下令扒下我的褲子，打手們輪流著用鞋底，暴雨般地擊打我的臀部，第一遍就打爛了，反覆打了四遍，最後一遍是用圓臘木打的，兩側臀部皮肉稀爛鮮血淋漓，兩腿還時不停地折，要叫我蹲著。

朱慶江見制服不了，又把我五花大綁，把我的頸與踝關節用繩捆結成弓字形，馬道格找來二個堅固小木凳尖腿朝上，我的爛臀部坐在上面。那木凳的腿是凹字尖形的，我的頸頭著地腳朝上，朱慶江令高帥用臘木照死地打兩腳底。後又改用鞋底擊打我的腳底，直到打累了為止。

針扎腳底

接著東北打手趙棟強，用縫衣服鋼針扎我的兩腳底，先淺刺一遍，又深刺一遍，趙棟強邊刺邊大叫「看你真不痛，你能挺多久！」直到扎累才停止。

鞋刷抽耳

趙棟強又與另一個人，手各持一把鞋刷子，快速地抽打我的兩耳，使耳朵紫腫變了形，至今耳朵留下後遺症，並左耳軟骨增生與聽力下降。

高帥邊打邊大叫：「你這次死定了，我們也不願打你，與你無仇無怨，是政府令我們辦你的，讓你家裡人準備後事來收屍吧！省監獄會給你 800 火化費。」

搗鏟下陰部

高帥還大叫：「法輪功不是講清心寡慾嗎，你那個小雞也多餘的，給你除掉得了。」說完用鞋刷搗鏟我的下陰部，還不時地用腳踢。高帥又兩手捉住我的兩踝處倒提起，頭頸著地往地上反覆搗，使我頸椎痛得發昏。高帥還把我一直朝上腳按壓至地，這樣又頭在上，那爛臀部坐在尖腿朝上小木凳上，像刀刺樣的剜痛無法忍受。

搗刮兩肋

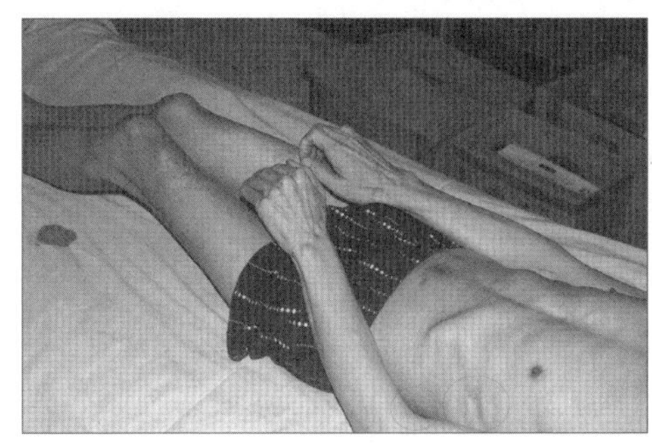

邵承洛肋部被鞋刷子搗爛感染，全身肌肉萎縮體重不足 90 斤。（明慧網）

以上種種酷刑反覆地做，新犯全用鞋刷柄反覆搗刮兩肋骨，先刮，累了再用鞋刷子搗肋，多人輪流著幹，使皮肉稀爛，鮮血淋漓。還用鞋刷擊頭、手背、足背與身上凸起顯露的骨頭。

到了半夜突然鐵門大開，隨著鐵門響聲換班五個打手衝上前來，眾惡齊下手一陣拳打腳踢，一胖子打手打了幾拳後，按著我鼻子用重力死死地頂在牆壁上，說讓我喝瓶老酸醋，我鼻子真酸痛得流淚不止，直到胖子頂累了才停止。

煙插鼻孔

後來朱慶江叫新犯先吸一口水，然後用吸管插入鼻孔把水吹

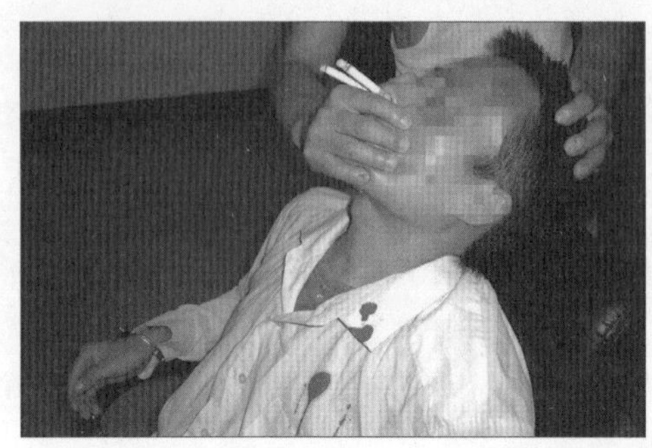

中共黑獄酷刑演示：煙插鼻孔

入，我被水折騰得一陣陣巨咳，這時他們一陣陣哄笑。這種刑法他們反覆不停地玩，玩膩了後又改成吸一口煙，再把吸管插入我鼻孔內吹入，又導致我一陣猛咳，他們又會陣陣哄笑，直到玩膩了。

朱慶江又令新犯點燃一支煙插入我鼻孔內，捏緊另一側鼻孔不讓往裡吸氣，並用一塊髒布捂住嘴，使我不能用口呼吸，只能靠插入煙的鼻孔呼吸，那煙深深的吸入肺後引起劇咳不止，他們又一陣陣狂笑。

朱慶江這個惡魔把我兩個鼻孔都插上點燃的香煙，用髒布捂住嘴不讓呼吸，朱慶江見我憋氣，就又令兩個人，每人各持一把鞋刷子，在我兩側都已經搗爛不知多少遍的肋骨上，又同時搗刮爛皮爛肉極為慘烈，兩側肋骨皮肉痛得如同在活剝皮，嘴捂得很緊不能呼吸，唯一能夠呼吸的只能靠已插入香煙的鼻孔，我被悶得憋氣要窒息，每吸口氣那鼻中的煙全被吸入氣管與肺腔，這時會引起劇咳又引起他們的狂笑。這種刑法直到魔鬼們玩膩了、玩夠了才停下。

辣油抹臉

朱慶江又拿出一種桔棗的小水果，擠出果汁來往我眼裡滴，眼睛被果汁刺激得灼痛難忍淚流不止；後把一種叫老乾媽的辣椒油抹在我的臉上，再用鞋刷子刷我的臉，把臉刷的火辣辣地痛，如同揭去一張皮。以上流氓手段玩膩了後，又把辣椒油滴入我的口中，用牙刷子刷我的牙，刷得牙齦紅腫疼痛難忍。

四肢打樁

最後再有四個人，抬著我的四肢去「打樁」，讓爛臀部擊打那個尖腿朝上的非常堅固的小木凳，直到把小木凳的兩腿全打倒，又換上另一個同樣的堅固的小木凳擊打。經長時間反覆擊打，第二個小木凳的腿又被打倒了，暴徒們才停止對我用人身打樁的酷刑。

每一次的人體擊打都是鑽心剜骨的疼痛，有時木凳尖腿頂在腰椎上腰痛如折，有時木凳尖腿頂在肛門裡就會痛得心慌頭昏腦脹，有時木凳腿頂在爛臀部上痛得像撕去一塊皮，裂下一塊肉一樣。高帥又把我弄在地上臀部著地，摔轉著我，在地上打轉轉摧殘著我。

惡徒們二晝夜酷刑不停地摧殘，主任吳加勇、紀律組長張躍、韓曉磊來到嚴管室，韓曉磊一臉凶相扭曲得都變了形，韓對朱慶江講，邵承洛一直腿有病，一定給他治好腿才能讓他出嚴管室。他們一走，朱慶江問我哪條腿痛，我手指著左腿。高帥手持臘棍衝了上來，照我的髖骨關節掄起臘木毒打不止，再猛地把我用腳

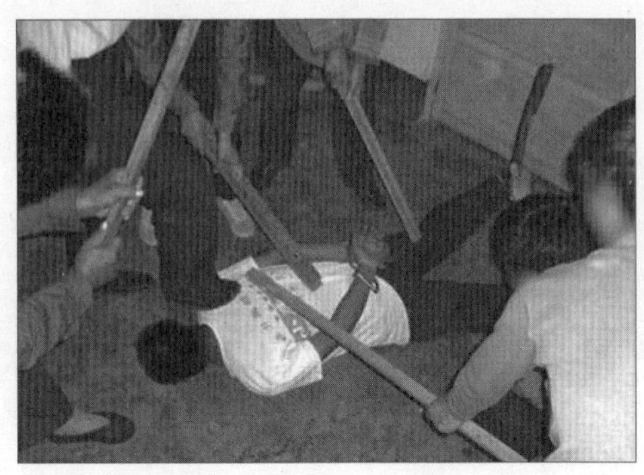

酷刑演示：暴打

踢倒在地毒打。

朱慶江又令新犯扒下我的褲子，用臘木擊打已打爛的臀部，打得我全身找不出一塊完整的皮膚，臀部一直在流著血，兩側肋骨也在流血都像剝去了皮，兩手指縫也是先流血後都發炎化了膿，一天到晚不敢坐也不敢躺只能站著，每天上廁所脫內褲就會黏下一層皮肉。

傷口撒鹽

朱慶江每天二次給我的爛臀部處理傷面撒鹽。這個活很殘忍，無人願幹，還是高帥能下了手，先用竹棉棒在傷面上用力亂劃，劃得鮮血淋漓皮肉爛，再用衛生紙墊著用手往下撕那些凸起皮肉，然後再撒上細鹽。高帥邊幹邊說：用鹽消毒也不錯。

最後高帥還把棉棒插入我的肛門裡，撒上鹽，我痛得頭腦發昏汗如雨下，真是生不如死。因身上傷面慘烈，我晚上睡眠時只能站著睡幾分鐘。

惡性換藥

2009年春，省監獄11監區又對法輪功學員發起最瘋狂的迫害轉化，家裡人來會見獄裡不准見，後家裡人提出就看我是死是活，因為我當著獄政科與11監區警察的面講了省監「轉化」後還虐待我，吃不好吃不飽等醜聞，11監區要陷害報復辦我，警匪聯手給我下了套。

2009年3月14日上午，11監區搜監，搜出我身上的經文後，對我進行嚴管迫害，死刑犯綦東興從背後我後頸，然後我被犯人抬著四肢扔在24組地上，室內地上放了一塊上寫誣衊法輪功創始人的名字的木板子，他們強制暴力把我按壓坐在木板上，我不配合，綦東興下令十多個打手一擁而上，一陣陣拳打腳踢，當即我的腳趾就被打折，頸椎被嚴重打傷。

因腳趾痛得無法忍受，我多次要求去醫院，綦東興不答應，還腳踩著我的斷腳趾，兩手扶著上床，全身重量都落在我的腳上不停地撚動他的腳，我痛得冒了大汗，頭腦發昏，綦大塊頭一米八六，直到他踩累了才停下。我的腳趾斷了，發炎半月多，並一直高燒。後綦東興怕發燒引起敗血症才領我去了醫院。

後來斷指好了，也不給我治頸椎。直到6月20日法輪功學員呂震在嚴管中被吊死後，6月24日警察牛其峰與王隊長才領我去了濟南警官總醫院，醫生說我的頸椎要做手術治療，找個專家做手術得50萬還不保險能做好，說做牽引還很危險。所以我住十多天醫院，也沒治療就又被劫持回監獄。

我在省獄醫院治療斷足趾時，第一天外科劉醫生給正規清洗後，也按正規給包紮，然後又輸了液。第二天去醫院上了三樓換藥輸液，死刑犯鄭劍給我換藥清洗發炎的斷趾時，先用鑷子在傷面上亂劃，劃得鮮血淋漓，再塗上酒精，翹起的皮肉再用剪子剪，然後再用鑷子用力亂劃一遍，又是鮮血淋漓，再塗上碘酒，翹起的皮肉再用剪子往下剪。這樣反覆多次，連新犯也看出鄭劍是在利用他的醫生職業之便，在殘害我。

鄭劍每天都是這樣給我「治療」，每次揭紗布時揭下一層皮肉。每次換藥前綦東興都當著我的面先與鄭劍密謀耳語一會，然後鄭劍對我下黑手，換完藥就再輸液，輸液時董鍵把開關擰到最快。

一天 24 小時我都被虐待毆打，就是在去獄醫院的路上也是邊走邊打，並在醫院當著眾病人的面拳打腳踢、拔鬍子眉毛往下揪頭髮。指彈眼球、擰耳朵、照臉打耳光胸脅拳擊等。

腳底酷刑

從 3 月 14 日開始，綦東興對我大打出手。在第三天中午，我因斷趾發燒坐不住了，綦東興拿出那根長方木來到我面前，讓新犯抱起我的右腿，綦東興掄起長方木照我的腳底死命擊打，兩隻腳輪流著打，直到綦東興打累了才停止，我當時痛得休克過去，整個下午發高燒昏睡。

共產黨三光：拔鬍子、眉毛、頭髮

車輪術前三天晝夜不讓睡，後熬到下半夜四點才准躺在地上睡到六點，共二個小時，每當我睏的閉上眼睛就會招來拳打腳踢，青年新犯董健不停地用拳擊、用掌砍、用腳踢。蹬我的頸椎，每次擊打都會頸椎麻電至手指。

還有個青年新犯張磊，專用牙刷柄頂我的手背骨縫，拔我的鬍子、眉毛、頭髮一小撮、一小撮地往下揪。不少新犯參與拔鬍子、眉毛與頭髮，犯人在拔時說：「不止是日本鬼子有三光，共產黨也有三光，讓你嘗嘗共產黨的三光是啥滋味！」

還有個姓張的青年專往我臉上吐痰，往我身上抹鼻涕。我解手時他們不停地踢我的腿，有的往我身上撒尿。還有個中年新犯薛愛生拿我開心出氣，我不配合他時他就照死地折騰，把我的頭按壓到膝蓋上，長時間坐在我身上，使我的腰椎至今變形。薛愛生等一夜拔光了我的鬍子。

每換一批新犯來，綦東興先對他們講：「你們想多睡覺不熬夜，那麼就想辦法叫邵承洛罵法輪功寫揭批，那我們就能正常睡覺。」綦東興還與新犯講，想怎麼玩他都行，隨便玩出了什麼事有綦頂著。

第四節

山東男子監獄中的謀殺

山東省監獄大門

獄長齊曉光，區長張磊光等，他們直接或間接利用殺人犯迫害致死多位法輪功學員，如王新博、錢棟才、呂震、吳家俊、王玉寶、王洪章等。

我曾在警醫院見過吳家俊，他到省監一個月就被迫害得高血壓、心臟病住了警醫院一個月，回到11監區一周又迫害出高血壓心臟病又住了警醫院。吳家俊在2014年11月27日被迫害死在監獄。

王玉寶出獄前親口與我講，他多次遭毒打後，被獄醫打了毒針。結果他回家後不久就身亡了。

呂震在2009年11監區被吊死第三天，6月23日，濟鋼80歲的王洪章在21監區被嚴管迫害，遭多種酷刑折磨，被送四次警醫院。我與王洪章被嚴管在一個組三次，他親口告訴我他被迫害的情況。後王洪章被警醫強行保外回家，不多日就離世了。

此外還有，石增雷頸腰椎被打傷殘；伊向陽、邢同福兩個老人被迫害得滿口沒剩一顆牙；劉忠明被打斷肋骨三根；董傳彥被打斷鎖骨；王風玉被打傷右眼，視力 0.2；東營油田的遊雲升被迫害得送醫搶救 12 次。

我的老鄉範延啟親口告訴我，他在 19 組被打得心臟停止跳動，送警醫搶救後才活下來，他也被打了一種無名毒針頭腦不清發昏。

我幾乎被省監獄迫害致死

酷刑演示：野蠻毆打

2009 年 4 月 26 日晚，我被醫院灌食回來後，綦東興當著我的面與眾犯講，「今天晚上，我要讓你們開開心想怎麼玩就怎麼玩，出什麼事都跟你們沒有關係！」綦東興又對我講：「你不怕死，政府也不叫你死，叫你死也死不了，活也活不成，生不如死。」綦邪又與眾新犯說：「你們有本事就使吧！」打得我不成人形。11 監區報復我在會見時說獄裡虐待我，想要置我於死地。

綦東興在毆打我時也說了多次：「你膽敢在會見室當著政府的面說 11 監區虐待你，你家裡來人講你被打得快死了。不打死你也對不起你了。」

我在殺人死刑犯綦東興組被嚴管，改善生活吃米飯時，綦東興只給幾口米飯，餓的受不了，綦東興不給，還講：「嚴管政府規定的就是一塊鹹菜，一個饃，你吃多了傷了胃我還要負責。」在嚴管中，我個人所有的食物都被犯人們剝奪了去，有個新犯邊吃邊打我。

後來因為車輪術天天熬夜，前三天是晝夜熬，後來早上 4 點到 6 點准我睡兩個小時，又過一段時間下半夜 3 點才准睡三個小時，有時新犯讓我躺下還差三分鐘都被他大罵，嚇的新犯都超五分鐘才敢讓我躺下。青年新犯董鍵在綦東興教唆下，用重拳不停垂擊我的頸椎至重傷，董拳打累了再用腳跺或用腳蹬至手指麻電無力，頸椎性頭痛頸痛 24 小時不止，打碎腳左大趾關節，至今後遺症關節活動不靈活，陰天與天冷疼痛加重。

在一次毀滅性嚴管近二個月期間，光絞爛手指縫就絞了三個輪迴，留下傷殘，腰椎變形，頸椎第三次重傷，全身肌肉萎縮，左耳軟骨增生並聽力下降耳聾。省監獄三次置我於死地。我知道幫教與我說的 11 監區要幹掉我並非虛構。

我是 2013 年 5 月 11 日出監獄。直到我回家的前一天下午三點後，11 監區值班長徐同峰到警總醫新康監獄接我出院。

當時我已不能走了，他們用輪椅把我送出醫院。當時我已十天沒吃飯了，皮包骨頭，體重只有 90 斤。

坐上汽車，回到省監已暈得不能站立，李天民等用三輪車把我拉到 11 監區樓下，四個人抬著四肢抬到了五樓的監控室，放在一個大長條木椅上由專人看管，我的行李全被送到隊裡搜查。

2013 年 5 月 11 日當天上午九點，李天民下令使用暴力剝下我的囚褲，他們害怕囚褲中有他們的罪證，剝下後就反覆清查囚褲，把我的內褲及上身翻摸了三遍。

腳沒穿襪子，只穿了獄裡發的一雙舊鞋，就是綦東興用來打我頭的那雙鞋，上身舊春秋衫，頭髮兩個多月沒理了。李天民說隊長講，等上課的都結束大廳裡沒有人了就把我抬下去。

11 點一過，王孝雨對魏安成講，大廳裡已沒有人了，先把我弄到樓下，找來一個三輪車，眾包夾把我推出山東監獄三層門。整整七年我終於離開了這個人間活地獄——山東監獄。

第六章

蘇共留給中共的啟示

1991 年的「八一九」政變，導致了蘇聯東歐共產集團的一夜解體。後共產黨時代的俄羅斯十幾年間經濟發展迅速，一躍進入發達國家行列。今日中共當局的改革，與蘇共當年的改革非常相像，可以預言，中共正在步蘇共後塵。

1991 年 8 月 19 日葉利欽爬上一輛坦克車向群衆致詞，阻止一場對戈爾巴喬夫的政變。此事件被認為是蘇共解體的導火線。（AFP）

第一節

他山之石：
戈爾巴喬夫被逼解體蘇共

1991 年 12 月 25 日蘇聯總統戈爾巴喬夫宣布辭職，蘇共解體。圖為隔天歡送戈爾巴喬夫的宴會。（AFP）

戈爾巴喬夫上台 6 年後，突然面臨走投無路的處境，舉凡政治、經濟、體制和國內外的各種矛盾糾結，全然無解。迫於形勢的戈爾巴喬夫，只能以快刀斬亂麻的手段解體蘇共。

以史為鑒，回顧這段震驚全球的歷史，有助於了解今日中國政局的走向。

退黨潮表明蘇共意識形態徹底破產

1985 年 3 月 11 日，戈爾巴喬夫以 54 歲之齡，當選為蘇聯最年輕的蘇共總書記，成為蘇聯最高領導人。上台之初，他力圖經濟改革，但一年之後，其改革遭遇來自蘇聯龐大黨政機關的巨大阻力。這使戈爾巴喬夫意識到，他必須先進行政治體制的改革。

1987 年 1 月，戈爾巴喬夫以「公開化」形式正式拉開政治體制改革的帷幕。這使得蘇聯的媒體審查機制和禁忌逐漸獲得解除。

1988 年 2 月，戈爾巴喬夫在蘇共全會上提出了「民主化」的口號。隨後，戈爾巴喬夫修改了憲法，取消蘇共的領導地位，規定蘇共必須和其他政黨自由競選，使得當時的蘇維埃體製成為議會制和總統制的過渡期。

1988 年 6 月，在蘇共中央第 19 次代表會議上，戈爾巴喬夫首次提出了「人道的民主的社會主義」概念，實質內容是建立「真正的人民政權制度」，實現社會公正。接著，戈爾巴喬夫提出「黨的地位不應當依靠憲法來強行合法化」，「蘇共要在民主程序範圍內的嚴格限制下」去爭取執政地位。

媒體言論的開放，讓歷史真相得到公開和還原，進而引發了蘇聯解體前的退黨潮。自 1989 年 1 月到 1991 年 1 月，蘇共黨員由 1948 萬餘驟減到 1651 萬餘人。其中蘇聯最大的烏拉爾汽車製造廠 1989 年有 9072 個黨員，到了 1991 年 1 月，只剩 1646 個黨員，其中還有 300 人不交黨費。

戈爾巴喬夫當時在蘇共中央說，蘇聯有 420 萬人退黨。那時距蘇聯解體只有一個月。

蘇共退黨潮的出現，表明蘇聯「共產主義」意識形態徹底破產，這正是蘇共解體的最重要原因。

蘇聯權貴階層倒向資本主義

蘇聯從 1922 年開始實行新經濟政策，列寧對「戰時共產主義」政策進行改革，並強調更加發揚「黨內民主」。

然而，自1926年斯大林當權以來，形成了高度集中化的政治經濟體制。雖然在這種體制下蘇聯實現了工業化，但到了1950年代，弊端日益暴露，阻礙了蘇聯的發展。

隨後，赫魯雪夫和勃列日涅夫先後進行了改革，但他們只是對原有體制進行小修補，沒有從根本上徹底改變高度集中的政治性計畫經濟體制。

此種體制傾向於犧牲下層人民的利益來解決上層權貴的問題。從1989年起，蘇聯由於改革失利與嚴重的通貨膨脹，開始對下層人民實行進一步的緊縮政策，蘇聯龐大的煤礦礦區消費品嚴重短缺，導致長期受壓迫的煤礦工人進行大罷工。

在勃列日涅夫時代，高層領導幹部和普通黨員與民眾收入的差距達30到44倍。據俄國學者估計，蘇共後期特權集團的人數約有50萬至70萬，只占全體黨員的3.3%左右。但權貴卻掌握了全國的經濟特權。

蘇聯解體之前，蘇聯科學院就「蘇聯共產黨究竟代表誰」進行調查時，得出一個結果：認為蘇共代表勞動人民的只占7%、代表工人的只占4%、代表全體黨員的只占11%，而認為蘇共代表官僚、幹部、機關工作人員的竟高達85%。

1991年6月，美國一社會問題調查機構在莫斯科做了一個關於意識形態問題的調查，調查對像是掌握高層權力的黨政要員。分析結果是大約9.6%的人具有共產主義意識形態，他們明確支援改革前的社會主義模式；12.3%的人具有民主社會主義觀點，擁護改革，並希望社會主義實現民主化；76.7%認為應實行資本主義。

超過四分之三的蘇聯權貴倒向資本主義，這是蘇共解體的社會基礎。

葉利欽在俄羅斯政壇的崛起

談到蘇共解體，避不開一個人，就是俄羅斯首任聯邦總統葉利欽，他被認為在蘇共解體過程中擔當了關鍵的歷史角色。

1931 年 2 月 1 日，葉利欽生於蘇聯俄羅斯蘇維埃聯邦社會主義共和國烏拉爾州布特卡村一個農民家庭。30 歲那年，葉利欽加入了蘇聯共產黨並漸露頭角，1968 年至 1975 年間任蘇共斯維爾德洛夫斯克州黨委建築處處長；1976 年至 1981 年間任蘇共斯維爾德洛夫斯克州黨委第一書記；1981 年至 1985 年成為蘇共中央委員會委員。

1985 年成為他政治生涯的轉捩點。該年 4 月起他領導中央委員會建築處；6 月至 12 月時任蘇共中央委員會負責建築的書記；同年獲蘇共中央總書記戈爾巴喬夫調任為蘇共莫斯科市委第一書記。1987 年 11 月至 1989 年 5 月任蘇聯國家建設委員會第一副主席。

葉利欽在莫斯科主政期間，以靈活大膽的作風著稱，挑戰當時僵化的黨政機構，但此舉激怒保守派，亦受到總書記戈爾巴喬夫的譴責。1987 年 11 月 11 日葉利欽批評戈爾巴喬夫的政策，被免除莫斯科市委第一書記職務。1988 年 2 月 17 日，葉氏被進一步革除中央政治局候補委員職務，並於 5 月失去部長級職銜。

不過，與蘇共關係陷於谷底，卻無損他的仕途。1989 年 3 月，他以 89.4% 得票率當選蘇聯國會議員，重返政壇，並成為「民主反對勢力」實際領導人。1990 年 5 月俄羅斯聯邦舉行第一次人民代表大會，他當選為俄聯邦最高蘇維埃主席，兩個月後，在蘇共

28大上，葉利欽代表的「民主綱領派」提出改造蘇聯社會的一系列措施，但未獲大會接納，會議結束後他隨即宣布退出蘇聯共產黨，結束了近30年的黨內生涯。1991年6月12日，他以57.4%得票率當選俄羅斯聯邦總統。

葉利欽在俄羅斯政壇的崛起，事後被證明是促成蘇共最終解體的關鍵條件之一。

「八一九事件」成蘇共解體導火線

「八一九事件」是指1991年8月19日至8月21日，蘇聯政府內部一些高級官員企圖廢除戈爾巴喬夫的蘇共中央總書記兼蘇聯總統職務，並控制蘇聯，然而最終成為一場未遂政變。這一事件被認為是蘇共解體的導火線。

1990年12月11日，蘇聯克格勃局長克留奇科夫下令對位於莫斯科的中央電視台進行整肅，同日，他要求兩位克格勃官員準備若蘇聯進入緊急狀態時的應對計畫，其後他與蘇聯國防部長德米特里·亞佐夫、蘇聯內政部長伯裡斯·普戈、蘇聯總理瓦連京·巴甫洛夫、蘇聯副總統根納季·亞納耶夫、蘇聯國防理事會副主席奧列格·巴克蘭諾夫、戈爾巴喬夫的祕書處長瓦列里·波爾丁和蘇聯共產黨中央書記局委員申寧共同參與了此政變。

1991年7月29日，戈爾巴喬夫、俄羅斯總統葉利欽和哈薩克總統納紮爾巴耶夫聚會商量開除強硬派如巴甫洛夫、亞佐夫、克留奇科夫和普戈，由自由派人物取而代之的可能。此次談話被克格勃竊聽，而且幾個月前戈爾巴喬夫就被設為竊聽目標。

隨後，謀反者在克格勃的全力護航下，於8月展開軟禁戈爾巴喬夫的行動，並強迫其交出政權。8 月 19 日，遭掌控的國營俄羅斯電台和俄羅斯電視台，在政變後的俄羅斯蘇維埃聯邦社會主義共和國官方的控制下，播送亞納耶夫的行政命令和國家緊急委員會所謂的「蘇聯領袖宣言」，謊稱戈爾巴喬夫因病未能視事，因此取而代之。當時全國唯一的獨立政治電台「莫斯科回音」則早已被切斷線路。而部分軍隊也參與了這次政變。

本在軟禁名單內的葉利欽，當天卻僥倖躲過一劫，他立即召集同盟發布聲明，聲稱一次反動反憲法的政變發生了，督促軍方不要參與此政變。聲明呼籲發起總罷工，使戈爾巴喬夫能向人民致詞。此聲明以傳單的形式在莫斯科傳播，並促成民眾走上街頭，與支持民主改革的部隊共同粉碎了這場由克格勃和反改革分子主導的政變。

在此過程的最後關鍵期間，仍掌有軍權的國家緊急狀態委員會中的謀反成員，試圖與戈爾巴喬夫妥協，但遭到戈爾巴喬夫的嚴詞拒絕。在遭軟禁處所的通訊恢復後，他宣布廢除所有國家緊急狀態委員會的決定，免除其成員的政府職位，並交由蘇聯總檢察署展開司法調查，從而終結了此次政變。

戈爾巴喬夫失權 蘇共解體

政變夭折後，戈爾巴喬夫回到克裡姆林宮，國家緊急委員會代表團隨後也返回莫斯科，政變成員在三天內被捕或自殺。

然而此時，戈爾巴喬夫已經大權旁落，原本就與蘇聯各國領袖私下策畫另立聯盟的葉利欽，藉由此次弭平政變的機會，成為蘇聯境內最大的實權人物。政變後期，葉利欽宣布接管俄羅斯境內的全部蘇軍，並要求軍民反對政變，各軍隊返回原駐地。

1991 年 8 月 21 日，俄羅斯最高蘇維埃授權俄羅斯總統葉利欽指派地區行政首腦，雖然當時有效的俄羅斯憲法未提供總統此權力。

8 月 22 日，俄羅斯最高蘇維埃決議宣布，俄羅斯在歷史上的白藍紅國旗為俄羅斯官方國旗，替代蘇聯紅旗。

8 月 23 日至 24 日晚間，位於盧比揚卡國家安全委員會總部前的蘇共契卡創始人菲力克斯·艾德蒙多維奇·捷爾任斯基紀念碑被拆除。

8 月 24 日，戈爾巴喬夫辭去蘇聯共產黨總書記職務，伊瓦什科成為代理總書記至 8 月 29 日辭職。

8 月 24 日，俄羅斯總統葉利欽發布行政命令，將蘇聯共產黨檔案轉移給政府檔案部門，25 日將蘇聯共產黨在俄羅斯的資產國有化（不但包括政黨委員會總部，還包括教育機構、旅館等等）。

11 月 6 日，葉利欽終止蘇聯共產黨在俄羅斯的活動。蘇聯共產黨就此結束了長達 74 年的執政黨地位。

其後，隨著各加盟共和國的紛紛獨立，到 1991 年 12 月 25 日，戈爾巴喬夫宣布辭去蘇聯總統職位，鐮刀斧頭紅旗自克裡姆林國會建築前降下，取而代之的是俄羅斯三色旗，蘇聯不復存在。

俄羅斯步入高收入國家行列

2013 年 7 月 5 日，俄羅斯 RIDUS 新聞網報導，根據世界銀行的評估，俄羅斯被認為已經步入人均「高收入國家」行列。世行的專家稱，目前俄羅斯年均個人收入已達 1.27 萬美元。

世界銀行的報告顯示，俄羅斯已從中等收入國家（人均年收入 5000 至 1.25 萬美元）躍入發達國家行列。在「高收入國家」名單的總共 75 個入圍國家中，俄羅斯排在第 73 位。此前俄羅斯列入中等收入水準國家已有 10 年。

1998 年的俄羅斯，人均年收入不到 200 美元；10 年後的 2008 年，俄羅斯的人均年收入是 5000 美元，超過 1998 年時 25 倍。10 年之間，俄羅斯經濟變化令世界震驚。世界銀行的報告強調，從上世紀 90 年代末到 2009 年期間，俄羅斯的生活水準顯著提高。

不僅是俄羅斯，另據世界銀行的資料，拋棄共產黨體制的前東歐所有國家的國民年收入，在 2006 年全部超過 5000 美元。這些國家的國民生活在走出共產黨體制的陰影後，都在快速穩定的得到改善。2011 年，克羅地亞的人均收入已達 1 萬 4488 美元，匈牙利為 1 萬 4044 美元，波蘭為 1 萬 3463 美元，立陶宛 1 萬 3339 美元，拉脫維亞 1 萬 2726 美元，都已進入高收入國家的行列。

俄羅斯的經濟增長，開始於 1999 年。從 1999 年至 2006 年，年均增長速度約 6%，經濟總量增加了 70%。然而，俄羅斯的工資和人均收支卻增加了 500%，扣除通脹後，人均收入實際的增長，超過了 200%。8 年間，俄羅斯的人均實際工資和人均實際收入的增長速度，比人均 GDP 的增長速度高出 2 倍。

實際工資增長大大超過 GDP 的增長速度，只是俄羅斯人分享經濟增長成果的一個方面。另一個方面，就是俄羅斯聯邦和各聯邦主體、地方政府，將三分之一的財政支出，用於教育、醫療、救濟等社會領域，從而建立和維持了一套完善的社會福利體系。讓退休、失業、兒童、學生等等弱勢人群，也紮紮實實地分享到經濟增長的成果。

第二節

腐敗 vs. 改革
中共重蹈蘇共滅亡史

從斯大林、毛澤東的貪腐特權，到赫魯曉夫、鄧小平的改革，再到勃列日涅夫、江澤民時代的腐敗治國，最後到戈爾巴喬夫、習近平的改革，歷史好像在重演，讓人清楚看到中共的改革也是沒有出路的。

毛澤東曾經說：「蘇聯的今天就是我們的明天。」如果把毛澤東和斯大林比照，再一代一代地對照下來，可以發現，中共確實在走蘇共的老路：其政策常常是一緊一鬆循環變化，而在對待特權腐敗問題上，中蘇兩黨政策的相似性表現得尤其突出。

斯大林將特權腐敗制度化

1924 年 1 月 21 日，列寧死亡，蘇聯共產黨總書記斯大林在 1924 至 1929 年間動用政治手腕，先在 1924 年聯合季諾維耶夫和加米涅夫打倒託洛茨基，又在 1926 年聯合公認的黨內右派（支援延續新經濟政策）布哈林擊敗黨內極左派——託洛茨基、季諾維耶夫和加米涅夫的「託季聯盟」，最終在 1929 年又打倒布哈林，奪得最高權力並徹底結束新經濟政策，自此，蘇聯進入斯大林時期。

在斯大林時代，蘇共公然將幹部的特權腐敗予以制度化、合法化。斯大林建立起了一整套保證領導幹部層享有特權的制度。這個官僚特權階層主要享有如下特權：

1. **宅第權：**從中央到地方各級官員均有一處或幾處別墅。凡是名勝地、風景區、海濱、避暑勝地，幾乎全部被大小官員的別墅所占據。

2. **特供權：**各級黨政機關均有特設的內部商店、餐廳、冷庫等供應網路，按照官職大小、地位高低享受特殊供應。

3. **特教權：**凡是高級官員的子女，從幼稚園到大學均有培養他們的專門機構或保送入學的制度。高級軍官的兒子則直接送軍事院校培養。

4. **特繼權：**官員特別是高級官員可以免費為自己的子女留下豪華住房和別墅，供他們終身享用。

5. **特衛權：**花在高級領導人身上的費用，達到無法核算的程度。

6. **特支權：**位居金字塔頂端的官員在國家銀行有敞開戶頭，即戶主可以不受限制隨意提取款項。

法國作家羅曼・羅蘭 1935 年到莫斯科訪問，驚訝地發現連「偉大的無產階級作家」高爾基也置身於深深的特權腐敗之中，在金碧輝煌的別墅裡，為高爾基服務者多達四、五十人。

毛澤東時代存在驚人的特權腐敗

1949年中共竊國，幹部進城後不久，官員貪污腐敗已相當普遍，並且相當嚴重。

據當時中央財政部、中央貿易部、中央水利部、中央輕工業部以及人民銀行總行等部門的黨組報稱，貪污人數約占機關總人數的30～40%左右。

幹部的特殊階層也在中共進城後日漸形成。如同斯大林時代，中共高級幹部享受著緊缺和優質商品的特殊供應（特供），並且多數因工作關係還享受著祕書、警衛、司機、勤務、保姆、廚師以及醫療和專車、住房等特殊待遇。這方面也照搬了蘇聯經驗，嚴格按照等級來劃分特殊待遇標準。比如幾級高幹可配廚師，幾級可配勤務，幾級可配警衛，幾級可配祕書，幾級可配專車，包括不同級別幹部享受何種檔次和牌子的專車等都有具體規定。

1959年至1962年，毛澤東發動的大躍進造成「三年大饑荒」期間，神州大地餓殍遍地。當年許多基層幹部強徵糧食時，「藉機搜查和沒收群眾的東西」，在全國各地施用各種肉刑，殘害農民迫害致死。

《經濟觀察報》2012年4月9日發表《躍進悲歌》，披露「達縣專區鄰水縣九龍區，在半年多時間內，共有329名幹部和204名社員違法亂紀，遭到非法捆綁的群眾達206名，其中13人被打死，12人被逼死，還有7人致殘。950戶人家被搜家、罰款，罰款金額高達1萬5000餘元，最多的一人罰了400多元——這在當時可不是小數字。」

除了藉機侵占百姓財產外，基層幹部憑還藉特權在公共食堂分配口糧時多吃多占。貪污腐化加劇了糧食分配不均，沒有權勢的普通農民被餓死。

另一方面，國家高級幹部卻是另一番景象。為了應對饑荒，中共中央特別批示對高級幹部和高級知識分子進行「特需供應」。

在計畫經濟年代裡，生活必需品都由掌握權力的人分配，人們為了滿足生活不得不動用各種關係「走後門」；在「三年困難」時期，基層幹部強徵糧食，掠奪民眾財產，官員的貪腐已經關乎民眾生死。而在饑荒之年，基層幹部的「特殊照顧」，可以救活一個垂死之人。

1966 年，文化大革命爆發。1968 年，毛澤東號召的上山下鄉運動大規模展開。在「上山下鄉」運動中女知青遭幹部性侵犯相當普遍，成為當時一個非常嚴重的社會問題。

毛澤東時代的腐敗與當今的區別只在於前者掠奪貧困之家，後者則是搶劫「小康」之宅。那個年代腐敗的普遍性，也說明了群眾運動並不能夠有效遏制腐敗。

赫魯曉夫試圖結束特權腐敗

1953 年 3 月 5 日，斯大林死亡。蘇聯共產黨高層領導人之間進行了幾年的政治鬥爭，最後赫魯曉夫相繼擊敗了貝利亞、馬林科夫和莫洛託夫，成為蘇聯最高領導人，與邁克爾揚、蘇斯洛夫等人形成了集體領導制度。此後，蘇聯進入赫魯曉夫時期。

在此期間，赫魯曉夫結束了警察恐怖機制，釋放了數百萬政治犯，為近 2000 萬人恢復了名譽。赫魯曉夫還通過蘇共 20 大上發表的祕密報告，全面批判斯大林。

赫魯曉夫上台後，向斯大林一手建立起來的幹部特權腐敗體系，發起了蘇共歷史上的第一次主動攻擊。在他的命令下，很多官僚特權被取消，如「信封制度」、免費早餐午餐、免費別墅、專用汽車等。官員們在斯大林時代的高薪也被大幅度砍削。

但這些都不足以從根本上消滅幹部特權腐敗——列寧時代就是個例子，這些官僚特權在當時是非法的，但仍然興盛不衰。所以，赫魯曉夫採取了另一種「釜底抽薪」的方式，即實行幹部任期制與輪換制。最後，這些丟掉特權的官僚們下決心要趕走赫魯曉夫，便與勃列日涅夫結成「政治盟友」。

鄧小平治下「官倒」盛行

1978 年，中共 11 屆 3 中全會召開，以改革開放為政策核心，經濟建設為發展主軸，標誌著毛澤東所確立的政治體系被鄧小平所替代。並在會議召開後，在全國展開平反文革時期的冤假錯案工作。雖然中共中央當時撤銷了前國家主席劉少奇在文革時期的種種罪名，不過，鄧小平並沒有像赫魯曉夫批評斯大林那樣批評毛澤東，也沒有試圖取消毛澤東時代的特權腐敗。相反，在鄧小平「不管黑貓白貓，會捉老鼠就是好貓」，只求速效不求社會公義的錯誤綱領下，出現了較以往更為嚴重的腐敗與通貨膨脹等問題，其中尤以「官倒」為最。

2004 年 8 月，《北京之春》刊發吳庸的文章，揭露了當年中共官場上「官倒」盛行的驚人圖景。

1985 年開始，在計畫經濟的框架下，中共鼓勵國有企業用計畫外原材料增加產量，增產的產品不實行價格控制，直銷市場，產銷完全市場化。這樣就在計畫經濟之旁誕生了派生的市場經濟，生產材料價格也就出現計畫價格與市場價格雙軌制。市場供應趨緊時，兩種價格形成的價差不斷擴大。

巨大的價差是巨大的利益所在。任何了解市場的人都會懂得，只要善於倒手，就是可觀的收入。利益驅動促使廠家向倒買倒賣、商業炒作傾斜。倒騰原材料的買賣比利用計畫供應的原材料生產所獲利潤高得多。

1988 年上海噸煤市場價為計畫價的 1 至 2 倍，一噸煤轉手就獲益 100 至 140 元。當年全國計畫供應煤炭約 4.5 億噸，其計畫價較市場價低 270 億元。這樣形成的價差，僅煤炭、鋼材、電力、糧食四項即達 741 億元——多麼強大的誘惑力！

生產材料計畫供應指標是由政府審批的，這裡存在相當大的模糊空間。一是行政官員不可能準確計畫所屬企業對原材料的需求，二是行政對原材料的調撥權不受監督，三是各經濟部門年生產計畫可以相當機動。在這個模糊空間下，審批權就成了各大企業競相爭奪的目標，因為倒賣原物料的獲利遠遠超出了生產所得，審批權也就順勢成了「有價」商品與市場哄抬的對象，進而讓握有審批大權的官員有機會「分享」企業利用生產資料雙軌制獲致的超額利潤。

然後，批文、指標也成為倒賣物件。比如，國有土地的使用存在批地價格與市場價格的差額，因而搶奪政府的土地批文成為獲致高額價差的關鍵，只要拿到批文，轉手即可獲得數十上百萬元批文轉讓費。在金融界，倒利差（市場貸款均衡利率與銀行貸款利率之差）、倒匯差（市場均衡匯率與官方匯率之差）成為熱點。

炒買炒賣的結果是，哄抬物價，擾亂金融，破壞生產，助長腐敗，成為蛀蝕經濟的漏洞，國有資產流失的暗道。官員與廠商勾結起來劫掠財富，構成摧毀經濟的力量。政府官員以出賣審批權為管道，參與和助長倒買倒賣，因而被稱為「官倒」。

這種利益攫取方式很快被眾多掌權者參悟，他們認識到這是劫財的大好時機，時不我待，於是，由權力機構直接支援和掌握的各種貿易公司紛紛成立，企圖霸占市場投機倒把的全部利益。用趨之若鶩形容官倒公司的成立是毫不誇張的。

1988 年底，中央及各地黨政軍群機關及附屬事業單位所辦從事倒賣活動的公司近 30 萬戶（包括分支機搆則近 50 萬戶），從業人員達 4088 萬多，占第三產業勞動者總數的 43%。

這些如狼似虎的官倒公司以及大大小小倒爺劫奪國民財富的規模究竟有多大，學者胡和立有一個總體估算：1988 年全部控制商品價差 1500 億元以上，利差 1138 億元以上，匯差 930 億元以上，加上稅金流失、地租流失、進口許可證體現的價差等，共占當年國民收入 40%左右。

這就是權錢交易總標的，其中相等部分流入官倒腰包，成為暴富！

勃列日涅夫時代 蘇共最腐敗時期

1964 年，赫魯曉夫被以不流血政變方式被迫下台，勃列日涅夫出任蘇共中央第一書記，成為蘇聯最高領導人，他在解除了謝列平等人的威脅之後，跟柯西金和波德戈爾內一起建立了「三駕馬車」的集體領導體制。蘇聯進入勃列日涅夫時期（停滯時代／

集權主義的復辟）。

勃列日涅夫時代被稱為蘇共腐敗幹部們最幸福的黃金期。勃列日涅夫的上台，得力於「在赫魯曉夫手裡失去腐敗特權」的幹部們的支持；作為回報，勃列日涅夫為這些幹部們創造了蘇共歷史上前所未有的腐敗環境。不但恢復了被赫魯曉夫取消的所有幹部特權，還增加了新的特權項目。

勃列日涅夫始終衝在腐敗的最前線。他任總書記之後，任用了大批親信，包括自己的許多親屬。如勃氏的女婿丘爾巴諾夫，僅 10 年時間就從一個普通民警一躍而成為內務部第一副部長，在 1976 至 1982 年間大肆貪污受賄，釀成震驚全國的「駙馬案」。

整個勃列日涅夫時代，「蘇共的許多書記、州委書記、邊疆區委書記、中央委員都捲入了骯髒勾當」。高級領導人彼此勾結、濫用權力、貪污受賄的案件層出不窮。除個別案例外，大多數腐敗案件都在勃氏去世後才被揭露出來。勃氏個人的貪婪在這場腐敗盛宴中起到了強烈的「示範」和「帶頭」作用。

江澤民造就中共最腐敗時期

江澤民當政時，以腐敗治國，江澤民、曾慶紅、周永康三大家族被稱為中共「三個代表」家族，它們帶頭貪腐、淫亂，並以縱容中共官員們貪腐來換取中共太子黨及特權階層的政治支持。每年被逼上訪維權的民眾多達數百萬人次，受害者遍布中國社會各個階層。

江澤民被中國網民封為中國的「腐敗總教練」，意指江澤民不僅自己「悶聲大發財」，還引導、縱容中共各級官員貪腐。

「悶聲大發財」這句話是江澤民在一次接待香港特首董建華時，嫌港澳台記者不斷追問時，理屈詞窮後勃然大怒、漲紅了老臉、衝口而出的一句揚州土話。

中共黨史專家阮銘認為：「江澤民時代是中共最腐敗的時期」。

江澤民之子江綿恆被稱為「中國第一貪」，江綿恆涉及多起中國重大貪污要案。案發於 2007 年的中國證券市場「招沽權證案」（招商銀行認沽權證）是有史以來第一大案，涉案金額高達 1.2 萬億人民幣，江澤民、江之子江綿恆、江之外甥吳志明，以及中共高層賈慶林、黃菊等均捲入其中。此案使得約 50 多萬大陸股民傾家蕩產、血本無歸，直接損失 228 億元人民幣，間接損失 500 多億元人民幣。

外界認為，江澤民家族貪腐所牽涉的金額，數量之巨大，可謂登峰造極，其中很多都隱藏在江氏家族控制的企業中。

曾慶紅被認為是江澤民的「大管家」，中共官員和商人想升官發財或擺平醜事，會以錢鋪路與曾慶紅建立關係，並得到他的「蔭庇」，曾慶紅家族趁機上下其手，曾慶紅兒子曾偉就以經商為名大撈特撈。據說，曾偉當時做生意的格言是：一筆項目的進項少於 2 個億，免談！

周永康是「三個代表」家族中的「鐵血打手」，在用暴力迫害民眾時「悶聲大發財」。據 2009 年因中國首富黃光裕案被查辦的中共公安部部長助理鄭少東披露，周永康兒子周濱利用其父的影響力，在周永康曾任職的地方或部門，大搞權錢交易。比如插手四川大型工程項目，通過國土資源部大肆盜賣土地等。

周濱常利用其父在政法系統的影響力，收取巨額「保護費」，替一些不法商人「鏟事撈人」。最高法院有這樣一個案子，警察用開水從頭到腳澆燙嫌犯致其被活活燙死，但周濱在拿到一億元好處費後，擺平此事，涉案警官沒有受到任何懲罰。

據報導，周濱還在原重慶市委書記薄熙來的幫助下斂進了200億元人民幣的財富。周濱僅在北京就擁有18處房地產，其中一處價值高達2500萬歐元。而所有周永康家族聚斂來的財富，大部分都隱藏在其家族控制的企業中或是通過這些企業洗錢。

江澤民1989年到2004年間任中共軍委主席，為了拉攏軍心，讓軍隊聽命於自己，江以腐敗治軍，導致軍隊的貪腐達到頂峰。

江澤民為的是讓這些人在中飽私囊、貪得無厭時依賴自己，對自己感恩戴德。至此，中共軍隊出現了前所未有的腐敗，東南沿海軍隊走私比海盜還猖狂，北方軍隊走私比響馬還厲害。

據《江澤民其人》描述：江澤民領導下的軍隊走私物品無所不有，甚至包括毒品。據BBC 2001年3月28日消息，菲律賓國家安全顧問戈萊日表示，在中國東部五個省內，有些非法毒品製造廠由身兼二職的中共軍隊人員經營，他們每年向菲律賓走私價值約12億美元的「冰毒」。

1998年7月26日，北海艦隊四艘炮艦、兩艘獵潛艇、一艘4000噸運輸艦，對四艘來自北歐的裝滿7萬噸成品油的走私油輪，進行保駕護航。

1998年7月13日中共中央開會，朱鎔基證實，中共統戰部走私了汽車一萬輛，與全國政協黨組合夥分贓23.2億元人民幣。軍隊走私，是走私隊伍中的大戶。

1998年9月全國反走私工作會議上，朱鎔基講：近年每年走私8000億，軍方是大戶，至少5000億，以逃稅為貨款的三分之一計，便是1600億，全未補貼軍用，八成以上進了軍中各級將領私人腰包。

徐才厚被稱為「江澤民在軍中最愛」。徐才厚還被曝與落馬的周永康、谷俊山、薄熙來等有著割不斷的利益交往，而且捲入薄、周政變。

2015年中共兩會前夕，軍方權威部門公布，郭伯雄的兒子郭正鋼被立案調查。郭伯雄也被拘查的消息也再次傳出。

2014年，一封在網上流傳的據稱為軍方將領給中共軍委主席習近平和政治局常委的公開信表示，徐才厚、郭伯雄在任短短十餘年，軍隊風氣敗壞，貪腐嚴重，買官賣官盛行，前所未有。如果追根溯源，是誰選拔任用了郭伯雄、徐才厚這樣的軍委領導人？他們又是如何怠忽職守、相互勾結、狼狽為奸，造成軍隊腐敗之風盛行的呢？

在江澤民的領導下，中共軍隊不僅貪腐嚴重，更涉及活摘法輪功學員器官的驚天罪惡。海外「追查迫害法輪功國際組織」（簡稱「追查國際」）的報告稱，中共軍隊醫院、武警醫院及其總後勤部是執行江澤民屠殺命令、活體摘取法輪功學員器官的核心機構。中國因此成為器官移植大國，中共軍隊更從中牟取暴利。

戈爾巴喬夫改革過程中蘇共垮台

1982年，勃列日涅夫死去，其後繼任蘇共中央總書記的安德羅波夫及契爾年科皆在上任不到兩年便病逝。1985年，戈爾巴喬夫上台，蘇聯進入戈爾巴喬夫時期。

在戈爾巴喬夫時代，全面腐敗下的經濟改革只能是悲劇。蘇聯歷史上著名的「共青團經濟」，就是在戈氏的改革中利用特權腐敗發展起來的；國家職能部門被股份公司取代後，部長們大都成了公司的總裁，股份則大都被部門領導人瓜分……

總而言之，蘇共改革前誰是管理者，改革後誰就成了占有者和所有者。結果是，「國家官員、黨的職能人員、共青團積極分子成為最初類型的俄羅斯企業家、20 世紀 90 年代初的第一批百萬富翁和『新俄羅斯人』」。

1986 年，戈爾巴喬夫在經濟改革受挫，進程緩慢的情況下轉向政治改革，提出「民主化」、「公開性」和「輿論多元化」的口號，戈爾巴喬夫高度評價赫魯曉夫時期召開的蘇共 20 大「是對極權主義體制的第一次衝擊，是朝社會民主化邁進的第一次嘗試」。

不過，戈爾巴喬夫認為赫魯曉夫在揭露斯大林方面還有局限性。1990 年 7 月，蘇共第 28 次代表大會的報告清楚地寫道：「極權的斯大林體制給國家、人民、黨、社會主義思想本身造成了巨大損失，這一體制正在被消除，蘇聯正在走向人道、民主的社會主義。」

隨著東歐劇變，蘇聯各加盟共和國政府也紛紛效法東歐諸國，意圖脫離蘇聯而獨立。1991 年 8 月 24 日，蘇聯第二大加盟共和國烏克蘭宣布獨立。蘇聯開始走向解體。

之後，俄羅斯總統葉利欽下令，宣布蘇聯共產黨為非法組織，並限制其在俄羅斯境內的活動。在 1991 年年底，他聯同白俄羅斯及烏克蘭的總統在白俄羅斯的首府明斯克簽約，成立獨立國家聯合體，從建立一個類似英聯邦的架構來取代蘇聯。蘇聯其他加盟國紛紛回應，離開蘇聯，蘇聯在此時已經名存實亡。

1991 年 12 月 25 日，蘇聯總統戈爾巴喬夫宣布辭職，將國家權力移交給俄羅斯總統葉利欽。12 月 25 日晚，蘇聯國旗從克裡姆林宮頂上緩緩降下。12 月 26 日，最高蘇維埃自我解散，標誌著蘇聯不再存在。

蘇聯解體後，經歷了數年改革陣痛，如今的俄羅斯已經跨入經濟發達國家的行列，人們生活大幅提高。

習近平「打虎」 中共亡黨危機突顯

2002 年 11 月，中共 16 大在北京召開，胡錦濤當選新一屆中共中央總書記。在胡錦濤時期，江澤民利用曾慶紅、羅干、李長春、周永康、徐才厚、郭伯雄等人架空了胡錦濤的實權。

同時，為了逃避清算，江澤民集團還多次暗殺胡錦濤。2006 年的黃海暗殺未遂之後，胡錦濤拿下了江澤民隔代選定的中共接班人、上海市委書記陳良宇。

2012 年 11 月，中共 18 大在北京召開，習近平當選新一屆中共中央總書記、中央軍委主席，中共進入習近平時代。

習近平上台後，持續 10 年的江、胡鬥迅速轉變為江、習鬥。習近平在中紀委書記王岐山的幫助下，推行反腐「打虎」運動，大力清洗江澤民集團，一大批中共副省部級以上高官落馬。

被查處官員中，中共黨、政機關官員（副部級及以上）共 80 人，中共軍隊軍官和武警警官（副軍級及以上）共 41 人（不重複計入徐才厚、郭伯雄），合計 121 人。

其中，2012 年共查處官員 1 人；2013 年共查處官員 18 人；2014 年共查處官員 58 人；2015 年，截至繆貴榮落馬，共查處官員44人。

正國級高官一名，即2014年7月29日被立案審查的中共中央政治局原常委、中央政法委原書記周永康，其最終於2015年6月11日被判處無期徒刑。

副國級高官包括中共政協副主席蘇榮，中共軍委原副主席徐才厚、郭伯雄，中共政協副主席、統戰部長令計劃。

習近平實際是在效仿當年赫魯曉夫反腐、改革舉措，但是，中共的亡黨危機如此巨大，連中共高層也經常談及這個問題。

2015年8月26日，中共官媒報導習近平新書出版發行。27日，中共《人民日報》海外網旗下微信公號「俠客島」發文解讀習近平新書。文章提到，在談到黨群關係時，習近平反問：「經濟發展了，人民生活水準提高了，不等於黨同人民的聯繫就更加密切了、必然密切了，有時候反而是疏遠了。我說的是不是事實？」並且說：「經濟總量無論是世界第二還是世界第一，未必就能鞏固住我們的政權。」

習近平關於「經濟提升未必能鞏固政權」的亡黨危機言論引外界關注，許多港媒直接在文章標題中突出。

據香港《動向》雜誌8月號報導，北戴河會議於8月2日召開，會議長達12到15天。期間，專門召開的中共退休高層座談會進行了兩個上午，近5個小時，會上提出了80條意見、建議，退休高層都做了「自我批評」，痛斥中共「黨內腐敗、社會民怨民憤」，當說道中共面臨「亡黨危機」時，出現痛哭場面，會議多次中斷。

據《爭鳴》雜誌7月號報導，6月中旬，中共政治局舉行了擴大生活會，歷時兩天，共長達11小時。在會上發放了一份關於中共黨建和對黨員幹部巡視、考察的調研報告。據稱，報告中毫不隱諱的羅列了中共「亡黨」的六大危機，涵蓋了政治、經濟、社會、信仰、前途等各個領域；並指局部政治、社會危機已經處於爆發、蔓延、惡化狀態。

報導還披露，根據該調研報告，中共地方基層單位、縣級黨委不合格及表現差、需改組的「領導班子」高達90%以上，這實際上反映了中共黨組織的根已經徹底爛掉。

報導並指，習近平在該次會議講話中罕見表示：「面對嚴峻事實，承認、接受黨蛻化變質」、「走上亡黨」危機的事實。

中共官媒新華社旗下的《半月談》雜誌2014年9月30日發表文章承認，中共一些地方政府發生系統性、塌方式腐敗，地方黨政一把手腐敗「失控」是對基層政治生態的致命打擊。

大陸民眾也普遍意識到中共政權自上到下已經「爛透了」，並用實際「三退（退黨、退團、退隊）」行動唾棄中共。

2004年底，《大紀元》發表系列社論《九評共產黨》，深刻揭示了中共的邪惡本質和歷史罪惡，引發了大陸民眾洶湧的退黨大潮，截至2016年2月21日退出中共黨、團、隊人數已逾2億2800萬。目前，每個月至少有300萬人退出中共相關組織。

第三節

擒賊先擒王 抓江澤民穩定中國社會

江派勢力仍不斷給習當局製造麻煩的主要原因，就是江澤民還沒倒。公開抓捕江澤民，成為穩定中國社會的關鍵。（大紀元合成圖）

習近平在中共 18 大之後執政，開始在黨內展開反腐打虎，其主要的目標是江澤民集團。兩年多來，包括周永康、徐才厚、郭伯雄、令計劃、蘇榮等在內的江派高官不斷落馬，從軍隊到地方省市、從國安系統到政法系統，中共內部的江派勢力都在不斷被清除，中共官媒也開始發出影射曾慶紅和江澤民的聲音，習近平權力逐漸穩固。但是，中國社會的現實情況並不樂觀。

江澤民派系的官員沒有束手待斃，頑固分子一直在動用所有資源，並採取「超限戰」的手段對抗習近平。從 2014 年春夏各地發生的恐怖襲擊血案，到 2014 年 9 月利用人大白皮書製造的香港危機；從 2015 年 6 月中國股災到 9 月的天津大爆炸，都有江派勢力在其中運作的痕跡。江澤民集團為避免罪惡被清算，不惜毀掉中國的經濟和民眾的生命，中國社會處於動盪之中，中國民眾生活在恐懼之下，中國社會難以穩定。

香港《爭鳴》雜誌指出，2015 年上半年中國發生群體遊行、示威抗爭事件 8435 件，涉及 128 個地區，有 142 萬 6700 多參與人次。習近平指斥背後有地方黨政部門領導幹部懷著政治動機，唆使、支持職工、社會人士搞街上政治運動，把問題的矛盾、要害轉向中央，給中央施壓、添亂。

習近平當局在明處，江派黨羽在暗處，他們曾經遍及黨政軍和全國各地。江派勢力能夠不斷給習當局製造麻煩的一個主要原因，就是江澤民這個集團的代表和總後台還沒有倒。江澤民這個頭目不倒，便一直給江派殘餘勢力帶來希望和繼續犯罪的動力。

中國需要穩定，民眾需要穩定，中國社會到了一個最為關鍵的時刻，公開抓捕江澤民，成為目前穩定中國社會的關鍵。

「擒賊先擒王」的八大理由

杜甫有詩曰：「射人先射馬，擒賊先擒王。」「擒賊擒王」也是兵法三十六計中的第十八計，意為在兩軍對戰中，如果把敵人的主帥擒獲或者擊斃，其餘的兵馬則不戰自敗。現代戰爭中，美軍也常採用「斬首行動」，通過精準打擊，首先消滅對方的首腦和首腦機關，徹底摧毀對方的抵抗意志。相應的，中國也有「捨勝而不摧堅擒王，是縱虎歸山也」的名句。如今，公開抓捕江澤民也正是處於這樣的時機，並且公開抓捕江澤民的條件也已經完全成熟。

「擒賊先擒王」，公開拿下腐敗總頭目江澤民，可以使習近平迅速打贏反腐這場驚心動魄的戰役，理由有以下八點。

1. 在人類歷史上，從中國到外國，很少有皇帝或是國家元首像江澤民那樣，還沒有下台，就已經賣國淫亂的醜聞傳遍天下，成為民眾嘲諷和咒罵的對象，可謂獨夫民賊。公開逮捕一個讓天下人唾罵的民賊，是一件大快人心的事情，必將獲得絕大多數人的支援。此前周永康落馬，舉國民眾額手相慶就是明證。

2. 江澤民的「二奸二假」，不僅在中共高層盡人皆知，同時也在中國民間廣為流傳。「第一奸」是江澤民本人和親生父親都是日本漢奸；「第二奸」是江澤民為俄羅斯間諜機構效力出賣大片中國領土；「第一假」是江澤民謊稱自己是 1949 年加入中共地下黨的假黨員；「第二假」是他冒充是「烈士」江上青的烈士子弟。逮捕一個造假欺騙全國民眾、出賣國土的漢奸與間諜，是每一個當政者都應該做的事情。

3. 江澤民無德無能，沒有治理國家的能力，辦正事的能力還不如一個地方部門的科長，但是卻憑藉溜鬚拍馬、見風使舵那一套官場的小人手段，竊取國家權柄十幾年。小人得勢，禍害國家，殘民以逞，把其小心眼、妒忌心與殘暴淫邪施於國家民眾，暴露於國際社會，丟盡了中國與中國人的顏面。公開逮捕這樣一個欺世盜名的小丑和戲子，天下人都會舉手相慶。

4. 江澤民無德無能，在位時期放手腐敗，以貪腐治國，利用金錢利益來收買官員、聚集人馬，讓官員共同參與犯罪。江澤民是中共家族貪腐的總代表，江澤民家族也是中共內部最大的貪腐家族。江澤民集團中的大部分人都是貪官污吏，完全都是因為利益投靠江澤民，江澤民一旦被抓捕，這些嘍囉立刻會作鳥獸散，所謂樹倒猴孫散，江澤民的餘黨基本不會再對習近平造成太大威脅。

5. 江澤民迫害法輪功，實行活摘法輪功學員器官的政策，傷天害理，犯下了滔天大罪，江澤民與數億人為敵，也與全世界的正義力量為敵。因此，中國和世界上的任何人出手公開逮捕江澤民，都將得民心。

6. 2015 年 5 月以來，中國大陸法輪功學員掀起控告江澤民的大潮。江澤民發動和維持的這場群體滅絕性的迫害，給上億法輪功修煉者和他們的家人帶來巨大的苦難。從 5 月初到 12 月 31 日，明慧網已收到總數為 20 萬 1803 人的 17 萬 1059 份訴狀（有的訴狀為多人共同控告）的訴訟狀副本，其中已有 13 萬 4176 份得到中共最高檢察院、最高法院簽收或郵局妥投回覆。由於網路封鎖和信息傳輸的不便，實際數字不止於此。體現了巨大和真實的民意，這都是公開抓捕江澤民的民意基礎。

7. 江澤民是中共家族貪腐的總代表，江澤民家族也是中共內部最大的貪腐家族，江澤民寢食難安，擔心家族貪腐的資產被清算。江澤民是反對和抵抗習近平反腐敗的總後台，公開抓捕江澤民，可以使得中共內部的貪腐勢力潰散。同時，江澤民還是江派針對習近平政變計畫的總後台，公開抓捕江澤民，可以使得江派針對習近平持續進行中的政變行動徹底終結。

8. 習近平針對江澤民集團的反腐戰役，是一場你死我活的鬥爭，自抓捕薄熙來後，就處於「開弓沒有回頭箭」的狀態，立刻公開抓捕江澤民，習近平的反腐戰役將會勢如破竹取得速勝，這是決勝的關鍵。

在這個關鍵的時刻，江澤民衰而未倒，令體制內外許多人還在觀望，無法做出正確選擇。一旦公開抓捕江澤民，將使中共內部和外界都可以看到習近平的決心，可以振奮軍心、民心。拿下最大的老虎江澤民，也能夠使得中國局勢進入新的時期。

結束最大人權迫害 穩定中國社會

只有公開抓捕江澤民，才能結束對法輪功的迫害，才能使中國社會走向正常軌道。外界看到，江澤民發起的對法輪功的這場迫害，已經持續了16年，迫害法輪功的元凶薄熙來被判刑、周永康落馬，大量參與迫害法輪功的官員被抓捕，但是，迫害仍然沒有結束，主要原因是迫害的發起者和最大元凶江澤民，仍然逍遙法外，中共這部殺人機器仍然沒有解體。

江澤民迫害法輪功造成的一系列後果，如今正在中國顯現和發酵。法治是維持社會經濟發展的基本條件，在不停止迫害法輪功的前提下，中國不可能實現法治，中國社會的經濟和一切，都不可能正常運作。同時，迫害法輪功是如今全世界最大的人權迫害，全世界正義力量都在譴責和呼籲停止迫害，習當局受到的國際壓力越來越大。江澤民如不被抓，當局將繼續為江澤民背黑鍋，退路越來越窄。公開逮捕江澤民，停止迫害法輪功，是當局擺脫困境的關鍵。

「擒賊先擒王」，迅速公開逮捕江澤民，是目前穩定中國社會的關鍵之舉，中國社會的政治、經濟等問題都將逐步得到解決。習近平不僅將完勝江澤民為代表的腐敗大軍，同時中國社會將迎來巨變，走向光明未來。

第七章

東歐共產黨的選擇

1989 年發生在中國的「六四」天安門事件，沒有改變中國，卻引發了東歐共產黨國家的劇變，民眾推翻共產黨。波蘭、東德、捷克、匈牙利、保加利亞、阿爾巴尼亞、羅馬尼亞的共產黨高層，在巨變來臨時都做出了明智選擇。

德國沿著原柏林牆遺址設置一條全長 15 公里的「燈光邊界」，象徵 1989 年前的東西柏林邊界。圖為施普雷河。（AFP）

第一節

波蘭

二戰結束後，1948 年成立的共產主義政黨波蘭統一工人黨開始統治波蘭，並實行一黨專政，蘇聯支持的貝魯特任總書記，他全盤接受了蘇聯模式的社會主義，即按「重一輕一農」的順序進行工業化的經濟發展戰略，結果導致國民經濟比例嚴重失調，重工業片面發展，農業長期落後，物價飛漲，貨幣貶值，人民生活水準下降。1956 年 3 月，貝魯特去世後，奧哈布繼任第一書記。

按蘇聯發展模式導致的惡果，加上波蘭人內心對蘇聯的反感，以及波蘭人崇尚宗教、自由的傳統，使得社會主義在波蘭發展的十分艱難。1956 年 6 月，波蘭工人要求增加工資並舉行示威活動，被當局鎮壓造成 54 人死亡的「波茲南事件」震驚了世界，最後以波蘭當局的妥協告終。

同年 8 月，波蘭統一工人黨決定撤銷 1949 年對原波共領導人哥穆爾卡等人的批判和譴責，並將其釋放，隨後，哥穆爾卡當選為中央委員及中央第一書記。堅持走「波蘭自己的道路」的哥穆爾卡開始將發展消費品生產和農業生產，提高人民生活水準作為主要任務。但由於無法快速扭轉蘇聯模式，在之後的兩個五年計畫中，波蘭國民經濟比例依然嚴重失調。1970 年 12 月，格但斯克等沿海城市的工人、學生、市民抗議政府提高食品和日用品的價格，進而引發了一場流血衝突。哥穆爾卡被解除總書記一職，由蓋萊克繼任。

在蓋萊克政府推行「高速度、高積累、高消費」的「三高政策」下，波蘭開始大量引進外資，大上建設項目，但經濟的表面繁榮下，是政府各種補貼達到財政預算的 40%，外債高達 260 億美元。80 年代，政府不得不採取凍結工資和提高部分商品價格的措施以避免危機，如此確再次引發了波蘭人大規模的抗議。

1980 年 9 月，蓋萊克被解職，卡尼亞繼任。10 月，東歐第一個獨立的工會組織「團結工會」出現，瓦文薩當選為領導人。團結工會提出要有自己的報刊、有自由出版權，要「自下而上奪權」。

1981 年，在統一工人黨九屆四中全會上，卡尼亞辭職，雅魯澤爾斯基當選為第一書記。12 月，波蘭全國實行戰時狀態，團結工會被取締，瓦文薩等工會領導人被拘禁。雅魯澤爾斯基表示，為了「拯救國家免於崩潰」走了「最後一條道路」。彼時，蘇聯對他發出立刻鎮壓或由華約軍隊進駐波蘭的最終要求，但身為虔誠的天主教徒的雅魯澤爾斯基不願重蹈布拉格之春被鎮壓的悲劇。他後來回憶說：「跟被蘇聯軍隊進占相比，宣布戒嚴令的抉擇是不得不為的小惡。」

隨後，工會內部分成兩派，以瓦文薩為首的緩和派主張避免同政府發生正面衝突，提倡協商對話；激進派則主張通過暴力推翻政府。到 1986 年，蘇聯的戈爾巴喬夫實行「新思維」的內外政策，蘇聯對東歐的控制減弱。雅魯澤爾斯基政府也調整了政策。1988 年波蘭政府的價格改革引起群眾不滿，雅魯澤爾斯基、總理拉科夫斯基等在 1988 年底至 1989 年初召開的波蘭統一工人黨十屆十中全會上，以集體辭職相威脅，迫使全會通過了原本激烈反對的關於「工會多元化」和「政治多元化」兩個決議。

在這兩個決議的基礎上，1989 年 2 至 4 月，波蘭統一工人黨與團結工會等反對派舉行圓桌會議，同意團結工會合法，並通過了改行總統制和議會民主等重要協議。無疑，雅魯澤爾斯基的讓步，也是波蘭能夠在東歐國家中首先民主化的原因。

6 月波蘭舉行全國大選，團結工會獲 99%的參議院席位。雅魯澤爾斯基辭去波蘭統一工人黨總書記職務。9 月，團結工會的馬佐維耶茨基組成以團結工會為主導，包括統一農民黨和民主黨的聯合政府。雅魯澤爾斯基出任首任總統，任期 6 年。12 月，議會通過憲法修正案，決定改國名為波蘭共和國，史稱波蘭第三共和國。

1990 年 1 月 27 日，波蘭統一工人黨召開「十一大」，正式宣布黨停止活動，該黨後來演變為今天的民主左翼聯盟。11 月，波蘭舉行大選，瓦文薩當選總統，他提出了「建設自由、民主、富裕的新共和國」的口號。從此，波蘭正式走上了政治上奉行西方式的議會民主，經濟上實行以私有化為基礎的市場經濟的發展道路。

雅魯澤爾斯基在離開總統職位時曾剖析自己的心跡，說他「懷著最好的願望，在力所能及的範圍內，誠懇而不張揚地履行自己的職責，莊嚴而有效地代表國家，努力爭取人們對波蘭正在進行的變革的理解和支持」。「至於成功多少，任憑他人評說。」

此後的波蘭雖然經過了經濟轉軌帶來的陣痛，但其經濟逐漸步入正軌，穩步增長。1999 年，波蘭加入北約，2004 年，波蘭和其他 10 個歐洲國家一道加入了歐洲聯盟。

至於雅魯澤爾斯基，1995 年被指控鎮壓格旦斯克工人的罷工而出庭受審，但由於健康原因審判被推遲了好多次。在其病重期間，瓦文薩時常前來探望。瓦文薩也始終主張不應該對雅魯澤爾斯基進行審判。

2012 年 1 月，華沙法院判決，雅魯澤爾斯基任波蘭統一工人黨中央委員會第一書記執政時期，屬於非法的犯罪集團；1981 年到 1983 年間實施戒嚴令，拘留、監禁異見人士進行等，是違法的獨裁罪行。2014 年 5 月 25 日，雅魯澤爾斯基在華沙去世，享年 90 歲。波蘭人為其舉行了國葬。

第二節

東德

1989 年 11 月 9 日，一個歷史的轉折點悄然出現。東德共產黨政治局常委沙博夫斯基在新聞發布會上宣讀了如下中央決議：「……允許個人出境，不必說明任何理由……將在最短的時間內批准出境……可以通過民主德國與聯邦德國的所有邊境檢查站出境。」一位義大利記者隨即詢問何時執行決議，沙博夫斯基思慮了片刻，給出了「就我所知，立即生效，毫不拖延」的回答。

事實上，德共中央本來是讓電台隔天清晨 4 點播放該決議，4 點之前通知所有邊警，但沙博夫斯基並不知曉這些細節。當記者們將沙博夫斯基說的「立即生效」通過電話傳出後，成百上千的人湧到柏林牆邊，要求通過邊防檢查站，而此時的邊警還什麼都不知道。在東德民眾的壓力下，一些邊警自行決定打開了邊境，柏林牆隨之被推倒。隨著柏林牆的倒塌，德國實現了統一，並繼續走向強大。

讓我們走回時空隧道。二戰結束時，英美法蘇分別占領了柏林。隨著冷戰鐵幕的開啟，1949 年 5 月，英美法占領區成立了德意志聯邦共和國，簡稱「西德」。10 月 7 日，在德國蘇占區則成立了德意志民主共和國，簡稱「東德」，由德國統一社會黨實行一黨專政，該黨是 1946 年由德國社會民主黨和德國共產黨兩黨合併而成的。德國自此分裂。

冷戰時期，作為蘇聯對抗西方前沿國家的東德被大多數人視為蘇聯的衛星國。由於很多東德人並不認可新國家的政治和經濟體制，1953 年爆發了抗議政府的「六一七事件」，蘇聯駐德部隊參與了鎮壓，造成 55 人死亡。雖然示威被鎮壓下去，但東德人民的心卻沒有被收服，逃亡西方成了許多人的選擇。

資料顯示，上個世紀五十年代，大概有 270 萬東德居民由於政治或經濟因素越境到西德。為了防止東德人的逃亡，東德政府除設立兩德邊境外，1961 年還沿西柏林邊境修建了柏林牆，以阻止東德居民通過西柏林逃往西方，並下令對越境者加以射殺。但這似乎並沒有恐嚇到勇敢的東德人。

儘管沒有人知道究竟有多少人倒在了柏林牆下，但兩德統一後，德國柏林自由大學民主德國聯合會的調查顯示，業已統計到 1036 個受害者的姓名。而東德官方不僅沒有留下有關死難者的記錄，還塗改了大量死亡案例，東德祕密警察「史塔西」亦逼迫受害者家屬對事實真相保持沉默。

東德不僅在政治上追隨蘇聯，而且在經濟上也如蘇聯一樣採取計畫經濟。這裡不得不提及的是東德一個當政 18 年的重要領導人昂納克。1971 年 5 月，在蘇聯支持下，埃裡希 · 昂納克當選為德國統一社會黨中央委員會第一書記，隨後在 1976 年當選為德國統一社會黨總書記。他在政治上通過史塔西鎮壓國內反對派，在經濟上推動國家和中央集權經濟。由於國民經濟無法滿足居民對部分食品和高檔消費品的需求，不得不通過從西方進口，接受西德貸款，因此增加了國家的債務。

令昂納克等東德領導人沒有想到的是，柏林牆雖然隔開了東西德，但東德老百姓還是從接收到的西德電視中，從親戚朋友那裡，了解到了西德的富庶和自由，這讓越來越多的東德人無限嚮往，想方設法離開東德。

不過，面臨債台高築、東德人大量外逃、人心思變等困境的昂納克直到1989年6月，依然對共產黨「鐵打的江山」信心十足。據沙博夫斯基回憶，6月22日至23日，東德共產黨召開了第五十四次中央委員會全會，當時沒有任何跡象表明，這將會是昂納克所主持的最後一次中央全會。會議上，昂納克突然念起了一份有關西柏林美軍RIAS電台前一天寫的一篇評論的最後一段：「昂納克顯然認為，東德至少還能存活到2004年。」昂納克和其他中央委員們對於西方如此可笑的想法忍不住捧腹大笑。

事實上，就連當時的西方國家以及蘇聯都沒有想到東德政權將會很快垮台。時任法國總統密特朗訪問東德時，曾拍著當時的國務委員會祕書長克倫茨的肩膀說：「東德得繼續存在下去。」這自然也是昂納克等人大笑的原因之一。

然而，隨著匈牙利在當年夏天開放匈奧邊境之後，逃亡的東德人越來越多，這讓東德政府在國際上名聲掃地。此外，在中共鎮壓六四學生運動後，東德人抗爭活動達到了新的高潮。

9月4日，在萊比錫舉辦的傳統的秋季交易會上，大概有1200多人舉行了遊行。遊行隊伍的旗幟是「要自由旅行，不要大批離境」;但是隨著隊伍的行進,示威者喊出了「打倒祕密警察」、「推到柏林牆」和「開放到西德的通道」這樣的口號。遊行沒有與全副武裝的警察釀成衝突。而從10月開始,萊比錫的民眾開始走上街頭,在每個星期一舉行定期示威抗議;東德其他城市也隨之效仿。越來越多的東德人走上了街頭,要求自由民主。

東德人的不斷抗爭讓東德領導人的自信心受到了嚴重的打擊。9月,東德共產黨內以克倫茨、沙博夫斯基為首的一批高官策劃逼宮,希望通過撤銷昂納克的職務在黨內進行一場戈爾巴喬夫式的改革,並藉由改革挽救東德共產黨。10月中旬,昂納克被迫辭職,克倫茨繼任。昂納克後被開除出黨。

新上任的東德領導人為了挽救東德政權,首先推出了新的出境管理規定,並在11月9日由沙博夫斯基對外宣布。可歷史就在這一天突然被改變。沙博夫斯基後來曾說:「我不過是歷史在那個特定的時間,特定的地點採用的一個工具,因為這個事情不可能由別人來做,只能由高層的人來做。」

1990年東德舉行了自由選舉,隨後通過國際協商簽訂了《最終解決德國問題條約》。東德最終解體,並於1990年10月3日與西德合併為一個統一的德國。

柏林牆倒塌後,東德最高法院曾展開了對昂納克濫用職權和叛國罪的調查,他為此被關押,一天後又被釋放。在蘇軍的幫助下,昂納克夫婦後逃往蘇聯。蘇聯解體後,俄羅斯前總統葉利欽不再對其提供保護,昂納克逃往智利大使館,後在1992年7月被遣返回德國,並對其進行了審判。基於昂納克的身體狀況(患有肝癌),對他的審判沒有最終結束,而是於1993年由柏林憲法法院擱置。1993年1月,他飛往智利,並於次年在智利死去,終年 81 歲。

「開牆者」沙博夫斯基在東德垮台後，於 1990 年出版了《倒台》一書，記錄了東德共產黨倒台的過程；1994 年，沙博夫斯基將其對共產黨的反思寫進了新書《告別烏託邦》。但在 1997 年德國起訴東德共產黨最高領導人，指責他們對東德軍警殺害翻越柏林牆者負有責任的案件中，沙博夫斯基被判 3 年監禁。1999 年 12 月沙博夫斯基入獄，2000 年 10 月被特赦。從此過上了平凡的日子。

至於東德最後的領導人克倫茨，則在 1997 年被控謀殺罪而被判處 6 年半有期徒刑，刑期直到 2003 年結束，克倫茨也提前出獄，後定居在波羅的海邊一座小村莊裡。

第三節

捷克

早在二戰爆發前，捷克斯洛伐克就在慕尼克會議中，被推行綏靖政策的英法出賣，1939年被納粹德國占領全境。1945年5月，蘇聯軍隊解放捷克斯洛伐克。之後，成立了以捷克斯洛伐克共產黨為領導的民族陣線聯合政府。1946 年 5 月，經過第一次國民議會選舉，成立了新聯合政府，捷共中央主席哥特瓦爾德任總理，愛德華・貝奈斯任總統。

1948 年，捷克斯洛伐克發生了「二月事件」。當時任內政部長的捷共 Václav Nosek 通過非法手段在國家安全部門和警察部門排斥非共產黨成員，這導致參與政府組閣的 12 名非共產黨部長在 2 月集體提出辭職以示抗議，並以此迫使共產黨屈服。然而，捷共卻在全國範圍內發動支持者舉行示威活動，要求總統接受他們的辭呈。

因擔心爆發內戰和蘇聯派兵干涉，貝奈斯被迫接受了 12 名部長的辭呈，並授權哥特瓦爾德組建由捷共為主的新政府。捷共由此控制了捷克斯洛伐克政權。同年6月，捷共通過其控制的議會舉行選舉，將貝奈斯趕下台，哥特瓦爾德出任總統。這起事件大大刺激了美國主導的「馬歇爾計畫」的實施，而該計畫的目的正是防止西歐更多的國家被共產黨所主導。

1953年3月14日，哥特瓦爾德猝逝。安東寧．諾沃提尼接替其任總統和捷共第一書記。1960年7月，國民議會通過新憲法，宣布將國名改為捷克斯洛伐克社會主義共和國。1968年1月，杜布切克接替諾沃提尼任捷共中央第一書記。主張「人道社會主義」的杜布切克在上任後不久，就宣布實行政治和經濟制度的改革，這場政治民主運動史稱「布拉格之春」。

蘇聯擔心捷克斯洛伐克發生「變質」，在當年20日深夜派出20萬華約成員國軍隊和5000輛坦克武裝入侵，捷克斯洛伐克的民主運動失敗。蘇軍則「暫時駐留」至冷戰結束。

這裡需要提及的是捷克作家、著名的持不同政見者哈維爾。在「布拉格之春」期間，哈維爾行使自己的言論自由權利，要求人性和真實的生活。在蘇聯派兵占領布拉格時，哈維爾受邀在自由捷克斯洛伐克電台工作，遂將當時發生的事實現狀通過無線電發出來。他也因此在之後受到監視。

「布拉格之春」失敗後，在蘇聯的干預下，1969年4月，胡薩克接替杜布切克任總書記，並於1975年就任共和國總統，直至1989年。1970年1月杜布切克出任捷克駐土耳其大使，6月被解職，之後在祕密警察的監視下在布拉迪斯拉發附近的伐木所工作。

1977年，哈維爾給胡薩克寫過一封公開信，直言當時社會制度下的人性腐敗和制度本身的衰敗。同年10月他被當局以「危害共和國利益」為名被判處 14 個月有期徒刑。1979 年哈維爾被以「顛覆共和國」的罪名判處有期徒刑 4 年半，引發國際社會的注意，給予捷克大量經濟援助的歐洲議會更要求捷克斯洛伐克政府釋放包括哈維爾在內的異議人士。在此期間，哈維爾的著作在歐洲大陸廣為流傳。

在國際社會壓力下，1983 年哈維爾出獄。他繼續發表劇作和批判文章。1989 年下半年，受波蘭、東德、匈牙利等國民主化運動的影響，捷克斯洛伐克發生了舉世矚目的「天鵝絨革命」。民眾在全民公決中要求開放言論自由，組黨結社自由，釋放政治犯等要求。在民眾的強大壓力下，捷共被迫答應舉行選舉。選舉的結果是，由社會不同人士組成的公民論壇大獲全勝，哈維爾當選為捷克斯洛伐克新總統，國名改為捷克和斯洛伐克聯邦共和國。捷共慘敗，無力繼續操縱軍隊警察和其他國家機構，被迫交出政權，在選舉半年後停止一切活動，宣布解散。捷克斯洛伐克從此走向了民主、自由。1992 年 12 月，聯邦解體，次年 1 月 1 日，捷克共和國和斯洛伐克共和國正式成立。

胡薩克在「天鵝絨革命」中同樣未以武力鎮壓，而是接受了失敗，並辭去總統職務。1990 年 2 月，他被捷共開除出黨，1991 年去世。至於杜布切克則公開支持哈維爾的公民論壇運動，並在共產黨解體後，於政壇復出，1992 年還出任斯洛伐克社會民主黨主席與聯邦國會議長。同年 11 月，因車禍重傷去世。他的名言是：「你可以摧毀花朵，但你無法阻擋春天」，「蘇聯的滅亡可歸咎於一個本質問題，即蘇聯的專制制度扼殺了變革的產生。我們是十足的傻瓜，但我們的愚蠢應歸咎於對共產主義進行改革的幻想和錯覺。我們應建立一個真正的民主國家。」

第四節
匈牙利

在匈牙利發生劇變前的1956年至1989年間，掌權的是匈牙利社會主義工人黨。在其統治期間，只出了兩任總書記：是1956年至1988年任總書記的卡達爾·亞諾什，和1988年至1989年10月接替卡達爾的格羅斯·卡羅伊。顯然，前者在匈牙利的這段歷史中十分重要，而後者則是匈牙利走向民主的重要推手。

卡達爾的母親是一名女僕，父親是一名士兵，因其爺爺奶奶嫌棄其母親，而拆散了其父母，卡達爾被送給他人撫養。卡達爾的母親雖然地位低賤，但對宗教十分虔誠，用各種各樣的方法來讓卡達爾相信上帝的存在。母子關係也非常好。

後來卡達爾加入共產黨，開始從事地下活動。二戰後，共產黨於1948年上台執政，卡達爾當選為副總書記。但不久，匈共內部出現殘酷鬥爭，卡達爾也被捕入獄，並因叛國罪被判無期徒刑。3年半後，依舊是因為權力鬥爭，卡達爾被釋放，並恢復名譽，同時被任命為布達佩斯州黨委第一書記。

1956 年 10 月，工人、學生和市民為了反抗匈共拉科西集團迫害民眾的統治，舉行了示威活動，引發了混亂，市委書記和警衛人員全部被殺；此外，共計 9000 名刑事犯和 4000 名政治犯被釋放，並且得到了武器。「十月事件」震驚了世界。

此事件後，卡達爾成為第一書記，「卡達爾時代」到來。他認為恢復秩序是當務之急，因此解散了匈牙利勞動人民黨，重建新的社會主義工人黨。他並邀請蘇聯軍隊協助恢復國內秩序，還提出了著名的「15 點綱領」，如保衛匈牙利的獨立與主權；為了工人的利益，消除政府中存在的官僚主義，讓政府更加民主等。

11 月中，衝突才停止。卡達爾執政後，為官清廉，平易近人，他結束了拉科西時代的階級鬥爭，並為冤假錯案平反，同時集中精力進行經濟建設。他還在 1962 年宣布釋放大批政治犯，並赦免 1956 年 10 月以後離開匈牙利的人，這些措施也進一步平復了十月事件留下的創傷。不過，他周圍的不少高官卻貪污腐敗。而他後來成為爭議性人物的原因，主要是人們認為在他統治時期，數以千計反對共產主義的人遭到酷刑、監禁和殺害。

經濟的快速發展，使匈牙利國民實際收入從 1960 年到 1980 年增長 215%，居民生活水準居社會主義國家前列。但 70 年代石油危機的爆發，重創了許多國家，匈牙利債台高築，人們的實際收入也有所下降；這起經濟危機也引發了政治危機。

1987 年 9 月 27 日，150 多名著名知識分子在洛基泰萊克鎮開會，決議認為「匈牙利正處於有崩潰危險的經濟危機中」。這次會議後，各個政治團體興起，批評匈共歷史、現行政策和社會主義制度。1987 年一封公開信要求卡達爾下台，但他拒絕下台。

不過，國際國內形勢的發展卻由不得卡達爾。1988 年，總理格羅斯．卡羅伊在倫敦一次記者招待會上稱，卡達爾這 32 年對匈牙利人民做出傑出貢獻，但是現在成為更激進改革的阻礙。當年 5 月，匈共召開祕密會議，選出新的中央委員會和中央監察委員會，並立即召開第一次全會，選出新的政治局和中央書記處。其中原政治局的 13 人中有 8 人落選，原總書記卡達爾當選匈共黨主席（虛職），原總理格羅斯當選總書記。這樣的人事變動受到了全世界各大媒體的關注，也受到了匈牙利人的歡迎。

1989 年匈牙利政局更加不穩定。就在當年的 2 月，匈牙利社會主義工人黨公開稱：放棄執政位置，開始多黨政治。接著，黨內矛盾逐步公開化，並被迫重新評價十月事件。5 月，匈共以卡達爾的病情為由，免除他的匈共黨主席和中央委員職務。格羅斯稱他「給我們的人民造成了不可想像的道義、政治和經濟上的破壞；他應該為巨額外債，國庫空虛和社會不滿等困難負責」。

10 月 6 日，匈牙利社會主義工人黨在提前召開的第十四次（非常）代表大會上，決定將社會主義工人黨易名為「匈牙利社會黨」，並且把黨的意識形態轉變為「民主社會主義」的社會體制意向。隨後，國會通過的憲法修正案中，把「匈牙利人民共和國」易名「匈牙利共和國」，決定取消為集體國家元首的共和國主席團，開始總統制；確立多黨制和議會民主的法治國家；取消馬列主義意識形態的政黨在國家機構中領導作用的原規定。匈牙利開始走向民主、自由的社會。

而卡達爾則於 1989 年 7 月 6 日去世，其最後獲得的評價是「作風正派，生活儉樸，將畢生都獻給了黨和人民，是匈牙利傑出的領導人」。很多匈牙利人參加了他的葬禮。

第五節

保加利亞

保加利亞共產黨的前身是 1894 年成立的保加利亞社會民主工黨，1919 年改黨名為共產黨，之後曾有一段時間改為保加利亞工人黨，但二戰結束後的 1948 年，又復名保加利亞共產黨，實行一黨專制，並加入了以蘇聯為首的社會主義陣營。

在共產黨統治保加利亞這段期間，在位時間最長的是保共中央第一書記托多爾・日夫科夫。他從 1954 年至 1989 年在位期間，推行威權主義獨裁，其腐敗相當嚴重。據悉，不僅他的官邸豪華，而且全國各地都有他的行宮別館，特供的商店、醫療、娛樂設施等，為了打獵，他還設了六處政治局委員專用獵場。

除此之外，日夫科夫家族成員權傾朝野。他的女兒柳德米拉是政治局委員，外甥馬列耶夫是中央委員，小兒子弗拉基米爾・日夫科夫是文化部部長、中央委員；而由政府投巨資興建的豪華的「和平旗幟」活動中心，先後由日夫科夫的兒女擔任主管。

上個世紀八十年代，蘇聯推行的「新思維」也影響了保加利亞，要求改革的呼聲愈來愈高。保共和日夫科夫無力制止。

1989 年 11 月，在索菲亞發生了關於環境問題的示威，示威後進一步擴大至要求進行全面政治改革。保共一些人也認識到改革的必要性，對此反應迅速。同月，日夫科夫被迫辭職，後被解除了保共中央委員的職務並被開除出黨。佩特爾·托捨夫·姆拉德諾夫當選為保共總書記，並被推選為國務委員會主席。

1990 年 1 月保共取消中央委員會和政治局，改為保共最高委員會。2 月，保共自行宣布放棄一黨專政體制，黨名也改為保加利亞社會黨。4 月，姆拉德諾夫當選為保加利亞主席（或稱總統），同時被解除保加利亞社會黨最高委員會（即原共產黨最高委員會）委員及其主席團成員等職務。

6 月，保加利亞舉行了 1931 年以來首次自由選舉，保加利亞成為多黨制國家。雖然社會黨獲勝，在兩輪投票中共獲得大國民議會 400 個席位中的 211 席（52.7%），但由於民主力量聯盟等 3 個主要反對黨拒絕參加組閣，新政府遲遲不能組成。總統姆拉德諾夫 7 月在高校學生及反對派組織和社會黨內「改革派」的壓力下辭職。大國民議會 8 月選舉民主力量聯盟主席熱列夫為保加利亞大總統。11 月，國名改為保加利亞共和國。保加利亞開始走向自由、民主之路。2007 年，保加利亞和羅馬尼亞加入歐盟。

日夫科夫 1990 年 1 月被逮捕。1992 年 9 月，他被保加利亞最高法院判處 7 年監禁，罪名是「濫用職權為自己和他人謀取好處」。被軟禁 4 年之後，日夫科夫於 1996 年被「無罪釋放」。又過了兩年，他因病去世。至於姆拉德諾夫，1990 年辭職後，就選擇了退休，安度晚年，2000 年去世。

第六節

阿爾巴尼亞

對於年齡較大的中國人來說，位於東南歐巴爾幹半島的阿爾巴尼亞並不陌生，因為它在毛澤東時代被視為中共「情同手足的兄弟國家」，是「社會主義在歐洲的一盞明燈」。中共寧可讓自己的子民餓肚子，也要以傾國之力去援助它，目的就是為了獲得其支持。資料顯示，從 1961 年至 1978 年間，中國對其援助金額高達 9000 億人民幣（按現在的匯率計算，百度數據；當時為上百億人民幣），這其中不僅包括糧食，還包括各式武器、彈藥、飛機等。

說到阿爾巴尼亞共產黨（勞動黨）領導人，一定要提及長期任其總書記的恩維爾・霍查，他從 1945 年開始成為最高黨魁，直到 1985 年死去。霍查是一個獨斷專制人物，在他掌權初期的 1949 年，黨內以第二號人物政治局委員、組織局書記、中央書記兼國家統一委員會主席科奇・佐澤為首的一幫人，準備召開中央政治局擴大會議，清算霍查的錯誤，但被霍查知曉。於是，佐澤等16人全部被捕，並被槍決。與中共毛澤東處理劉少奇的情況十分類似。

處死佐澤以後，霍查開始全面有計畫的清洗中央和地方。五十年代中後期，阿共第三號人物、負責意識形態的中央書記和政治局委員哈維爾被清洗。軍隊首領巴盧庫也由此成為黨中央政治局候補委員和國防委員會的五位常委之一。

六十年代阿爾巴尼亞國內相對平和，對外則與中共接近，高層互訪頻繁。這是因為中蘇關係不好，阿爾巴尼亞選擇了支持中共提出的「以蘇聯為首的東方國家背離了馬克思主義的原理」，反對蘇聯等國家對中共的圍攻。1966年11月，阿爾巴尼亞勞動黨舉行「五大」。來自中共的康生向大會宣讀了賀電。會場裡爆發出長時間掌聲，「毛澤東——恩維爾（霍查）」的口號聲不絕於耳。而對於當時中國正在進行「文革」，阿共也表示了積極和狂熱的支持。中共因此對其進行了大量的援助。霍查曾經毫不掩飾地說：「你們有的，我們也要有。我們向你們要求幫助，就如同弟弟向哥哥要求幫助一樣。」

到了七十年代，阿共再出現新的清洗。1975年，巴盧庫因經常引用毛澤東的語錄來教導軍隊，讓霍查大為反感而被抓捕，死於刑訊室。其他一些黨內要員也被處死。霍查的權力得到了進一步的鞏固。

此時，中阿關係不合公開化。阿爾巴尼亞開始對其國內的一些中國人提出公開的批評，還逮捕了數以千計支持中國的幹部。1978年，霍查在其著作《帝國主義與革命》中說：「毛澤東的思想絕不是馬克思主義。」阿爾巴尼亞堅持擁護斯大林及其路線，中阿關係惡化。重新上台的鄧小平決定徹底停止對阿爾巴尼亞的援助。隨之，阿爾巴尼亞中斷了與中國的一切貿易、文教、科技關係，僅僅保留了大使級外交關係。

1985 年霍查死去後，與其沾親帶故的拉米茲・阿利雅接掌其權力。在 1989 年中共鎮壓「六四」學生運動後，阿利雅表態支持鎮壓。

1990 年 7 月 2 日，阿爾巴尼亞發生「使館難民危機」，地拉那有 5000 多青年闖入一些外國駐阿使館，要求立即出國。面對國際及國內形勢發展，阿利雅不得不選擇與戈爾巴喬夫類似的政治改革。1991 年，阿利雅宣布阿爾巴尼亞國內實行多黨制，1991 年，阿爾巴尼亞也宣布開始實行多黨制，國家走上政治多元化和議會民主的道路，放棄「社會主義專政」，軍隊、公安、司法、外交等重要部門實行非政治化和非黨化。

同年發生三次阿公民大規模出逃到義大利、希臘等國的事件，總人數達 15 萬，占全國人口的 5%。3 月 31 日舉行首次多黨選舉，產生了第一個多黨議會，更改國名為阿爾巴尼亞共和國，阿利雅當選阿爾巴尼亞共和國首任總統。原執政黨也由阿爾巴尼亞勞動黨改名為阿爾巴尼亞社會黨。

1992 年 4 月，由於社會黨在國會大選中失利，阿利雅辭去總統職務。9 月，新一屆政府以濫用職權、侵吞國家財產等罪名起訴阿利雅。1994 年阿利雅被判 9 年有期徒刑，但 1995 年獲釋。1996 年阿利雅再次因種族滅絕罪被捕，但案件尚未審理，國內發生暴動，阿利雅逃亡瑞典，住在女兒家中。2000 年以後，他才得以回國。2011 年 10 月，阿利雅死去，死因沒有公布。

第七節

羅馬尼亞

東歐劇變時，唯一發生革命和流血事件的是羅馬尼亞，而沒有順承天意、民心的羅馬尼亞共產黨中央總書記齊奧塞斯庫和其妻子的下場也最慘，被其手下倒戈並被槍決。

在羅共統治羅馬尼亞短暫的歷史上，有兩個羅共總書記值得一提，一個是統治差不多 20 年的格奧爾基．喬治烏 - 德治，一個是從 1965 年到 1989 年任總書記的齊奧塞斯庫。

德治當政期間，最開始依附蘇聯，後在 1953 年與美國等西方國家改善關係，發展經濟。1958 年蘇聯從羅馬尼亞撤出駐軍，這給了羅馬尼亞更大的發展空間。隨著羅馬尼亞經濟的發展，其與力圖控制東歐國家的蘇聯產生了矛盾，加之兩國以往的宿怨，羅蘇關係在 1963 年後開始緊張。

德治死後，繼任的齊奧塞斯庫繼承了其對外政策。1967 年不顧蘇聯和其他東歐國家的反對，單獨同西德建立了外交關係。

1968 年在蘇聯入侵捷克事件中，羅馬尼亞是華約成員國中唯一沒有出兵的國家，而且對武裝侵捷進行了譴責。

不過，在國內，齊奧塞斯庫上任不久後就開始實行獨裁統治，派祕密警察監視民眾，民眾的言論自由和人權被剝奪。比如在 1980 年，齊奧塞斯庫頒布了《大羅馬尼亞打字機法》。根據該法，每一個羅馬尼亞的公民、企業、事業、機關、學校等單位，凡擁有打字機必須要得到警方的許可，領取使用執照；要成為打字員也必須照此辦理，並且要將所打字的樣品同時上報。如果打字機需要修理，其使用者及其打字機都需要更新執照，等等。

齊奧塞斯庫還任人唯親，自己是黨的總書記，妻子是政治局常委、二把手，子女親友分別把持重要部門，採取的是夫妻政治，家天下的統治模式。而他們的奢華生活更非普通羅馬尼亞人可以想像。

從上個世紀七十年代開始，齊奧塞斯庫越來越專橫跋扈。1971 年，伊利埃斯庫（後來成為羅馬尼亞總統）在國家發展等「意識形態」問題上，與齊奧塞斯庫產生不同意見，後被貶到地方當出版社社長。1974 年，在齊奧塞斯庫的策劃下，羅馬尼亞實行總統制，齊奧塞斯庫成為總統，且擁有了直接頒布法律、任免政府成員的大權。此後齊奧塞斯庫一人兼任了羅馬尼亞共產黨中央總書記、共和國總統、國防委員會主席、武裝部隊最高統帥等職務，成為羅馬尼亞一切的主宰。

在蘇聯戈爾巴喬夫實施「新思維」後，1989 年春，羅馬尼亞共產黨康斯坦丁·伯爾伏列斯庫等六大元老，通過自由歐洲電台聯名發表了一封給齊奧塞斯庫的公開信，批評齊奧塞斯庫的現行政策。公開信在羅馬尼亞家喻戶曉，老百姓們認為這封信說出了他們的心裡話。但儘管如此，儘管其他東歐國家均出現了變化，但齊奧塞斯庫卻反其道而行之，加強了全面控制。

1989 年 12 月，出於對齊奧塞斯庫統治的不滿，羅馬尼亞西部邊境重鎮蒂米什瓦拉發生了騷亂。17 日，在齊奧塞斯庫的指揮下，羅馬尼亞軍警在市內開槍，逮捕了一些鬧事者，一度將騷亂平息。18日，齊奧塞斯庫照常前往伊朗進行為期三天的國事訪問，並向伊朗總統拉夫桑賈尼宣稱：「我們的形勢是穩定的。」這是齊奧塞斯庫最後一次對外國事訪問。

然而，齊奧塞斯庫回國後，蒂米什瓦拉的騷亂再度爆發，並有向全國蔓延的趨勢。12 月 21 日，齊奧塞斯庫決定在首都布加勒斯特舉行群眾集會，號召人民支持他在蒂米什瓦拉的鎮壓行動。集會時，齊奧塞斯庫在中央大廈的陽台上演講時，突然人群中傳出「打倒齊奧塞斯庫！」的聲音，隨之電視轉播中斷。人群中「打倒殺人犯」的口號聲此起彼伏。

頭戴鋼盔的武裝警察將四周的街道包圍，軍官向人群喊話，命令他們散去。羅馬尼亞國防部長米列亞親自指揮並下令「不准向人群開槍」。但布加勒斯特市長卻到前線傳達齊奧塞斯庫的命令：「可以開槍，朝天開槍，先警告，如果不成，向腿部開槍！」米列亞無法承受壓力而自殺，震動朝野。

22 日上午，原本支持齊奧塞斯庫的軍隊開始倒戈，羅馬尼亞軍隊從首都布加勒斯特市中心撤出，而羅馬尼亞防暴警察無法阻擋遊行隊伍的衝擊。此後，示威群眾向齊奧塞斯庫所在的黨中央大廈匯集，並進行衝擊，一些人將大廈窗戶打破，並將齊奧塞斯庫畫像扔出。看到大事不妙，齊奧塞斯庫攜妻子逃往布加勒斯特北郊，結果被羅馬尼亞救國陣線逮捕，二人被控屠殺 6 萬人民、海外存款超過 10 億美元、破壞政權罪、破壞公共財產罪、損壞國民經濟罪等罪名。

25 日，齊奧塞斯庫夫婦在羅馬尼亞南部登博維察縣兵營廁所前一塊空地上被處決。審訊及槍決過程的影片很快在法國及其他歐洲國家流傳，羅馬尼亞的電視台也曾播出。隨著齊奧塞斯庫政府宣告倒台，羅馬尼亞共產黨也隨之消亡。救國陣線委員會接管國家一切權力，將國名改為羅馬尼亞，並逐漸修改執政路線，實行自由選舉等。2004 年 3 月，羅馬尼亞加入北約，2007 年 1 月正式加入歐盟。

齊奧塞斯庫政權的四名高官在 1990 年受審時，對於屠殺 689 人認罪。無疑，羅馬尼亞軍隊的選擇是齊奧塞斯庫走向滅亡的推手。

第八章

蔣經國帶給習近平的啟示

蔣經國從狂熱的共產黨員轉變為堅定的反共領袖，一是得益於中華文化的薰陶，二是深刻認識到共產黨嗜殺、欺騙、反人類的本性。如果沒有蔣經國堅持反共、順應時代潮流，由一黨獨裁走向開明政治體制的轉型，便不會有今日民主繁榮之台灣。

蔣經國，由時代生活攝於 1948 年 10 月。

第一節

蔣經國帶給後人的啟示

2015 年 11 月 7 日，習近平與馬英九在新加坡會面，這是 1949 年以來兩岸最高領導人首次見面，也是習近平為即將開啟的歷史性變革做出的「驚人之舉」。

有評論說，蔣經國沒能做到的「會面」，他的祕書馬英九趕上了；也有網民稱習近平可能是「大陸的蔣經國」；更值得回味的是，習近平 2013 年 10 月 2 日在印尼訪問演講時，曾出乎意外的引述了蔣經國的一句座右銘——「計利當計天下利」。那麼，蔣經國在推動台灣的民主轉型上對習近平有哪些深刻的啟示？

據評論員金言評價，在中國，有兩位推動現代社會成功實現民主轉型的歷史巨人，一位是中國近代民主革命的先行者孫中山，他領導推翻了專制的滿清皇朝，結束了中國數千年的帝王專制，創立五權憲政，用三民主義在亞洲建立了第一個民主共和國。

第二個推動中國歷史的巨輪進入現代文明的是蔣經國。他順應民意，順應歷史潮流，下達解嚴令，解除在台灣實施了長達 38 年的戒嚴，隨後開放黨禁，開放報禁，從此開啟了台灣民主憲政的大門，「以專制手段來結束專制制度」，實現了「不流血」的政治轉型。

蔣經國：世上沒有永遠的執政黨

1978 年 5 月，蔣經國「當選」為總統，他完全可以像中國的歷代封建皇帝一樣，將這種權力世世代代繼承下去，讓台灣的百姓「選擇」蔣家王朝或國民黨，直到被一股新興的力量所推翻。

蔣經國心裡非常清楚，要結束一黨專政，要開放黨禁，要實現真正的民主選舉和言論自由，就必定會損害包括自己在內的既得利益集團的根本利益，就等於拿刀割自己的身上的肉。

然而，曾經狂熱信仰過共產主義，而後又接過三民主義大旗的蔣經國，深感這個主義、那個主義都不如「民主和憲政主義」。他考慮的不再是蔣家王朝的利益，也不再是國民黨的利益，而是整個中華民族的利益。

1986 年 9 月 28 日，民進黨在台北正式成立，因當時「黨禁」未開，民進黨從形式上尚屬非法，一些國民黨要員要求對民進黨進行鎮壓，情治部門也向蔣經國提交了抓捕名單。但蔣經國沒有批准「抓」、「殺」。他忠告這些人：「使用權力容易，難就難在曉得什麼時候不去用它」。蔣經國默認民進黨成立，是台灣政治轉型的重大突破。對此，國民黨內的既得利益集團很有意見。

1986 年 10 月，蔣經國在國民黨中常會上再次強調：「個人的生死毀譽並不足惜，重要的是國家、民族的命脈。」同年「雙十節」，蔣經國發表了著名的「向歷史交代」的講話：「一、一切作為向歷史交代，不在乎目前的毀譽，而在於將來歷史上的評價。二、因應現實情勢所作成之決定，常不受他人之影響左右。三、企圖建立制度，求國家長治久安，不求一時之方便。」

他還明確指出，「時代在變，環境在變，潮流也在變。因應這些變遷，執政黨必須以新的觀念、新的做法，在民主憲政的基礎上，推動革新措施。唯有如此，才能與時代潮流相結合，才能和民眾永遠在一起。」

馬英九在蔣經國逝世 15 周年的時候寫過一篇追思文章，文中說：「蔣經國的不同凡響之處，在於他敢想敢做，有承擔歷史責任的勇氣，更有推動社會進步的能力」。儘管政治體制改革會導致亡黨，他也要堅持改革，他不能因一家一黨之私而危及整個中華民族的前途。所以，當國策顧問沈昌煥提醒他：「這樣做，可能會使我們的黨失去政權」時，蔣經國淡定地回答：「世上沒有永遠的執政黨」。

正是因為蔣經國具有偉人的心胸和氣魄、敢冒政治風險，不畏懼國民黨內的反對勢力，也不擔心放開黨禁報禁之後會導致天下大亂，乃至不擔心國民黨丟掉政權……才使台灣終於結束了國民黨一黨專政，走上了民主憲政的道路，並使台灣成為「亞洲四小龍」之一。從而讓台灣不僅為大陸樹立了民主憲政的樣版，也使台灣成為「亞洲和世界民主的燈塔」。

據說，近 20 年來，在「誰對台灣貢獻最大」的民調中，蔣經國始終高居第一。台灣《天下》雜誌的民調也顯示，蔣經國在去世十幾年後依然被民眾視為「最美的政治人物」之一，儘管他曾經也有過「獨夫」的惡稱。

正如中華民國開國元勛于右任 1961 年給蔣經國題的條幅，後來成為蔣經國的座右銘上所寫的：「計利當計天下利，求名應求萬世名。」

習近平與蔣經國兩人的經歷、地位、政治承擔和歷史機遇頗為相似。如果習近平能效仿蔣經國，解體中共，結束一黨獨裁，實現兩岸和平統一，不僅能像蔣經國一樣青史留名，還有機會成為未來中國第一任民選總統。其歷史地位將無與倫比。

1910 年 4 月 27 日出生的蔣經國，是蔣介石的長子。早年曾前往蘇聯留學，與鄧小平是同學。在蘇聯期間，他加入了蘇共。後因國民黨清黨，他被斯大林扣在蘇聯當人質。滯留蘇聯期間，他被流放到西伯利亞，與一名俄羅斯女子結婚，妻子中文名字為蔣方良。1936 年 12 月，中共暗中策動張學良、楊虎城發動的西安軍事政變遭到斯大林的反對後，為了得到蔣介石的諒解，中共應允協助蔣經國回國。那時蔣介石也對兒子提出一個要求，要認他為父，就要承認只比他大三歲的蔣妻宋美齡為母。

1937 年 3 月，蔣經國攜蔣方良離開蘇聯回國。曾經是狂熱的共產主義者的蔣經國，在父親和中華文化的薰陶下，慢慢認清了共產主義的邪惡，其後他加入國民黨，先後擔任過國防部長、行政院長等要職。

1975 年，他接替蔣介石擔任國民黨中央委員會主席兼中央常務委員會主席。當政期間，實行一黨專政統治。1978 年，經第一屆國民大會選舉，蔣經國當選為第六任中華民國總統，成為集黨、政大權於一身的政治強人，主要致力於發展台灣經濟；1984 年，他連任總統成功。但蔣經國並沒有滿足於台灣經濟的騰飛，而是希望推動台灣政治轉型。

黨權世襲的終結者 民主政治的奠基人

人們評價說，偉人不是毫無私慾、毫無缺點的完人，不是影響巨大、粉絲眾多的強人，不是一人雄起、萬眾雌伏的獨夫，更不是搞得舉國若狂、民不聊生的禍害。真正的偉人，必有定國、安民之業，有澤被後世之功。

1984 年，74 歲高齡的蔣經國再度當選連任總統。蔣經國在古稀之年，竟勇敢地走上了眾人都沒想到的一條新路，關鍵在於他有承擔歷史責任的勇氣。

1986 年 3 月，蔣經國下令成立「政治革新小組」，研究政治體制改革問題。9 月，蔣經國表示將要解除實行 38 年的戒嚴令，並開放黨禁，開放報禁。此言一出，令台灣民運人士迫不及待地於 9 月 28 日集會，民主進步黨成立。

10 月 10 日，蔣經國在雙十節發表要對歷史、對 10 億同胞、對全體華僑負責的講話後，指示修訂「人民團體組織法」、「選舉罷免法」、「國家安全法」，開啟台灣民主憲政之門。

這些只是為台灣結束黨權世襲提供了法律、理論基礎，蔣經國實施的軍隊非黨化、取消學生三民主義的政治考試、剝離政府部門的專職黨職人員等措施則是結束黨權世襲的實際行動。1986 年 9 月 28 日，「民主進步黨」（簡稱民進黨）成立，結束了國民黨長期「一黨專政」的局面。

發展經濟

1970 年蔣經國上台時，台灣人均產值 300 美元，1988 年蔣經國去世，台灣人均 6000 美元；而 1979 年大陸改革開放人均 300 美元，到 2007 年人均才 2000 美元。

蔣經國主政台灣時期，台灣經濟發展迅速，使台灣成為「亞洲四小龍」之一。1974 年，當時的行政院長蔣經國為台灣前景提出新的發展方向，行政院祕書長費驊邀請美國無線電公司（RCA）研究室主任潘文淵（費驊在交通大學的同學）及電信總局局長方賢齊（同是交大校友）在台北市懷寧街的豆漿店商討台灣產業發展的新方向：電子。

推動政治民主化

蔣經國很早就意識到，只有持續發展經濟、落實政治民主，建立更開放的社會，在台灣的中華民國政府才能得以繼續維持。民國 70 年代（1980 年代），蔣經國加速民主改革的年代，從解除戒嚴、開放黨禁及報禁、開放民眾赴大陸探親，直到國會改革。

蔣經國開始思考解嚴以及國會改革問題萌芽較早，據稱曾交代時任駐美代表的錢復研究「戒嚴」（martial law）的意義，以及國際社會對台灣長期戒嚴的觀感。1986 年 10 月 7 日下午，蔣經國在總統府接見美國《華盛頓郵報》發行人葛蘭姆（Mrs. Katherine Graham），正式告知對方「中華民國將解除戒嚴、開放組黨」，台灣的民主改革踏出了歷史性的一步。

此後開始的《動員戡亂時期國家安全法》、《動員戡亂時期集會遊行法》與《動員戡亂時期人民團體法》的草擬工作，曾遭遇黨內質疑大幅度開放自由權利是否合宜的聲浪。蔣經國之回應是，「解嚴後當然應該更寬，不能更嚴，否則就是換湯不換藥。」

國民黨必須持續改革的基調因此確定。

1987 年 7 月 15 日，《國家安全法》開始施行，同日中華民國正式解除在台灣實施了 38 年的戒嚴（金門與馬祖則在 1992 年 11 月解除戰地政務）。蔣經國「法統在法不在人」的決定，確定了台灣朝向民主改革不可逆轉的方向。隨後又解除實施了三十多年的報禁。

歷久彌新

由於蔣經國開明的形象、加上執政時期正逢台灣快速的經濟發展、同時台灣社會秩序良好、專業人士不受掣肘、最後放手台灣民主化、開放大陸探親等關係，配合當時隱惡揚善的媒體環境，使他獲得人民很高的認同，台灣歷次調查顯示，蔣經國均為台灣人民最懷念及肯定的總統。

由於其所展現的親民風格，獲得相當正面的評價，部分政壇人物，如宋楚瑜、馬英九皆標舉蔣經國為從政典範，努力要營造類似的形象。蔣經國於 1972 年起推行的青年裝，曾長期為台灣公務人員的形象裝扮，而其簡單的夾克穿著，也常被當作政治人物下鄉的形象。

儘管民進黨創黨元老林濁水無法對蔣經國的解嚴說聲感謝，但在其他方面林濁水仍然給予蔣經國高度評價，包括蔣經國在這幾任總統當中，算是最能幹的一位；另外，蔣經國善於用人，掌握時機，讓台灣經濟起飛，以及他個人和中央政府都很清廉等等。

馬英九在《懷念蔣經國先生》一文中對蔣經國的評價也許最為平正：「我們可以說蔣經國是一位威權時代的開明領袖，他一方面振興經濟、厚植國力，一方面親手啟動終結威權時代的政治工程。我們崇敬他，就因為他能突破家世、出身、教育、歷練乃至意識形態的局限，務實肆應變局，進而開創新局，在這個意義上，他的身影，不僅不曾褪色，反而歷久彌新。」

「向歷史交代」

1975 年 4 月初的一個下午，88 歲高齡的蔣介石斜倚在士林官邸臥室的電動升降病床上。眼看就要到清明了，於是他請照顧他的護士羅小姐給他念幾首描寫清明節的古詩。羅小姐翻開蔣介石常看的那部《唐詩三百首》，讀了宋朝詩人黃庭堅寫的《清明》，詩謂：「佳節清明桃李笑，野田荒塚只生愁。雷驚天地龍蛇蟄，雨足郊原草木柔。人乞祭餘驕妾婦，士甘焚死不公侯。賢愚千載知誰是，滿眼蓬蒿共一丘。」

蔣介石聽後說：「這首詩寫得好，你多念幾遍。」羅小姐起先還不太懂詩裡的意思，一邊念，一邊看書裡的語譯，她才曉得，最後這句是說：人活著的時候，不論你是聖賢還是平庸之輩，生命結束的時候，留在人間的都不過是長滿野草的小土堆。

至於蔣介石的「家事遺囑」，應該早在其晚年時期，在蔣氏父子及蔣宋夫妻之間，在日常生活點點滴滴的過程裡，已經作了完整的交代。綜觀而論，真正算得上是蔣介石親自授權的遺囑，還是蔣介石病中，以危顫顫的右手寫下的那十六字：「以國家興亡為己任，置個人死生於度外」。

蔣經國先生的一生，也正是在努力實踐這十六字遺囑。

1986 年 10 月 10 日，蔣經國在「雙十國慶」大會上，發表了著名的「向歷史交代」的講話，表示要對歷史、對十億同胞、對全體華人有個交代。1987 年 5 月，台灣副總統李登輝向應邀到訪的美籍學者楊力宇提交了蔣經國親筆書寫的「總統處理國家大決策的基本原則」，即一、一切作為向歷史交代，不在乎目前的毀譽，而在於將來歷史上的評價。二、因應現實情勢所作成之決定，常不受他人之影響左右。三、企圖建立制度，求國家之長治久安，不求一時之方便。

蔣經國藉此所表達的是他向台灣人民和歷史交代的決心，即不管目前的個人毀譽，而重在未來的評價。正是這樣的決心，使蔣經國開啟了台灣的民主之路。

為了推動台灣社會的政治轉型，蔣經國採取了如下措施，令台灣面貌為之巨變：調整決策機構，提升開明派力量；組織革新小組；解除「戒嚴令」；開放「黨禁」，允許成立其他政黨；開放「報禁」，允許私人興辦媒體；革新黨務。

1988 年蔣經國去世後，台灣逐漸走上了民主之路，並在 1996 年 3 月，實現了首次總統直選。顯然，沒有蔣經國對歷史、對國家、對人民負責的態度，台灣絕不會變成今天「亞洲和世界民主的燈塔」。而他那句「世上沒有永遠的執政黨」更是讓隔海相望的中共政權心生寒意。

第二節

從共產黨員到反共領袖

晚年蔣經國與蔣方良。（AFP）

在歷史評價中，有人認為蔣經國從政儉樸清廉，對台灣經濟有重大貢獻。持反對意見者則認為，他獨裁統治台灣，以特務對國內軍隊、學生團體進行思想控制，更必須對其統治期間的政治白色恐怖負責。

然而獨裁統治者與特務頭子，竟然在晚年解除戒嚴、開放組黨、開放報禁，為台灣民主奠定發展的基礎，這樣的轉變就連反對者也相當不解。

無論是特務治國的「過」或是民主開放的「功」，影響蔣經國政治功過背後的思想因素到底是什麼？

血的教訓 堅拒中共笑臉統戰

1979年中共人大發表了《告台灣同胞書》，提出通航、通郵、通商「三通」與交流的要求。「我們黨根據過去反共的經驗，採取不妥協、不接觸、不談判的立場，不惟基於血的教訓，是我們不變的政策，更是我們反制敵人最有力的武器。」1979 年 4 月蔣經國以他那特殊的浙江口音，將他對中共政權的基本立場，堅定而緩慢的陳述出來。

當時台下那群來自大陸的國民黨要員，已經有 30 年沒有再回到故鄉。長期客旅台灣，逐漸模糊的家鄉，只有在夢中曾經清晰；親人的呼喚只能在海浪聲中用力尋找。在這濃濃的鄉愁中，一股和平的訊息瞬間瀰漫在台灣海峽上，在一片和談的氣氛中，蔣經國明確回拒了中共的要求。

那不是基於意氣之爭，也不是出自於個人恩怨。曾經是狂熱馬克思主義信徒，留學俄國的共產黨員蔣經國，是台灣少數洞悉共產黨本質的人，因為那是「血的教訓」所累積的經驗。此時只有堅決回拒中共的笑臉統戰、才能避免繼之謊言分化與暴力入侵。

共產污染 幸得中華文化洗淨

蘇聯及柏林圍牆倒塌後的今天，人類已經見證共產主義的失敗，然而 100 年前的中國，許多人視共產主義為解救中國的靈丹妙藥。在這種盲目崇拜下，曾經，蔣經國也認為共產主義是中國的希望，也曾對十月革命後的蘇共對中國的善意信以為真。經過父親（蔣介石）首肯，其負笈蘇聯，入莫斯科孫中山大學，研讀馬克思主義與列寧學說。在開會中積極發言、撰文出壁報，僅僅一個月已經成為共產主義青年團團員。

這期間，在思想上共產黨以黨性代替人性的特徵，極度污染他的人格；在政治上共產黨極權特務、暴力謊言的邪惡特質，悄然附體他的意識。當蔣介石發現蘇共「皆不外凱撒之帝國主義，不過改巽名稱，使人迷惑於期間而已。」繼而在 1927 年清除共產黨時，莫斯科孫中山大學群情激憤，示威集會，蔣經國甚至上台聲討批判其父。

返國後他的生命出現轉機，在政治上他切斷了與共產黨的一切聯繫，在思想上他父親不斷的以中華故有文化薰陶他，讓他回歸關懷人性的文化系統內。蔣中正經常在家書中要求他閱讀背頌傳統古文經典，在《我所受的庭訓》一文中，蔣經國寫道：「父親指示我讀書，最主要的是四書，尤其是《孟子》；對於《曾文正家書》，也甚為重視。後來又叫我看《王陽明全集》等等。」

這些庭訓讓他在思想上產生極大的轉變，「父親不斷的薰陶，我的思想受了極大的影響，更認識了中國固有道德、政治、文化、哲學思想之偉大。」

看清共產本質 走向反共道路

蔣經國漸漸看清共產黨謊言與暴力是其本質的一體兩面。對日抗戰期間，共產黨欺騙人民說該黨抗日，實際上是「一分抗戰、二分應付國民政府、七分壯大」伺機奪取政權。在 1937 年至 1945 年國共內戰初期，弱勢的中共即以和談的謊言迷惑世人。1945 年 10 月 10 日國共雙方剛簽訂完「和平協定」，毛澤東高喊「蔣總統萬歲」言猶在耳，回到延安立即毀棄約定，不斷變化立場原則，讓各界無法理解。直至 1949 年中共漸漸壯大，蔣經國更看出「共匪一面採取和平口號以摧毀我軍士氣，一面以軍事行動占領我重要城市」，面對大部分人誤信中共「和平」之幻想，只能承擔殘酷的教訓了。

國民黨退守台灣後，隔著台灣海峽，蔣經國記憶中的大陸越來越模糊，但對中共本質的了解卻越來越清晰。1975 年他表示：「毛共玩弄和解與統戰的手法，無非是利用人的私心和弱點，向來是要你的時候可以跪下來叫爸爸；不要你的時候就要殺你的頭。」和談乃是鬥爭的工具之一，只是分化敵人瓦解士氣的謊言，以方便暴力達到目的。

當他立足中華文化，看到對岸在共產黨赤化下，戰亂、饑荒、恐怖統治與文化的摧毀，帶給中國前所未有的苦難。當他立足中華文化看到共產黨給中國帶來的苦難時，他走向了堅決反共的道路。

擺脫共產附體 開放民主

蔣經國思想清醒的初期，只能改變自己意識到被共產思想污染的部分，而更多的是意識不到的部分，所以在他早期演講紀錄中還可以發現，他不自覺地引用斯大林的用語與做事方式，在政治上更是理所當然的沿用共產黨極權的政治模式，利用情治特務、軍隊政工、思想控制等方式，以期對抗共產黨，保障台灣安全。

幸而到了晚年，蔣經國已經清晰的看到共產思想帶來的傷害。中華民國前監察院長錢復稱，早期赴共產蘇聯求學的 12 年，是部屬與蔣經國談話的禁忌。蔣大概不忍回想當年迷信共產主義的自己，更無顏再提自己在俄時批鬥父親的往事。

這種立足中華文化的思想，幫助蔣經國清醒過來，讓他擺脫共產思想的附體，更使他看到民主潮流，進而解除戒嚴、開放黨禁報禁，為台灣民主奠定發展的基礎。

蔣經國傾一生之力擺脫共產思想，將台澎金馬作為反共基地，確保了台灣的長治久安。在兩岸互動日益頻繁、中共千枚飛彈對著台灣的時候，今日仍對中共心存幻想者，豈能不以蔣經國一生從共產黨員到反共領袖的歷程為鑑？.

蔣經國在蘇俄的那段歷史

民國 14 年，蔣經國 16 歲，胸懷濃厚的民族主義，參加五卅遊行後，他向父親蔣介石提出想到蘇俄讀大學的要求，沒想到這一去，就待了 12 年，由於中蘇政治關係的轉變，他從留學生一變成為人質，被下放西伯利亞勞改，反而鍛鍊出堅強的意志，在那裡還認識了他的終生伴侶，也奠下了他堅決反共的決心。

民國 14 年 10 月，蔣經國徵得父親同意前往蘇聯莫斯科中山大學留學。同學中還有另一號人物、之後的中共領導人鄧小平。這段蘇聯經驗演變至後來，讓蔣經國一度被指為與父親蔣介石關係決裂。

國民黨黨史館長邵銘煌在接受新唐人電視採訪時說：「本來兩年就可以畢業了，可是兩年之後發生了清黨事件，破壞了國共跟蘇聯的關係，共產黨稱為反革命事件，當然就連累到了蔣經國在蘇聯的處境。我認為他是出於自保，對他父親的清黨提出一些批評。畢竟那時候他還是年輕人，剛到蘇聯也沒多久，三年之後，中蘇關係又惡化了，中蘇斷交，他就變成人質留在蘇聯。」

1927 年後，蔣氏父子就此斷絕訊息，當時蔣中正剿共的工作接近完成，共產黨為力挽狂局，在蘇聯發動國際派分子王明遊說蔣經國，稱會幫他帶家書給母親毛福梅。後來，俄羅斯《真理報》登出這封家書，內容盡是蔣介石對毛福梅的暴力行為和對母親的頂撞。

邵銘煌說：「後來蔣經國自己回來到中國以後，寫他冰天雪地的 12 年的流亡回憶，他有特別為這封家書澄清，他完全是被中共的陳紹禹（王明）的使詐，那不是他的原來的原信。完全是他的原信被調包之後，它們（共產黨）對他做的一種塗改，然後發出去的。很多人懷疑說他跟他父親劃清界線，沒這回事。」

流放在冰天雪地的西伯利亞，蔣經國當過礦工、農夫、工人、承受政治迫害，鍛鍊出他驚人的意志，也結識終生伴侶——白俄羅斯姑娘芬娜。

邵銘煌說：「他當副工程師，她當他的一個手下，有天下班時，剛好碰到芬娜被一些男同事、工廠的工人欺侮、想要非禮，剛好他下班，就展開一場英雄救美的故事。芬娜就很感動，兩個人就這樣諦結，1935 年在一個友人家裡，很簡陋的舉行了婚禮。」

芬娜溫良恭儉、善盡孝道，說的一口寧波國語，深獲公婆喜愛，蔣介石便為她起了中文名字「蔣方良」。

後人分析，蔣經國深入基層、親民，在政治的堅決反共，都與他的蘇聯經驗有關。

第九章

蔣經國和蔣家的故事

蔣介石時代，「反攻復國」是台灣唯一的工作目標，每年最大筆公共開支便是整頓軍備。蔣經國當政後，推動「十項建設」，短時間就將台灣打造成「亞洲四小龍」之首。史料逐步公開，中共編造的蔣宋孔陳四大家族貪腐謠言也不攻自破。

蔣家清廉的事實漸為人知，蔣宋美齡侄子宋仲虎曾撰文回應蔣宋家族斂財的謊言，所揭露真相令人吃驚。（資料圖片）

第一節

回味台灣居亞洲之首的日子

在蔣經國主政的 16 年之間，國民平均年所得增長了 12 倍，平均年成長率達到 16.6%，創造了舉世矚目的「台灣奇蹟」。（中央社）

喜歡接近群眾 真心關懷百姓

比起掌握權勢，蔣經國更喜歡和尋常百姓在一起，一件土黃色夾克、輕便布鞋的樸實裝扮，「他會隨時出現在你我身旁。一個田野路邊的水果攤，他蹲在地上，一邊露著渾厚的笑容啃著西瓜，一邊帶著濃重的鄉音跟婦人聊天。大街小巷，開著許多店鋪，售豆乾的、賣小吃的、販零食的，他會經常光顧，不是貪嘴好吃，而是想要了解一般大眾的實際生活與農村光景。」

不過，按照醫生吩咐，蔣經國患有糖尿病，是不能吃這些食物的，不過，他為了了解民風民情，全然忽視了自己的身體。

總統府前副祕書長張祖詒回憶道：「工廠、學校、軍營，更是他常去的地方，只要跟青年們在一起，看到一張張充滿朝氣的臉，他就精神煥發，熱情洋溢，興高采烈地和大家一起歡唱：『當我們同在一起，其快樂無比！』」

「當年他率領榮民健兒，翻山越嶺，冒險犯難，和弟兄們餐風宿雨，同甘共苦，開鑿出台灣第一條東西中橫公路。金門八二三炮戰，他常常出現在最前線的戰壕坑道，撫慰傷患，給保衛台灣作戰中的官兵們打氣。最危險的地方，總是他必到的所在。」

美國《新聞周刊》曾報導，形容蔣經國是一位生活樸實，喜歡接近群眾，關心民間疾苦的領導人，而接近蔣經國的人也認為，這些描述實是最貼切的寫照。

打從心底的敬愛與感動

蔣經國的民間友人遍布全台，其中有 11 名友人，即使蔣經國已辭世多年，仍固定每年 1 月 13 日蔣經國忌日時至大溪謁靈。如今這些民間友人中多人已年邁辭世，僅剩三位，分別是台中市大裡「美方芋仔冰」的林寅、花蓮「液香餛飩店」的戴榮光及前桃園縣大溪鎮鎮長黃斌璋。

現年 77 歲的林寅回憶起蔣經國總是老淚縱橫，他說 1975 年中秋節那一天，對他和家人來說，是終生難忘的日子。時任行政院長蔣經國和省主席謝東閔突然到訪，指名要品嚐芋仔冰，使他既興奮又緊張，心想：「用芋仔冰招待蔣經國會不會太粗俗了！」不意蔣經國邊品嚐邊笑著對他說：「很好吃！很好吃！」讓他當下覺得蔣經國非常慈祥、親切而深受感動。

第二次蔣經國光臨冰店，要和林寅全家合照，因附近請來的攝影師器材沒備齊，又折返去取，然因已超過預計停留時間，蔣經國不得已準備上車離去。上車後，蔣經國瞥見攝影師匆忙地趕到，他竟然又走下車來要和他們合照，為了配合攝影師的取景，蔣經國握著林寅的手久久不放，如此親切、平易近人的風範，讓林寅全家莫名感動。

1978 年蔣經國當上總統以後，日理萬機，林寅心想他可能沒有時間再度光臨了。沒想到，蔣經國沒有忘記他這一平民朋友，前後蒞臨 12 次，每到店裡都會關心生意好不好。有次正逢颱風天，蔣經國到中部巡視災情，正好路過，但因風雨太大，他只好停車搖下車窗和他們打招呼，此刻雨水不斷地打在他臉上，但他一點也不以為意，又讓林寅感動不已。

1979 年中美斷交後不久，蔣經國再度來訪，林寅說：「他不忘安撫民心，一一拜訪左鄰右舍，他是如此平易近人、關心百姓生活啊！這位生命中的貴人，我們對他的感恩與懷念，永無止境！」

把百姓照顧好 國家就會富裕

花蓮液香餛飩店開業已 86 年，在蔣經國未蒞臨前，已小有名氣，在蔣經國七度到訪的加持下，液香餛飩店第三代傳人戴榮光成為他的民間友人，生意更加興隆。當時很多人批蔣經國在做秀，戴則捍衛好友說：「蔣經國秀得很有道理，他若沒有如此深入民間，怎會力排眾議興建『北迴鐵路』，帶動花蓮發展與觀光。」

戴榮光說：「蔣經國對人很和善，讓我感到很意外，光臨時，若有民眾想走避，他會請民眾安心享用，吃完再走。他是非常關心百姓的領袖，即使就任總統後訪視民間，也常不按牌理出牌，有多次安排好要到機場搭機北返，他卻跑到店裡吃餛飩，跟民眾聊天，了解人民到底需要什麼。」

現年 76 歲的前桃園大溪鎮長黃斌璋，最推崇蔣經國的果斷與效率。有一年，蔣經國希望了解農民的生活，時任鎮長黃斌璋向其進言：「說實話，現在農民的生活跟一級貧戶沒有兩樣。」讓蔣經國感到意外：「為何會如此？」黃斌璋說，農家的生活很苦，稻米收購價格不高，有些農戶生活比較好，那是農家子弟到外地工作，賺錢貼補家用，根本不是務農所得。

蔣經國接著到附近幾處農田和四合院與農民聊天，發現問題的確很大。一兩星期過後，政府宣布調高稻米收購價格，黃斌璋說：「這就是行政效率！」黃斌璋回想起蔣經國曾對他說：「鎮長就是土地公，土地公就要帶我去看最真實的民間生活。」尤見蔣經國是真正關心、愛護百姓的領袖。

黃斌璋說：「1979 年蔣經國曾撥款 200 億，在當時是一筆不小的數目，把全台農村的道路全面柏油化，且排水系統及路燈等設施一併完善，改善農民的生活品質，同時帶動建築及營造業發展。蔣經國能解決民生的基本問題，他把老百姓的生活都照顧好，國家就會很富裕。」

力排眾議大舉建設台灣

1972 年蔣經國接任行政院長前，「反攻復國」大業是台灣唯一的努力方針和工作目標，當時台灣每年預算中最大筆的公共開支便是整頓軍事裝備，甚至積糧、儲燃料也是在為戰爭做準備。

蔣經國慧眼獨具、力排眾議，擘畫推動「十項建設」的大規模經濟方案，短時間就將台灣打造成「亞洲四小龍」之首，使台灣從一個落後的農業島嶼，一躍而成為亞洲的工業基地和科技中心。但當時卻需大筆舉債來進行，而被「心繫故國」的政壇元老，指責為「偏安心態」、「樂不思蜀」忘了「復國大業」的做法。

當年真是找不到幾個衷心支持蔣經國大推經濟建設的夥伴，甚至有認為在全球發生石油危機的情勢下，還要舉債投資基礎建設，將置台灣於「債台高築、萬劫不復」境地。據說時任財政部長的李國鼎也是在蔣經國正式宣布時才知道「十項建設」的內容。

也難怪，當年台灣有多少人買得起汽車？修築南北高速公路被看成是專為富人服務的措施。惟當時有全心全意支持蔣經國全力推動十項建設的經濟部長孫運璿，他在 1978 年蔣經國接任總統後，被委任行政院長一職。

眼光卓絕 說服元老

在安撫黨國元老時，蔣經國非常智慧地告訴他們，十項建設的每一項目都是為反攻大業作準備，「造船廠可以造軍艦，鋼鐵廠可以造軍火，高速公路戰時可以作戰鬥機的臨時跑道」等。並以「今天不做，明天就會後悔」的重話，堵塞了反對的聲浪，足見蔣經國的遠見、苦心與超人魄力；事實證明，蔣經國的看法和做法是完全正確的。

蔣經國繼任總統後不久，旋即面臨中日斷交、第一次石油危機、中日斷航、中美斷交、美麗島事件等一一連串事件的重大考驗。面對國際能源危機，蔣經國首先採取穩定物價、抑制通膨的措施。此外，他鼓勵發展中小企業，較不主張大財閥的擴張，以便能照顧大多數百姓的生活，將台灣形塑成全球中小企業發展成功的典範。

此外，蔣經國還大刀闊斧地推動了台灣的政治和社會改革。面對日益變化的國際局勢和台灣內部本土化的日益高漲，他開始有意識的實行「吹台青」政策，提拔林洋港、謝東閔、李登輝等台灣本籍菁英；同時默許民主進步黨的成立，並未採納國安單位強力鎮壓的看法。

肅貪不避親 簡樸倡梅花餐

蔣經國最痛恨的就是貪官　吏，以及屯積居奇的奸商。曾擔任經國總統英文祕書的馬英九說：「蔣經國的臥房，就像榮民之家的老榮民住的一樣，我一看嚇一跳，怎麼這麼簡陋！」馬英九還說：「蔣經國就任行政院長第一次院會即提出公務員『十項革新』（俗稱『十誡』），包括公務員婚喪喜慶不得超過 10 桌，除招待外賓外，不得隨便宴客；宴客必須吃五菜一湯的『梅花餐』；上級視察人員不得接受下級單位招待，不得出入特種場所等。一時之間，雷厲風行。」

時任行政局長（蔣經國的親表弟）也因涉嫌收賄被起訴，最後判無期徒刑。當時雖有人批評蔣經國不近人情，但卻也因此收到弊絕風清的效果，連黨外人士都給予好評。

解除戒嚴 開放組黨的震撼

1986 年蔣經國接見美國《華盛頓郵報》（The Washington

Post）發行人葛蘭姆（Katherine Graham）女士及其友刊《新聞周刊》（Newsweek）記者，蔣經國沈穩地告訴外賓：「我們準備在制定國家安全法後，『解除戒嚴，開放組黨』。」當時負責傳譯的馬英九說：「我逐字逐句審慎地譯成英文，自己整個人感覺猶如遭電流通過般的震撼，我告訴自己：『我們正在改寫台灣歷史。』解嚴在當時雖已在研究中，並不完全意外，但解嚴畢竟是歷史性的大事，當天宣布，還是造成極大震撼。」

蔣經國穩健地帶領台灣度過每一次危機，而他所做的每一件事都是「驚天動地」的大動作，但卻沒有一件是「輕而易舉」的。從曝光的書信中得知，當年蔣經國為打開兩岸交流的大門，還要詳細向遠在美國養病的蔣夫人宋美齡解釋原由和苦衷，可見一切都是得來不易！

在蔣經國主政的16年（1972年至1988年）之間，國民平均年所得增長了12倍，平均年成長率達到16.6%。高低所得的貧富差距縮短為4.71倍，使台灣躍升為「亞洲四小龍」之首，創造了舉世矚目的「台灣奇蹟」，那段正是「台灣錢淹腳目」的日子。

第二節

蔣介石和四大家族「貪腐」真相

大陸的中共輿論一直指責蔣介石不抗日，可事實是蔣介石帶領國軍進行了 8 年艱苦的抗戰，在經歷了 22 次 10 萬人規模以上的大會戰和犧牲了 321 萬國軍、206 位將軍之後，中國仍然沒有像波蘭、挪威、丹麥、荷蘭、比利時和盧森堡、法國那樣屈服。而對於下令東北軍不抵抗的事，張學良也給予了澄清，是他下令，而不是蔣介石。

中共教科書也總是在說，蔣介石統治時期腐敗透頂，特別是蔣宋孔陳「四大家族」並稱之為「貪腐」代表。但人們在檢視歷史真相的時候發現，結論並非如此。下面是網路上流傳的大陸自由撰稿人顏昌海的綜述。

檢視歷史真相有許多方法。比如參觀歷史遺跡就是方法之一。蔣介石統治時期的歷史遺跡，南京總統府就是一個很好的參觀去處。

老南京都知道，總統府在漢府街。如今，門牌號碼是長江路292號。

環顧四周，許多高樓拔地而起，總統府顯得非常寒酸。好在道旁的林蔭樹還保存完好。此處對於大陸人來說，即使沒來過南京也絕不陌生。使它聞名中外的是一張拍攝於1949年4月24日的照片，總統府門樓上站著一群士兵，紅旗在藍天下飄揚。翻開毛澤東詩集，《七律——人民解放軍占領南京》。如配有照片，必定是這張。大門上「總統府」幾個字在1960年代被鏟掉了，如今又補了回去。

1927年4月，國民政府成立。蔣介石主持的國民政府以及下屬的行政院、參謀本部和主計處在這裡辦公。1937年12月南京淪陷，日軍第16師團部盤踞於此。汪精衛偽政權的行政院、立法院、監察院和考試院等都設在院內。抗戰勝利，國民政府還都南京，居於大院中路；東花園裡有社會部、地政部、水利部和僑務委員會；西花園有主計處、軍令部、總統府軍務局、首都衛戍總司令部。這麼多機構擠在這個院子裡，說明當時的機構比較精簡，吃皇糧的官員不多。

如今中共政府機構臃腫，恐怕連其中的一個機構也放不下。

走進總統府大門，眼前是數十米的筆直走廊，兩側有禮堂、外賓接待室、總統休息廳及參事處、文官處等。走廊盡頭，後院裡有棟西式樓房，以林森的號命名為「子超樓」。別看貌不起眼，當年是國民政府的中樞，總統辦公室就在樓內。

蔣介石的辦公室在二樓119，副總統李宗仁在對面118房間辦公。據說，李宗仁看見蔣介石就躲，極少來上班，而蔣委員長則天天報到，從不缺席。1949年蔣介石下野之後，李代總統才經常來總統府，依然在老屋子裡上班，從來沒有坐進蔣介石的辦公室去。蔣介石的辦公室只有30多平米，靠牆幾個文件櫃，一張辦公桌，幾把椅子，所用傢具極為普通，遠不如當今一個政府部門副科長的辦公室闊氣，辦公面積也遠不如當今一個政府部門的科長。

蔣介石上班的「子超樓」辦公樓只有一部老掉牙的電梯，嘎嘎作響，恐怕很少有人敢乘坐。1940年代末期，上海國際飯店的電梯也相當先進了。據說，蔣介石從來不坐電梯，走上走下。電梯是給來訪的老先生們準備的。三樓會議廳，在這裡召開過許多次重要的國務會議。會議桌上擺放著普通的蘭花茶杯，牆上掛著孫中山寫的橫幅「推心置腹」。在大會議室，牆上交叉掛著國民黨的黨旗。孫中山先生的照片下，掛著他手書的「忠孝仁愛信義和平」。這是孫中山畢生的理想。

在中共教科書的教育下，大陸人的思維定式中，國民黨四大家族貪贓枉法幾成定論。只要提到蔣介石政權，頭腦中第一個印像就是貪污腐敗，鋪張浪費。蔣、宋、孔、陳四大家族，人民公敵，吸血鬼，沒有一個好東西。看到蔣介石的辦公室之後，這一指責站不住了。在歷史遺跡面前，一目了然，想騙也騙不下去了。假若人們思維更開闊一點，將之與當今一個鄉政府的官衙進行比較，問題就更大了。

當然有人說時代在進步，但鄉政府比總統府進步到豪華無比的程度，就無法解釋。

若說進步，早在1980年代，台灣比大陸進步得多，就是現在，台灣的國民所得也是大陸的數倍。蔣經國去世以後，他在台北的故居對外開放。設備傢具之簡陋令所有參觀者感動。現在，蔣家第四代已完全退出政壇，他們需靠自己努力工作才能謀生。對於蔣家的一些孤寡老人，台灣政府不得不定期給予一些補貼。蔣介石活著的時候，不喝酒，不抽煙，連茶都不喝。隨著時間消逝，指責蔣介石本人及其家族貪污腐敗的聲音，已不大聽得到了。

早在 1923 年，做過中共總書記的瞿秋白曾在《前鋒》雜誌上發表《論中國之資產階級的發展》，明確提出幾大家族控制當時的官僚資本。所謂官僚資本通俗來說，就是國家統治者利用國家政權把一些國有企業非法占為已有，也就是說利用權力控制國家的大部分經濟實體。最終，是陳伯達在內戰中完成他的《中國四大家族》一文，提出蔣宋孔陳四大家族為首的官僚買辦資本借抗戰名義聚民財入私囊，並估算這四個家族有 200 多億美元的財產。這種說辭，系完全捏造，因為整個二戰期間，美國總共向中國提供了 16·2 億美元的租借物資，200 多億美元從哪兒來？！

關於當時四大家族的財產，歷史上有記載的大概有這麼幾種：

一、1934 年 12 月 26 日《江南正報》曾刊文稱：國府要人之財產多系祕密，而就可調查之範圍內調查，則諸要人在本埠所有財產估計為，蔣介石 1300 萬元，宋美齡 3500 萬元，宋子文 3500 萬元，孔祥熙 1800 萬元，孫科 4000 萬元，張靜江 3000 萬元。其他要人在上海各中外銀行存款及不動產，據中國銀行調查，約有 5 億元，其不動產及公司多用其親戚名義購置，故實款無法詳確雲。而這些，又是當時左翼報紙常見的文章，類似這種文章都是猜測和估計之辭，沒有半點具體的證據。

二、1939 年 10 月 17 日，日本特務機關對國民黨政府高級官員在上海外國銀行存款情況所作之調查報告，名為《登集團特報丙第一號——政府要人上海外國銀行預金（存款）調查表》有載：

蔣介石6639萬元（按當時法幣與美元的兌換價，約合809萬美元，下同）；宋美齡3094萬元（377萬美元），宋子文5230萬元（637萬美元），孔祥熙5214萬元（635萬美元），宋靄齡1200萬元（146萬美元），陳立夫2400萬元（292萬美元）。這些存款均存在當時在上海開業的外國銀行，如花旗、麥加利、大通、友邦、運通、滙豐、荷蘭銀行等。但是，這也是日本戰前常見的攻擊國民政府的老一套資料，類似的材料多如牛毛，曾經大量提供給汪偽用來攻擊國民政府。這些東西都沒有任何相關的資料證明。

三、國民政府在大陸的敗退，使得當時的美國民眾對杜魯門政府的政策失誤非常不滿，杜魯門政府為了推卸責任，就一股腦的把責任推給國民政府，說是其敗退都是自身腐敗貪污所致。其實，國民政府早在1925年就有了一整套成體系的制度，宋子文在1925年到1949年期間曾經有過數次和外國列強的談判，簽訂的協議都在千萬美元以上。這些回去以後都一五一十的向當時的中央進行彙報。需要說明的是，國民政府始終存在大量的有實權的反對派的監督，為此蔣介石曾經三次下野。這些借款的使用情況，都由國民政府財政部控制，即使蔣介石也無法隨意使用。這在著名的南京第二歷史檔案館有大量詳細的資料證明。

那麼，四大家族的「腐敗」，到底真相如何？事實可以為證。

先看蔣家。蔣介石的清廉已有了結論，那麼就看其妻宋美齡。宋美齡一生不問金錢事，自1991年赴紐約定居後，只有一次問起外甥孔令儀：「錢夠用嗎？」孔令儀回答說：「放心，夠用的。」此後宋美齡再也沒有過問金錢之事。宋美齡初時與小外甥女孔令偉同住長島孔家老宅蝗蟲谷，房子是大姊宋靄齡、孔祥熙夫婦買的；孔令偉1994年過世後，因長島住宅太偏僻，冬天下雪不方便，孔令儀便勸宋美齡搬往曼哈頓住，但所住公寓為孔令儀大弟令侃名下所有，因此宋美齡在紐約並無房產。而宋美齡在台灣也沒有任何房地產。惟一擁有的一棟房子在上海，是宋美齡 1927 年在上海與蔣介石結婚時的陪嫁。這幢房子當時在法租界霞飛路（現南京路）附近。這是宋美齡生前惟一的房產。

宋美齡一生不會賺錢、更不管錢，身後僅留下 12 萬美元銀行存款，由孔令儀代管，此外別無其他資產；宋美齡晚年在紐約，住的、吃的、用的，包括昂貴的醫藥費用，均由孔家出錢。實際上，宋美齡借住的紐約長島住宅，在幾十年前由孔家購買時還是非常便宜的。該孔宅 1998 年被拍賣，也不過賣了 300 萬美元。

蔣方良是蔣經國的夫人，也是蔣家第二代最後謝世的人。1978 年 3 月 21 日，蔣經國繼承蔣氏大統後，蔣方良從當年的副廠長夫人，成為台灣的第一夫人。但是在生活上，蔣方良一直保持低調，鮮少在媒體露面，台灣百姓對她極為陌生。她與一位平凡無怨的主婦毫無不同，當丈夫經常加班或出差時，她只管把家庭照料好，雖有傭人，卻常親自動手洗窗簾。蔣方良和蔣經國一樣，生活上不改當年在蘇聯烏拉山區的簡樸習慣。1988 年 1 月 13 日，她陪伴了 53 年的丈夫蔣經國永遠離開了她。在蔣經國去世後的歲月蔣方良的生活更為不堪。由於蔣經國素來清廉，素來沒有什麼積蓄。她僅僅靠蔣經國死前補發的 20 個月的俸額 115.2 萬元台幣為生。經濟的拮据使之欲往美國散心和回白俄羅斯探親都不能成行。

蔣方良在 1992 年接見白俄羅斯首都明斯克正、副市長時，二位市長邀請她回故鄉看看。蔣方良回答說，自己現在沒有錢，所以沒法回去，這讓二位市長驚嘆不已。

再看陳家。四大家族中的「陳」是陳立夫、陳果夫兄弟。他們主持國民黨的黨務和特務情報，是 CC 派的頭。去台後，蔣介石為了改組國民黨，「二陳」即被開刀，重權盡失。陳果夫久有肺病，又歷來清廉，在陳立夫去美國後，家庭經濟發生危機，無錢治療加重的肺結核，導致病情難於控制。後雖得蔣介石特批 5000 銀元接濟，但已對病情無濟於事。陳果夫於 1951 年 8 月 28 日去世，終年只有 60 歲。陳立夫在 1950 年蔣介石改造國民黨時請求出國，並找孔祥熙借了兩萬美金，在紐澤西州辦了一個養雞場。夫妻倆自己動手，餵食、撿蛋、清理雞糞。還學會了給雞餵藥、打針。陳立夫在家中自製皮蛋、鹹蛋、豆腐乳、粽子，親自為唐人街的中餐館供貨。屋漏偏逢連夜雨，一場火災幾乎燒光了他全部的勞動成果。陳立夫毫不氣餒，重頭再來。他一面養雞，一面研究傳統道德，著書立說，直到 1969 年才再度回到台灣；但除讀書自娛，就是推動中醫之學，不過問政治。2001 年 2 月 8 日在台中病逝，享年 101 歲。

他曾開玩笑說：「真的不知道為什麼，我的本家把我列入四大家族（四大家族這個名詞是陳伯達發明的）。如果我那麼有錢，還用得著到紐澤西養雞嗎？！」

三看宋家。宋家比孔家和蔣陳二家都要好一些，主要宋子文和孔祥熙原本都是商人出身。宋子文還算一個外交家，孔祥熙則是單純的商人。宋子文去世以後，他的家屬曾把他們保存的宋子文的 58 箱的檔案，都捐給了美國斯坦福大學胡佛研究所檔案館。由於當時宋美齡、蔣方良等人還沒有去世，宋家要求其中 17 箱的機密文件保密 10 年，禁止民間人士閱讀。隨著二位老人的去世，這些資料被美國方面全面解密。資料中包括：1941 年宋子文手書個人財產清單、1949年宋子文開列其在中國大陸被沒收的個人房屋地產清單、1950年宋子文致美國國會和國務卿杜勒斯表示願意公開個人財產的有關信件、1968年宋子文自列個人財產記錄和1971年紐約遺產法庭關於宋個人遺產分割執行書等。

宋子文的每份財產報表都有美國會計師的簽名，在美國，會計制度極為嚴格，這種簽名非常嚴謹，絕不可能作假。從遺產分割書來看，1971年宋子文去世時，他的非固定財產只有100多萬美元，加上經過20年時間大為升值的房產（20年內美國房價升值大約7到8倍），除去稅收以後不過400多萬美元。雖然按照當時的匯率來說也能算是一個不錯的富人，但和當前被揭露出的一些大陸高官的財富相比，卻不成比例。

四看孔家。實際說起來，孔家是參與政治最少的一個家族。陳氏兄弟長時間控制國民政府的情報機關和國民黨的黨產，勢力強大；宋子文作為國民政府的主要外交家和列強周旋近20年；蔣家自然不必說了。孔祥熙從政主要也不過是管理金融界，從後世看來，孔祥熙擔任中國金融界的主要掌舵者期間，正是中國經濟幾十年來最為困難的時間。

1933年4月6日，孔祥熙被南京政府任命為中央銀行總裁。當時南京政府每月國庫收入約為1500餘萬元，而每月支出帳面數字為2200萬元，其中軍費一項為1800萬元，每月赤字達700萬元。當時財政部由宋子文負責，由於9.18和長城會戰等原因，1933年前半年國庫就有6000萬元的新虧空。宋子文表示自己才能不足以扭轉這個局面，希望辭職。10月29日，蔣批准宋的辭呈，以孔祥熙繼任行政院副院長兼財政部長並仍兼中央銀行總裁。孔祥熙上台以後採取了一系列大膽和出色的手段，不但很快穩定了國家的金融秩序，還把財政收入轉為盈餘。同時和列強關於歷史外債問題達成了共識，最重要得是建立了法幣體系。這也是保證8年抗戰勝利極為重要的一個決策，影響深遠。

此時，國家財政形式艱難到了無以形容的局面。由於抗戰開始幾年，中國華北、東南廣大地區相繼淪陷，中國海岸線被日軍全面封鎖，沿海重要城市也大多被日軍占領，占戰前財政總收入90%以上的關稅、鹽稅、統稅和煙酒稅的稅源大部喪失。而國民政府此時要維持一支400萬人的軍隊，還有數以千萬的逃往大後方的中國難民和大小政府機關的職員，實在是非常可怕的局面。孔祥熙為此建立了一整套戰時經濟制度，雖然到了後期普通老百姓生活非常痛苦，法幣也幾乎成為廢紙，但是中國的經濟在抗戰中始終沒有垮掉。中國幾百萬軍隊雖然糧餉不足，但是仍然始終保持必須的供應，以保證其可以繼續作戰。到了1944年，由於孔祥熙幾次強烈要求美國政府立即支付美軍在華費用的墊款問題（當時美軍在華建設了幾十個機場，費用都由國民政府墊付，耗款上億）和希望美國加大援華力度，引起美方人員的厭惡1944年要求蔣介石讓孔下台。孔於1945年辭職，從此不問政治。1947年秋，孔夫人宋靄齡在美病重，孔祥熙赴美照顧，就此在美國居住十多年之久。

孔祥熙早在1915年就通過獲得殼牌石油的山西代理權，賺取了巨額財產。之後又涉足上海的股票期貨界，也收入頗豐。在1925年之前孔家已是當時全國有名的大富豪。而他擔任公職時均是國民政府經濟最為困難的期間，各國援助抗戰的資金都是杯水車薪。孔就算有心貪污受賄恐怕也找不出這份錢來。1945年滇緬路開通，美國開始加大援華力度的時候，孔已下台，根本沒有大額貪污的機會。

有人誣陷孔祥熙貪污了 7.5 億美元。在孔祥熙強烈要求下，美國參議院外交委員會和財政部用了很長時間調查以後，公布了華人在美資產的材料，資料統計了在美全部華人的資產。最終，所有華人在美國銀行的存款不超過 5000 萬美元。其中最大的存戶，只有 100 多萬美元。而且這些存戶中，大部分是僑居美國經營商業的華僑，且都在美國居住年代很久。由於美國金融界有保護每個儲戶隱私的法律和傳統，所以當時沒有透露具體每個儲戶的財產數。不過，這 5000 萬的存款中當然包括孔祥熙，不管孔家占 5000 萬中的多少比例，都說明其絕對稱不上巨富。

第十章

中共官場異人習近平

在中共江澤民集團為禍中國近 20 年，導致民族危急之時，習近平上台，順勢反腐，拿下江派一眾「國妖」，為挽救民族危機起到正面作用。習近平的系列舉動顯示他和其他中共領導人不同。而唐朝曠世奇書《推背圖》，也預言習近平的天意使命……

（AFP）

第一節

「防止江政變 習必須擴權」

2015年12月4日，香港《明報》登載了劉夢熊的文章，該文章從幾個方面分析習近平為什麼必須擴權。文章指，尤其不能忽視江澤民利益集團的反撲，為了防止「宮廷政變」，習近平也必須擴權。

劉夢熊曾在一檔節目中斷言「江澤民垮台指日可待」。

劉夢熊是第11屆中共政協委員及外事委員會委員、香港特區政府策略發展委員會委員、百家戰略智庫主席。

劉夢熊：習近平擴權的原因

目前，習近平除了擔任總書記、國家主席、中央軍委主席等三項最高職務之外，還兼任國安委、中央財經領導小組等多個委員會、小組「一把手」，有十餘頂「王冠」。

劉夢熊的文章表示，部分人認為習近平擴權，而習近平展開反貪運動，非擴權不可。

第一，由於黨政腐敗積重難返，既得利益格局盤根錯節，「反反貪」、「反改革」勢力龐大，要將反貪鬥爭進行到底，徹底根絕吏治腐敗，要堅持深化改革，作為非常時期的非常措施，習近平非擴權不可，否則前功盡棄！

第二，為了「保存自己」，改革不致半途而廢也必須擴權。

尤其不能忽視的現實是，前中共黨魁江澤民主政的 13 年，中共的宣傳口徑是稱「以江澤民為核心的黨中央」，而胡錦濤主政的 10 年則稱「以胡錦濤為總書記的黨中央」，習近平主政以來三年，仍稱「以習近平為總書記的黨中央」。因此，外界一直存在疑團：江澤民是否享有「核心」的「終身地位」？眾所周知，當今中共黨政腐敗幾乎「無官不貪」，主要是江澤民主政時「黨不管黨」、用人唯親、「悶聲大發財」，甚至是「腐敗治黨」，令中共遍地是貪官。石油界、電力界、金融界、電訊界、地產界、軍界等既得利益集團主要也是在江澤民時代形成的。胡錦濤時代，由於江澤民「垂簾聽政」，胡無所作為，黨政腐敗一發不可收拾，至今可謂問題成山，積重難返。

面對習近平在 18 大後主政的反貪鐵腕政策，各貪腐既得利益集團為了逃避被清算、被懲處的命運，保著其權、錢、命乃至歷史定位，甚有可能結集在「核心」周圍或打起「核心」招牌，以「老人生活會」等形式，透過非組織活動，搞「宮廷政變」，將習近平、王岐山（中共中央紀律檢查委員會書記）等改革力量打下去，讓反貪反腐半途而廢。

毫無疑問，為了防止「宮廷政變」，防止黨內權力鬥爭不按常理出牌，為了將經濟體制改革、政治體制改革進行到底，習近平亦非要擴權不可。

習近平的擴權，其背景是中共過去 30 多年隻搞經濟體制改革，不搞政治體制改革，但執政黨貪腐卻到了無以復加的地步，因而習擴權既是嚴峻形勢的需要，也是未來中國由黨內民主走向社會民主發展的必要鋪墊。

預測江澤民垮台指日可待

2015 年 9 月，劉夢熊在香港「謎米香港」節目《Dream Bear 天下》引述大陸雜誌一篇題為「黨政軍老虎紮堆源頭難辭其咎」的文章，文章指需發掘黨政軍的罪魁禍首，而這個人在胡錦濤主政時期將胡架空，並組成最大的貪腐集團。文章直指這個老闆「江澤民是也！」至於這個老闆會否被抽出，人民正拭目以待。

劉夢熊表示，這篇文章是由「兩彈一星基金會」成立的《環球新聞時訊》，即軍方機構主辦的雜誌刊登的。劉夢熊說，今次軍方雜誌開宗明義指江澤民是中共腐敗的總後台，江澤民垮台指日可待。

劉認為，雜誌刊登這些材料，明顯是中央刻意放出來的，令包圍江澤民的圈圈越縮越小，江早晚會被拉落馬。

第二節

知名紅二代寄語習近平：結束一黨專政

毛澤東心腹大將羅瑞卿之子羅宇呼籲習近平解除黨禁、報禁，結束一黨專政。（大紀元）

毛澤東心腹大將羅瑞卿之子羅宇曾任職中共總參謀部，官至大校。因不願與軍中腐敗同流合污，羅宇在「六四」後離國出走，與中共分道揚鑣，後被開除軍籍、黨籍。羅宇 2015 年 12 月發表公開信呼籲習近平結束一黨專政。隨後《大紀元》、新唐人和英文《大紀元》記者也聯合採訪了羅宇。

羅宇表示從小與薄熙來是同學，他觀察到曾受中共專制政權所害的薄，後來卻利用專制制度去迫害別人。

而對於有兄弟情誼的習近平能成為中國掌權者，則出乎他的意料，並對其寄予希望，因為羅認為習受被外界認為的民主派、開明派的父親習仲勛影響甚深，羅期許習近平在中國逐步實現民主化，解決中國危機，「民主並不能夠解決一切問題，但是沒有民主什麼問題也解決不了。」

買官賣官是朝代終結的標誌

羅宇離開中國大陸是在「六四」之後，他當時看到了軍中的腐敗情形，那時正是由鄧小平掌握實權。到了江澤民掌權時，在18大以前，江澤民控制軍權的時候，軍中的腐敗程度又有所不同了。

據羅宇介紹，那腐敗程度比他在中國的時候更不得了！因為他在位時還沒有買官賣官，就是吃回扣，買賣軍火，從軍火商那吃回扣，「但是還沒有說誰要當個將軍要付多少千萬，還沒到這種程度。如果查查中國歷史，吏治，叫官僚體制，這個吏治要搞到買賣程度了，那就完蛋了。一個朝代要完蛋了，那時候買官賣官就是一個標誌。」

羅宇認為，習近平唯一能夠反腐的辦法，就是民主化。「要逐步地民主化，這樣的話，官才不敢貪。」

活摘器官是國家和政府的行為

江澤民1998年提出「軍隊不許經商」，然後到2015年的11月份，習近平又提出「軍隊禁止有償服務」。江澤民當年其實留了一個「有償服務」的尾巴。

羅宇認為，江澤民留了尾巴，主要就是別把軍隊貪官的財路斷了。他給定的財路就是有償服務。

羅宇進一步解釋道，這個活摘器官、器官移植都是有償服務的。軍隊哪有那麼多人去移植器官，不都是給地方來提供服務，所以它就有財路。

羅宇表示，他是從網上了解到這些情況的。現在揭發的，一些被關押過的法輪功學員獲釋以後指證，他們在監獄裡不斷地被檢查身體，這都是明確的有這麼一套它的系統在幹這件事。另外還有一些人，就無緣無故失蹤了，中共怎麼解釋？

「原來說共產黨用死囚犯移植器官，然後外交部的發言人就說，這是可怕的誹謗。過了一陣子又承認了，黃潔夫又出來承認了，說主要是用死囚犯。但是死囚犯最多的年份也就是兩三千人。」

羅宇認為，中共用死囚犯的器官本身也是違法的。就是按著中共說的它也說不圓，因為它自己公布的做器官移植手術，最高的年份都超過上萬例，它的器官哪來的？「所以加拿大的兩個『大衛』寫了一本書，調查經歷過這種事情的人，這全世界都公布了。」

據加拿大人權律師大衛・麥塔斯及加拿大前亞太司司長大衛・喬高關於指控中共摘取法輪功學員器官的調查報告，中國1999年以來器官移植量大增，令醫學界警惕，前後6年的器官移植暴增3倍以上。依據中國公開報導及中華醫學會的器官移植數據，從1999年以前6年的1萬8500例，暴增到1999年以後6年的6萬，2005年高達2萬例，且據《中國日報》報導，僅2006年就高達2萬例。中國衛生部副部長黃潔夫也曾說，中國每年移植總數，從1999年的幾百例上升到2008年的1萬例。

這些事情都是發生在江澤民掌管軍隊的期間。「從捉人到監獄裡面（器官）匹配，然後去把人家（器官）摘了，然後去賣，這是一個很龐大的系統工程，就是一個國家和政府的行為。」

結束一黨專政 魄力需大些

羅宇在那封信中呼籲習近平要解除黨禁、報禁，然後司法獨立，選舉及軍隊國家化來結束一黨專政。外界認為，習近平現在在軍中的反腐、改革，有對體制改動的跡象。

羅宇認為，「反正體制這個事肯定是有改動的了。但是這種體制的改動，看不出來朝著軍隊國家化的方向發展。」他認為軍隊國家化是最困難的，因為要解除報禁、黨禁相對容易一點，司法獨立然後選舉，也相對容易一點。要想讓中國共產黨放棄軍隊，軍隊成為國家的軍隊，不是黨的軍隊，那就等於是垮臺了。所以這個好像還需要決心和魄力更大一點。

江澤民煽動民族主義 背地裡賣國

在江澤民執政時，民族主義情緒多次被煽動。尤其煽動現在大陸的年輕人、憤青，例如2012年9份，中國52個城市爆發「有組織」的大規模保釣反日行動，就是利用、煽動這些年輕人來鬧事。

羅宇認為，搞這些事就是愚昧。因為領土這些問題，不可能用戰爭的手段去解決的，不管是釣魚島也好、南海也好，跟日本、越南、菲律賓爭執都只能談，而且談也必須用一種新的思維來談。

但是江澤民表面上是搞煽動民族情緒，可是他背地又跟俄羅斯簽定祕密的協議，把大片的國土送給俄羅斯。

羅宇表示，俄國簽了條約以後就公開了，這時中國人才知道，江將大片國土送給俄羅斯，否則中國人還被蒙在鼓裡。蔣介石、毛澤東、鄧小平都沒承認的事，但是江澤民承認了，所以人家說他是賣國賊。

結束一黨專政 解決中國危機

羅宇在文章中還提到，中國大陸危機遍地，它的根源是一黨專政。如果結束一黨專政，羅宇認為中國就民主化。民主並不能夠解決一切問題，但是沒有民主什麼問題也解決不了。

可是有一部分人認為，如果實行多黨制，可能導致中國動亂。羅宇認為這都是胡說八道。所有民主制度的國家、多黨制的國家哪個也沒亂。關鍵問題是，解除一黨專政是要逐步的穩妥的、一步一步的。「看看蔣經國，連設計都不用就走過來了，人家走得很成功。所以中國今天並不需要發明或者創造，把世界上先進的東西學一學，就能解決中國的問題。」

在中共的宣傳當中，稱中國人民的素質不夠，如果達到某種文明程度才能實行民主和多黨制。羅宇認為這也是胡說。「香港人（的文明）夠了吧，它不一樣不給選舉。共產黨裡有一幫人就是專門天天編謊話。」

目前羅宇已脫離了中共，身為一名紅二代，羅宇對其他紅二代的朋友說，共產黨現在已經墮落到什麼程度了呢？它沒有任何信念、理念，它只有利益。「你說周永康信什麼，你說薄熙來信什麼。要我看，他們根本就是一堆爛泥，他什麼也不信。」

「現在的共產黨是說的一套做的一套，掛羊頭賣狗肉。它說的它自己也不信，也沒人信。」羅宇認為，中國共產黨實際上已經瓦解了。

羅宇還聽一個同學提起，幾個朋友在一起吃飯，突然間問起來了：「誰是黨員？」其中幾個是黨員的都非常慚愧的說：「我們那時候年輕不懂事，那時候不得不入。」

他知道紅二代對共產黨的現狀非常不滿，但是他們所處的各種各樣的狀態，讓他公開站起來說退黨，這對他還困難。「但是他們如果不想沾共產黨做壞事的邊，比如活摘器官這些事，這都是共產黨做的。要是不想沾共產黨做的這些壞事的話，他們也可以用假名，或其他方式來退出共產黨，總之不能當幫凶。」

江澤民被軟禁 習左右中國方向

關於寫《與習近平老弟商榷》這篇文章的原因，羅宇表示，因為習近平當了中國最大的官了。中國的一黨專政體制下，第一號人物對中國的方向，往左還是往右，有相當的影響力。

中國不像美國。美國總統若執政往後退，老百姓不接受，就會讓他在選舉中落選。但中國現有的體制，「一把手說了算，總書記也不行。胡耀邦、趙紫陽都當了總書記，但是還有『太上皇』，所以他們決定不了中國的方向。但習近平現在沒有『太上皇』了。他如果想通了，很多事可以進步。」

「紅二代大部分人不滿意中國的現狀，中國現在遍地是危機。」紅二代每年過年時都有一個聚會，是一兩千人的聚會，他們都支持習近平反腐，都是明確表態，大會上講：「我們要支持習近平反腐。」

提到紅二代對江澤民的態度，羅宇表示，江澤民肯定是一個幹了很多壞事的人。習近平想怎麼處理他呢，可能也還在猶豫。現在反正把江澤民也封殺了，習不讓江出來，江也出不來了。但是又沒有像辦周永康那樣去辦他。

羅宇覺得，江澤民已經被軟禁了。比鄧小平軟禁習仲勛的時候還嚴吧，一點消息也透不出來。習仲勛被軟禁時還可以隨便走一走，隨便見人。但是現在網上一點都看不出來江澤民的任何消息。網上都說，他被軟禁或者禁閉了。

拒絕一輩子撒謊 選擇離開中國

羅宇在自己的書中提到「六四」之後，他認為擺在他面前的有兩條路：第一條就是學戈爾巴喬夫說一輩子謊話，然後有一天坐上了高位，說一句真話，這句真話就是戈爾巴喬夫宣布了蘇共的解體；第二條路就是離開，出污泥而不染。他選擇的是第二條。

羅宇表示沒想到習近平坐上大位，所以他對習近平寄予希望。「如果習想清楚了，這一黨專政是不行的，那習在這個位置就可以有辦法把中國引入民主世界。」

羅宇呼籲習結束一黨專政，並希望習近平能聽他的建議。

第三節

試圖挽救民族危機
習與其他人不同

（2015年10月12日《大紀元》編輯部特稿）

中共迫害中華民族已經超過半個世紀。在江澤民掌權後，官員貪腐、欺凌百姓，社會不公發展到極致，中國的法制、經濟、生態和道德遭到極大的破壞，中華民族處於危機之中。習近平上台後，頂著壓力甚至冒著生命危險，抓捕和處理了中共各個系統中最具代表性的貪腐人物。習試圖「把權力關進籠子」，推動各項改革，為老百姓辦了一些實事。

作為中國掌權人，習近平背負著中華民族史命的何去何從，習上台以來的系列舉動顯示，習不同於其他的中共領導人。習的一些所為對挽救中華民族危機，起到了正面作用。

一、法辦薄周徐郭等人意義重大

2012年11月，習近平正式掌權。習近平和李克強所面臨的是一個民眾抗暴頻起、貧富差距擴大、貪腐橫行的中國社會。

在王岐山的協助下，犯下大罪的江系大員如薄熙來、李東生、徐才厚、蘇榮、周永康、令計劃、周本順、郭伯雄等先後落馬。

拍板薄熙來案

2012 年 2 月 6 日，原重慶公安局長、副市長王立軍出逃美領館，令江澤民集團的政變密謀破產。

2008 年 6 月，薄熙來將王立軍從遼寧空降到重慶，先任重慶市公安局副局長，2009 年王升任局長，2011 年又升任重慶市副市長兼公安局局長，一直充當薄的黑打手。

已經公開的資料顯示，王立軍在遼寧省錦州市擔任公安局長時，經他手處理的人命案就有一百多起；擔任重慶市公安局長後，雖然只有短短三年的時間，王立軍也涉及了一百多起人命案。王立軍手上的人命案共有二百多起。

王立軍從遼寧到重慶一直跟隨著薄熙來，殘酷迫害法輪功學員，並參與了活摘販賣人體器官的交易。

2012 年 9 月，王立軍被判刑 15 年。

王立軍案牽出了薄熙來。薄熙來除了在大連、遼寧殘酷迫害法輪功學員之外，最早從大連就開始活摘器官，薄谷開來、王立軍也參與其中。

薄熙來主政重慶期間，發起「打黑」運動，大肆踐踏法治，製造冤假錯案，約有 1000 人被送去勞改。大約 5700 人於 2009 年至 2011 年間被誘捕，包括商人、警察、法官和政府官員。

由於習近平在政治局常委會中投的關鍵一票，使得薄熙來在 2012 年 3 月 15 日被免去重慶市委書記職務，當年 4 月 10 日被免去政治局委員職務。在習近平親自拍板下，2013 年 9 月薄熙來被判無期徒刑。

法辦前政法委頭目周永康

2014 年 7 月 29 日，中共前政治局常委周永康被習當局立案審查。2015 年 6 月 11 日，周被判處無期徒刑。

周永康從 2002 年到 2012 年掌控中央政法委時期，社會矛盾日益尖銳，大陸群體抗暴事件急劇增加。大陸許多慘劇都跟周永康有關，如山東陳光誠事件、2009 年成都唐福珍自焚案、2009 年北京趙連海案、2012 年湖南李旺陽事件等等。

上訪冤民自 1990 年始，每年的增幅都超過兩位數。到 2004 年，中共官方稱一年上訪案件達 1000 萬起，這還是最保守的數據。

1999 年江發動對法輪功學員的迫害以後，為維持迫害，江大力扶植政法委的權力。在江掌權時，在政法委中設立了「610」小組，這使得政法委的權力被無限放大。2002 年開始，政法委書記（兼任「610」小組組長）級別被提升到政治局常委，可調動包括最高法院、最高檢察院、公安部、國安部、中宣部、外交部等在內的各級機關。這一舉動徹底破壞了中共原有的那麼一點法制。各級政法委上行下效，而公安廳長、局長普遍兼任政法委書記，導致公安指揮公檢法司，全國冤案叢生。

2007 年起，周永康正式成為江澤民在台前的代言人，把控政法委和武警。

為了賺錢，當時的政法委連死刑犯都敢隨意掉包。各級政法委又與各家大醫院聯合，與軍隊醫院一樣，幹起了活摘人體器官牟利的勾當。政法委大力擴展武警部隊，使其能與軍隊抗衡，成為「中共第二權力中央」。與此同時，中共的維穩費用也一度超過軍費。

處理貪腐軍頭徐才厚、郭伯雄

2014 年 6 月 30 日，當局正式宣告前軍委副主席徐才厚落馬。2015 年 3 月 15 日，徐才厚病死。

在郭伯雄、徐才厚把持軍委的十年間，軍隊面對的不是戰場，而是一個大賣場，什麼職務都有價格。官方軍事科學院楊春長少將曾曝光徐才厚的賣官內幕，稱軍隊入黨提幹皆有價碼，從排級到師級行情不等，曾有大軍區司令向徐行賄兩千萬，「他們權力太大了，人家一個大軍區司令，給他送了一千萬，再有一個送兩千萬的，他就不要一千萬的」。

據悉，從 1999 年到 2006 年 5 月，中共中央軍委開過六次「處理涉外宗教問題」專門性會議，主要針對法輪功。此後，以中共軍隊後勤部為首的軍隊系統層層開動，形成活摘器官系統，開始按照江澤民的意願活摘法輪功學員器官，並以販賣器官牟利。

江澤民親自下令用法輪功學員的器官做移植，這點也被原總後勤部衛生部長白書忠的錄音所證實。

甚至《鳳凰周刊》也承認，由於徐才厚的緣故，整整兩代軍中人才被廢出局，人才斷層無法挽回，致使新的軍事變革停滯不前，白白浪費了軍隊發展的「最佳機遇期」。

江澤民掌權後以「貪腐治國」為政策，拋出江氏名句「悶聲大發財」，使官場的貪腐和淫亂走向極致，而中共政法委與軍隊系統則是貪腐的「重災區」。習近平強力反腐，大膽清洗中共官場，對很多貪官是極大的震懾。這也是扭轉危局的第一步。如果考慮到中國社會的種種問題與危機，那麼習的所為事實上是在挽救那些危機。

二、中華民族處於危機之中

2012 年習近平接手的是江澤民延續下來的一個爛攤子，其實是個毀滅中華民族的定時炸彈。這個全方位的危機包括經濟危機、道德危機、法制危機和生態危機等。

經濟危機

從最新落馬的福建省長蘇樹林的案例中，可見中共官員的貪腐到了何種程度。

蘇樹林 2008 年擔任中石化集團董事長時，明知故犯地讓中石化斥資百億美元收購安哥拉貧瘠油田，給國家造成巨大損失，而他卻乘坐仲介商人的私人飛機前往非洲，還支付給他人 5 千 100 萬美元的仲介費。

歷數江澤民集團的高官，幾乎每個人都富可敵國。

官方稱周永康受賄 1.29 億人民幣，但是財新網的報導顯示周的家族從中石油海外設備購買中，僅一票就獲利 8 億人民幣，海外更有報導指其家族貪腐上千億人民幣；曾慶紅家族在山東魯能改制中掠走 700 億；江澤民家族從電信等行業中攫取了數不清的財富。

從上到下的利益集團們公開把所謂的「改革開放的紅利」裝進了自己的荷包。不斷壯大的「荷包隊」正以驚人的速度掏空中國國庫。在江的推動下，如今的中國社會，官商勾結，官匪一家，政府黑社會化，官場買官賣官成風，腐敗已病入膏肓，無藥可治。

中國的經濟是權貴經濟，是建立在對底層的掠奪之上的。尤其是江澤民的分贓式經濟，形成頑固而勢力龐大的利益集團。再加上中國經濟三十多年來以踐踏人權、破壞環境和過度消耗資源為代價的增長模式已經走到了盡頭，世界經濟也處於不確定期，如今中國經濟發展已經面臨嚴重困境。

嚴重的貧富分化、社會不平等成為隨時可能引爆的定時炸彈。王岐山在 2015 年 9 月也承認，如果不解決不平等問題，中國社會無法繼續下去。

可以想像，如果江的貪腐政策再延續下去，經濟必然會處於危機之中。屆時貪官們卷錢向國外一走了之，一旦經濟動盪，最苦的還是普通百姓。

法制與道德危機

在 1999 年開始迫害法輪功後，江澤民指使政法委和「610」結合，公安打死學員或搶奪法輪功學員財產在法律上可不追究，因此打破了法律和制度的約束，中國法律在法輪功問題上出現真空，導致冤假錯案叢生，法制崩潰，受害人絕大多數是無辜的良善百姓。

更嚴重的是，江澤民在迫害法輪功之後，因反對「真、善、忍」的理念，使得中國社會道德也在一日千裡地下滑。中國社會道德崩潰到了連在表面文明、表面道德上都無所顧忌的程度。中共官員的淫亂程度已不能用道德來衡量，倫理道德在他們身上早已不存在，活摘器官更使部分官員喪失人性底線。中國社會是一個整體，道德的下滑又從官場向社會蔓延。

中共現役的一名高級將領承認：「信仰一旦崩潰比不曾有過信仰更加糟糕。」

2014 年 6 月，大陸網路熱傳的《當前中國最大的危機，比貪腐嚴重百倍》一文中說，當前中國最嚴重的危機，是大批國民人性的流失與良心的泯滅。造成這一切的根源主要是信仰的缺乏。

2015 年正月，四川一男子準備把自已的智障妻子帶到廣東丟棄。這名男子的妹妹得知後竟說：「你把她帶去丟棄，不如我幫你介紹個買主，把她賣了還能賺點錢。」此後這男子就將其妻子以 1 萬元的價格賣給了外地人。

2014 年 9 月，中共官媒調查報告顯示，當今中國社會的十大病症，排在第一位的是信仰缺失，與信仰、道德有關的精神危機。

生態危機

中國人講求「民以食為天，食以安為先」。

現在，無奈的中國人對於毒食品，也只能在網路上調侃幾句：「從大米裡我們認識了石蠟；從火腿裡我們認識了敵敵畏；從鹹鴨蛋、辣椒醬裡我們認識了蘇丹紅；從火鍋裡我們認識了福爾馬林；從銀耳、蜜棗裡我們認識了硫磺；從木耳中認識了硫酸銅；三鹿又讓同胞知道了三聚氰胺的化學作用……」

大陸網站列出的中國 55 種有毒食品，樣樣都比三鹿奶粉更怵目驚心。

不僅食物成了有毒食品，人們平常飲用的水、呼吸的空氣、賴以生存的土地無不被打上污染的印記。中國的生態環境被破壞殆盡。

中國古人言：天災由人禍而起，無視上天的警示，滅亡的命運最終無可避免。目前，中共治下的大陸社會，在政治、經濟、道德層面上問題百出，民怨沸騰，中華民族面臨嚴重危機。這主要來自於江澤民與中共狼狽為奸，禍亂中華。

三、習近平執政後的系列舉動

習近平顯然對這些危機憂心忡忡，並試圖去改變現狀。毋庸置疑，拿下李東生、周永康、令計劃、徐才厚等犯罪團伙對於震懾貪官污吏和整頓法制秩序是有利的。拿下國資委蔣潔敏、中移動、中石油、中石化等國企的主管，對緩解經濟危機是有幫助的。對官員「通姦」進行通報，也是對官員道德墮落的打擊。大批江系貪官惡吏的落馬，也在某種程度上緩解了無辜民眾所受的迫害。

不只如此，習近平還在下一盤「很大的棋」，以下列舉幾例習辦的實事：

廢除勞教

2013 年 11 月的三中全會上，習近平廢止了勞動教養制度。美國國務院報告曾顯示，幾十萬甚至更多的法輪功學員被非法關押在各地的勞教所中，勞教所中法輪功學員占比高達 50%。圍繞廢除勞教制度的問題，習、江兩陣營不斷過招，激烈拉鋸。據稱習近平甚至為此拍桌子與江系常委翻臉。勞教制度臭名昭著，但歷次有開明派要廢除時，都受到保守勢力的重重阻撓，這次終於由習拍板定案。

提出「依法治國」

2014 年 10 月 20 日的四中全會上，習近平正式提出「依法治國」。2015 年 3 月 24 日，習提出要深化司法體制改革。習曾說，「司法體制改革成效如何，說一千道一萬，要由人民來評判」，「讓民眾在每個司法案件中都感受到公平正義。」當局還提出，「除涉及外交、國防等特殊領域外，政法委今後將不會介入個案。」

2015 年 6 月 24 日，部分公務員就職將向憲法宣誓。

在大陸法制已經崩潰、各級尤其是中下層官員抵觸，還有江澤民、曾慶紅等「大老虎」在背後撐腰阻擊的情況下，侵犯人權、胡亂抓捕的事例依然層出不窮，如徐純合案等等。但無論如何，提出「依法治國」與重樹憲法尊嚴，對重建中國崩潰的法制秩序有一定的好處。

自 2015 年 5 月 1 日開始，大陸法院實施「有案必立，有訴必應」的登記制度後，「全民告江」進入新的階段。從 5 月底到 9 月 22 日，明慧網已收到 18 萬 2379 名（15 萬 3853 案例）法輪功學員及家屬遞交給中共最高檢察院、法院的訴訟狀副本，敦促就江澤民對法輪功學員的迫害罪行立案公訴。

放寬一胎化計畫生育政策

三中全會決議放寬了一胎化計畫生育政策，允許一方是獨生子女的夫婦可生育兩個孩子。要落實這些決議仍障礙重重，但至少方向明確。

推進戶籍制度改革

2014 年 7 月 30 日，《關於進一步推進戶籍制度改革的意見》

決議發布。至此，大陸再無「農業戶口」。

廢除嫖宿幼女罪

2015 年 8 月 29 日，習當局取消嫖宿幼女罪，今後此類行為一律按強奸罪從重處罰。嫖宿幼女罪被指為放縱犯罪、為權貴提供「免死通道」。2014 年，被媒體曝光的大陸性侵兒童案件平均每天 1.38 起。其中，受害人群尤其以 7 歲到 14 歲的小學生居多。

重整軍隊

在拿下前軍委副主席徐才厚、郭伯雄之後，習近平在 9 月 3 日閱兵時宣布裁軍 30 萬。雖然軍隊具體改革方案還沒出來，但是習對軍隊的大幅重整已經蓄勢待發。

提倡傳統文化

中國行政體制改革研究會副會長汪玉凱曾在 2014 年年底說，習不斷在中國的傳統文化中，特別是儒家思想中找到仁、義、禮、智、信這樣的元素增加對中國治理的能力。

2014 年 9 月在考察北師大時，習對中國古代經典詩詞和散文從小學課文中去掉的現象，表示「很不贊成」。他說，「去中國化」是很悲哀的，「應該把這些經典嵌在學生的腦子裡，成為中華民族文化的基因」。

習近平還曾表示從小就崇拜岳飛、戚繼光、馮子材等民族英雄。

2014 年 10 月的「文藝工作座談會」上，習近平批評大陸的低俗文化：「低俗不是通俗，欲望不代表希望，單純感官娛樂不等於精神快樂。」

被公認是低俗、惡俗文化代表的趙本山，未受邀參加這個座談會。此後，趙本山基本退出重大場合的表演。一度頻繁在大陸舞台上流行的、充滿「葷段子」的二人轉，也漸漸從正式場合的表演中退出。

同時，習、王曝光有通姦行為的官員。18 大後，「與他人通姦」已成為落馬官員罪名中的高頻詞。

應該說，因為江澤民的貪腐淫亂政策，導致中國大陸從官場向社會擴散的道德淪喪之風盛行，在此情況下，習的這些舉動與江的所為形成對比，對官場歪風有所遏制。

在領土問題上不妥協

習近平上任三年左右，讓人看到了他想要讓中華民族立於世界頂峰的願望。

在中共建政初期，中共以領土讓步換取周邊小國的認同。

在鄧小平掌權時期，對於一些有爭議的領土問題採取了擱置爭議的辦法。

江澤民掌權時期的 1999 年，為了不讓當年做過日本漢奸、蘇聯克格勃的醜行曝光，其與前蘇聯簽訂了多個條約，默認沙皇和滿清簽訂的九項不平等條約，使中國永遠喪失約 160 萬平方公裡的土地（不包括外蒙）。協定中涉及的領土，相當於東北三省面積的總和，也相當於 40 個台灣。

江澤民賣國，讓中國喪失了大片領土。

習近平掌權後，在領土問題上採取負責任的態度。在南海問題上不輕易退讓。

同時，當局通過一些方法暗示了江澤民出賣領土的行為。

8 月 25 日，中共軍委副主席許其亮在軍方研討會上說「決不讓老祖宗留下的疆土有半寸丟失」。此言一出，有網民直接影射中共前黨魁江澤民的賣國行為。

2 月 17 日中國新年的小年夜，此前一直被囚禁的呂加平，被保外就醫後回家。呂加平是中國二戰史研究會會員，早在 2009 年 12 月 5 日就公開揭露江澤民「二奸二假」問題。其中的「一奸」指的是，江是一個效力於蘇聯克格勃情報間諜機關和向俄出賣奉送大片中國領土的蘇俄奸細。

四、大陸百姓對習近平有一定期待

在中共體制之下要有所作為是艱難的，要改變中共官場的做法更是難上加難。

近三年來，中共超 10 萬貪官落馬，但江澤民勢力仍頑固抵抗。2014 年 8 月 4 日的《長白山日報》稱，習近平對反腐敗形勢的評估前所未有的嚴峻，習認為「腐敗和反腐敗兩軍對壘，呈膠著狀態」。由此可見習的反腐已經深刻觸動了以江為首的利益集團。

2015 年 8 月 19 日，中共官媒發表文章稱，「深化改革」必將觸及中國政治、經濟、社會、軍事、外交多個領域的種種深層次問題，困難之大，阻力之多，不適應改革乃至反對改革的力量之頑固凶猛複雜詭異，可能超出人們的想像。

對此，習一直以強硬態勢回應：「與腐敗作鬥爭，個人生死、個人毀譽，無所謂。」就反腐問題，習近平還表示「反腐不設名額，有多少抓多少」、「上不封頂」、「除惡務盡」、「沒有鐵帽子王」等。

2015年10月8日，官媒承認，在習、王反腐的高壓態勢之下，中共權力的「任性」已大為收斂。「把權力關進制度的籠子裡」起到了一定作用。一個地方發改委的官員也對《大紀元》記者說，現在至少表面上沒人會直接再索要賄賂。

接連拿下周永康、令計劃、徐才厚、郭伯雄等「大老虎」後，中國大陸百姓對習近平的反腐更有所期待。

江西民間歌手李磊創作的一個讚揚習近平的歌曲視頻2014年在網路熱播，兩天點擊率達到1萬7000人次，歌詞大意包括「依法治國棄人治，執政必嚴懲貪官，老虎蒼蠅一起打……」，反映了中國百姓擁護習反腐的聲音，以及對習反腐的期待。

時勢造英雄。當今中國的深重危機讓人們期待一個有作為之人的出現。習的所為在某種程度上順應了這種要求。這事實上也為其下一步可能的更大力度的舉措奠定了基礎。

五、習近平不同於其他中共領導

作為中國掌權人，習近平背負著中華民族史命的何去何從。所幸習的行事不同於中共以往的領導人，習上台以來的所作所為對挽救中華民族危機，起到了正面作用。

首先，習近平手上沒有屠殺百姓的血債。

對於前幾任黨魁來說，在其任期內都曾大量殺人。毛掌權時期，三年大飢荒餓死了三千萬中國人。中共元帥葉劍英承認，「文革」整了一億人，死了兩千萬人；鄧掌權時期，對「六四」進行鎮壓。中共謊稱無人死亡，海外報導死了幾千人。江澤民掌權時期，發動對法輪功的迫害，僅有名有姓的法輪功學員被迫害死的就 3888 人，還有未統計到的學員，以及數量巨大、被活摘器官的學員。

而胡錦濤掌權時期，上任之初就被江澤民架空，政令不出中南海，對官場沒有約束力。胡錦濤缺乏魄力的性格，使得江澤民「貪腐治國」的政策在官場得以延續。

中國一些官員私下都承認，習近平是體制內難得的好人，認為他為人厚道、質樸。

習任職福建期間，其在陝北梁家河插隊時的農民朋友呂侯生右腿患了骨髓炎，債台高築，貧病交加。習近平知道後，數次接他到福州治病，工作再忙也常去醫院看他，並為他支付了所有費用。

在許多西方學者眼中，習近平和此前的中共黨魁非常不同。他們往往用三個概念來詮釋習近平的領導力與其前任們的不同，那就是他的個人權威、深刻的民族使命感以及更勝前任們的時代緊迫感。

習掌權後制定「習八條」，厲行務實簡樸。習曾在 2006 年的一次談話中，談到女兒習明澤在家裡不讓他「多點一盞燈」或多用半張餐巾紙。

習近平在 2015 年新年團拜會上講話強調，要「重視家庭建設，注重家庭、注重家教、注重家風」等。

一個細節可以看出習近平和前任黨魁江澤民之間的區別。

2010 年，時任國家副主席的習近平回福建時，看望過去的主要搭檔林愛國時說，過去在寧德，條件窮，什麼都沒有，但是我們很淳樸。現在高速公路、高速鐵路都有了，機場也立項了，港口部分也開放了。現在條件這麼好了，幹部卻腐敗了，近年來，寧德的連續兩任市委書記被判無期徒刑，縣市幹部幾十個坐牢去了。

林覺得習的這番話講得有點傷感，也很驚訝。「我都沒想到他會講這個話……」

從這點上看，習近平在掌權前就對官場腐敗有所關注，也可以理解為何今日習要重拳反腐。

而習也比其前任更有魄力去改變現狀。習的朋友預言，未來只要條件成熟或條件許可，習近平很可能會有「驚人之舉」。他「有一個宏大的、開創時代的夢」。

中共的特點就是「戰天鬥地」、「與天鬥其樂無窮、與地鬥其樂無窮、與人鬥其樂無窮」、為所欲為。習近平上台後，開始大幅度推行環境保護，廢除了可以隨意抓人的勞教制度，這在中共歷史上相當罕見。

事實上，由於共產黨的專制統治，中國人幾乎都被中共套上了枷鎖。但很多人是被動加入共產黨的，在其中身不由己。從真實意義上說，共產黨員身分及其職位只是個符號，是否死心塌地相信並實行共產邪惡主義那套做法才是問題的關鍵，是否真正對百姓、對民族、對國家有利，是否順應更高歷史安排的要求，才是最重要的衡量標準。

從習的各種做法來看，他有著自己的想法和理念，希望法治、正義、公平、清明、傳統道德等價值在中國社會實現。習對官員虐待百姓的做法並不認同，對北韓的惡劣體制並不欣賞，在香港事件中即使面對江系的逼迫也沒有採用「六四」那樣的血腥鎮壓。

他被體制所掣肘，但他試圖在走自己的路。在這個危機的時代，他所做的事實上也是在挽救這個危機，挽救中華民族的危機。因此，有必要把他跟中共分開，不把他和中共其他頭目混為一談。

六、結語

中華民族是個具有五千年輝煌歷史、無數華夏子孫引以為豪的民族。可是，共產邪教在中國掌權後，試圖毀滅中華民族，殘殺國人，使其處在一個前所未有的災難時刻。然而，中華民族又是一個堅強的、英雄輩出的民族，在最艱難的時期，總會出現最震撼人心的突變。

物極必反，在江澤民和中共禍亂中華最慘烈的時候，王立軍出逃打破了江派整個布局，導致江派大員像多米諾骨牌一樣倒塌。

在民族危急之時，習近平上台，順勢反腐，拿下薄熙來、周永康、令計劃、徐才厚、郭伯雄等一眾「國妖」，解除勞教，推動改革，為挽救民族危機起到正面作用。這些舉動值得稱道。

習近平的系列舉動顯示他和其他中共領導人不同。今後的路習如何選擇，將影響中華民族走出危機的歷程，並決定習的歷史定位。無論如何，順民心承天意都是古今所有成大事者首要考慮的因素。此要素在當今巨變中的中國顯得尤為迫切。

第四節

半壁江山陷「霾」伏 聖賢高人道緣由

2015 年冬，大陸 300 多個城市空氣嚴重污染，陰霾持續，幾乎半壁江山被陰霾侵吞。圖為北京籠罩在陰霾中。（大紀元資料室）

2015 年冬，大陸三百多個城市空氣嚴重污染，霧霾持續。12 月 25 日雖是聖誕節，但由於嚴重霧霾，至少 10 個城市在平安夜同時處於空污紅色預警狀態，25 日北京機場因為霧霾，能見度低的原因導致 300 多架航班停運。

大陸半壁江山被陰霾籠罩

這已經是一個月內中國第四次大片地區發生最嚴重霧霾，幾乎半壁江山被霧霾侵吞。由於霾與埋同音，霧霾也叫陰霾，很多人稱，中國淪陷了，被陰霾埋葬了。

不單是北京出現霧霾天氣，天津、濮陽、新鄉、德州等 10

個城市啟動最高級別的霧霾警報，京津冀及周邊 70 個地級以上城市中，北京、天津、德州、安陽等 30 個城市的空氣品質仍處於「嚴重污染」等級，部分觀測站的細懸浮微粒數字更處於超出監測值上限的狀態。濟南的一名司機因為看不清路，連闖了 8 個紅燈。24 日上午，河南省新鄉市空氣中的微塵顆粒達到每立方米 727 微克，幾乎是世界衛生組織規定標準的 30 倍。

此前 12 月 21 日，從北到南，從東到西，全國 367 個城市中，近六成城市空氣污染；12 月 22 日，京津冀 48 城重度污染，北京、邯鄲、廊坊、邢台等 7 城市啟動紅色預警；南京 22 日傍晚還出現玫紅色霧霾；23 日，廣州灰霾鎖城，達重度污染級別，廣州不少市民戴著口罩出行。手機移動互聯網上的微信微博上也被灰霾的照片刷屏。受灰霾天氣影響，廣東省內多條高速公路能見度不足 10 米，交通中斷。珠江水道煙霧籠罩，完全望不到江對岸，廣州市客輪公司緊急叫停了水上巴士。

22 日傍晚，南京天空更出現了霧霾自帶顏色的奇景。不少南京網民網上曬圖。照片顯示，天空呈現出玫紅色的奇景。網民稱：「玫紅色的霧霾還是頭回吸上。」有網民解釋稱：紅色霾是化學中的顏色反應：鉀紫；鋰紅。紅色應該是空氣中重金屬化合物濃度過高的物理化學現象，絕對不是太陽晚霞的現象。

官方報導稱，北京全市 PM2.5 濃度最高小時均值出現在 22 日 20 點，達 421 微克 / 立方米；其中，單站最高小時值出現在京西南邊界站，濃度達到 831 微克 / 立方米。23 日凌晨，北京官方解除紅色預警，但市民們感受到空氣仍然重污染，有民眾自發實測，結果 PM2.5 濃度破 800。23 日早 6 時，中央氣像台繼續發布大霧橙色預警，北京部分地區能見度低於 500 米。北京市環保局稱，2015年11—12月，是北京近四年來污染最重的時期。

民衆呼聲：我們在慢性自殺

多地網民稱：北京這空氣繼續惡化下去，活到40歲都成問題；人在霧裡行，出門就吸毒，這等於慢性自殺，5年之後就是肺癌；很多人問，霧霾這麼嚴重，是什麼的前兆嗎？一位江蘇省徐州網民說：古時候，口罩是一種小小道具：我在這頭，強盜在那頭；小時候，口罩是我的小小恐懼：我在這頭，護士的針頭在那頭；後來呢，口罩是2003年的集體記憶：我在這頭，SARS在那頭；而現在，口罩是路人的出門必備：我在這頭，卻看不清，誰在那頭。

中國現在動輒是半壁江山陷「霾」伏，頻率之高、範圍之廣，人類史上從未出現過。官媒總說西方國家是先污染、後治理得以恢復。其實西方當初遠沒有污染到今天中國這樣的地步，即使1952年12月倫敦發生的煙霧事件只持續4天，過後再沒有發生。中共過去三十年瘋狂破壞環境提高GDP，對環境的破壞是毀滅性的。2014年有調查顯示，過去10年中國的環境污染損失接近GDP的10%，其中空氣污染占6.5個百分點，水污染占2.1個百分點，土壤污染退化占1.1個百分點，也就是說，過去20多年來的經濟增長還不足以補償它產生的環境污染損失，中國人現在是在消耗子孫後代的財富。

據法新社報導，北京市經濟和信息化委員會一名匿名官員透露，北京政府12月21日已下令該市和郊區2100家工廠停工或降低生產規模，以減少排放廢氣。北京市市長王安順曾信誓旦旦地表示，投入 7600 億元治理霧霾，治不好就『提頭來見』，如今誰也不問王市長有多少個腦袋，但北京霧霾越來越嚴重，這是每個人都看得到的事實。那這些霧霾到底是怎麼產生的，從何而來的懸浮物呢？

從微觀中來的氮化物

早在 16 年前的 1999 年 2 月 22 日，法輪功創始人李洪志大師在美洛杉磯「美國西部法會講法」中給其弟子講法答疑時，就回答了這個問題。人們可從網路上免費查詢到相關內容（www.falundafa.org）。

李大師這樣回答說：「大家知道，北京那個天氣，人們很著急。這個北京怎麼了？這兩年那個天氣像雲不是雲，像霧不是霧，空氣中的懸浮物質那顆粒還都很大，眼睛都看見了。說那個是汽車的廢氣，馬上治理汽車尾氣。我想這與汽車沒有關係。汽車排出的那是一氧化碳、二氧化碳，而空氣中的懸浮物主要是氮化物。美國的汽車多的簡直了不得，那公路上像水一樣在流，幾十年了也沒有污染到這種成度，所以它不是汽車的問題。說工業污染，發展中國家工業污染雖然相當嚴重，並沒有達到那種成度。特別是北京也沒有那麼多造成污染的工業。他說燒煤燒的，但現在都是暖氣啊，大煙囪也很少。可是過去燒爐子的時候家家一個爐筒子，那個時候也沒有污染到那種成度。說它不是這種污染，當然了他不相信，我也沒必要告訴他們，人喜歡說是啥就說是啥了。

其實就是微觀銷毀的空間中存在的那個非常不好的物質不斷的下落。坐飛機，從機場一起來穿過五百米後，藍藍的天非常好，往下面一看，哎喲，像一個蓋子蓋住了一樣。它從哪來的老也不散？它是從微觀上來的，所以就查不清它從哪兒來的。它從小於表面分子的粒子中來的，所以查不清它從哪來的，最後發現是氮化物。氮化物這個東西（你們學化學的可能都知道）那是有機物質浮塵，和那個燒死人爐裡出來的煙是一樣的，它其實就是銷毀微觀不好的生命造成的。」

唐朝推背圖：「黯黯陰霾 殺不用刀」

《推背圖》第46卦象。

天意從來高難問，誰為預言道古今。歷代著名預言都將歷史發展的大勢，伏脈千里地埋藏在注此寫彼的玄奧文字中，留給後人解讀，其驚人的準確率令人震驚不已——原來歷史是在安排之中，人只是在完成自己的角色。震驚之餘，亦深感天心慈悲，唐朝精準預測日蝕的第一人李淳風與術數大師袁天罡合著的《推背圖》第四十六象，直指當下，天意昭然。

推背圖第四十六象 己酉 風水渙

其讖曰
黯黯陰霾 殺不用刀
萬人不死 一人難逃

頌曰
有一軍人身帶弓
只言我是白頭翁
東邊門裡伏金劍
勇士後門入帝宮

渙，易經第五十九卦。坎下巽上。

渙。亨，王假有廟。利涉大川，利貞。

《彖》曰：《渙》「亨」，剛來而不窮，柔得位乎外而上同。「王假有廟」王乃在中也。「利涉大川」，乘木有功也。

《象》曰：風行水上。

此乃王居正位，風行而功成之兆。

眾所周知，《推背圖》為了保全與流傳，四十象後是打亂了次序的，為什麼說四十六像是直指當下呢？「黯黯陰霾，殺不用刀」，正是此時之天象，從外在看是籠罩大半中國的霧霾天氣，霧霾中的城市鄉村渾蒙不清，鬼影幢幢，人如置身毒氣室，其危害毋庸多言，最近官方網站報導，北京市近十年肺癌發病率增長約 43%，這不是殺不用刀嗎？這是一個時間指向和外在表徵。

以天人合一的宇宙觀來看，內外一如，外部環境是人內心情狀的映射。

自共產黨建政以來，無神論摧毀了民眾的信仰，歷次政治運動致使人人為敵，人心大壞，尤以近二十年來為甚，何也？1999 年 7 月，踩著「六四」鮮血上位的前中共黨魁江澤民，出於妒忌和個人權力危機感，不顧政治局其他六位常委的反對，一意孤行展開對數千萬修煉「真、善、忍」的法輪功學員的迫害，發動全國媒體造謠誣陷，謊言鋪天蓋地，遍及每一個角落，並製造天安門自焚事件、捏造「1400 例」構陷法輪功，煽動民眾仇恨達到頂點。

如此毒化人心，在思想中散布陰霾毒素，這才是殺不用刀，殺人於無形！因為思想中裝了對佛法仇恨抵觸之惡念的人，如何被佛法救度，未來又往哪裡安身呢？由於謊言的宣傳，整部國家機器的開動，致使各層組織官員及無數普通民眾都捲入了這場迫害，人只見對手無寸鐵的法輪功學員肉身的酷刑、殺戮、活摘器官，然而迫害者本身的滔天罪業到了還報之時，他們又是在誰的迫害之中呢？這一切的元凶禍首，即是爆出日俄雙重漢奸身分、賣國貪腐淫亂的總頭子——江澤民。「萬人不死，一人難逃」，上天慈悲眾生，只有把江澤民繩之以法，真相大白於天下，「萬人」才有免蹈死地的機會。

而今獵江之勢已成，那麼誰是獵江之人？頌曰：「有一軍人身帶弓，只言我是白頭翁」這一句是眾所矚目的焦點。這其實是個字謎，白頭翁即白字上面有一個翁字：

翁
白 —— 公
習

——習公，即習近平。「東邊門裡伏金劍，勇士後門入帝宮」，指習近平之籌謀布局。此句一解，整個四十六象了然。天意已明，無需饒舌。荷天命者順勢而行，縱千難萬險，終將克定，大功可成。

第十一章

「我們絕不是共產主義接班人」

大陸地產名人任志強反駁共青團中央重提的「我們是共產主義接班人」後，再次開炮，涉及「中共不等於中國」，再次引發熱議。有分析認為，任和王岐山關係特殊，此事件背後很可能是王岐山，或正在為應對中共垮台而進行某種輿論布局。

繼炮轟官方造假宣揚的「共產主義接班人」之後，任志強撰文涉及「中共不等於中國」的敏感話題。（大紀元資料室）

第一節

任志強有關接班人發聲內情

2015 年 9 月 22 日，習近平啟程出訪美國，就在當天，中共共青團中央重提「要做共產主義接班人」的口號，遭到北京政協委員、大陸地產名人任志強的公開反駁。任志強在微博上撰文，描述了「自己被這句口號騙了十幾年」的痛苦經歷，得到民眾的大量點讚，同時招來網路五毛的圍攻。當晚任志強撰寫長微博《我們是共產主義接班人？》論證這句口號其實是騙人的鬼話。很快這篇文章被數百萬人閱讀。

9 月 23 日上午，共青團中央官微發表了署名團中央宣傳部長景臨寫的《與任志強先生商榷》，回擊任志強。當晚 10 點左右，任志強再撰長微博回應稱，「千萬別讓團中央用愚昧再去欺騙年輕的一代。千萬別讓改革開放退回到改革之前。我不在乎別人罵我，但團中央不能用無知欺騙社會！」

《環球時報》連夜盜取民意發社論稱《共產主義沒有欺騙我

們》，不點名批任志強，共青團中央下面的地方共青團也集中火力攻擊任，而更多的網民則站在任志強一邊，為他打氣，網路大戰不斷升溫。

隨後，據任志強微博暗示，這場大戰後來有高官出來「關照」了。他在刪帖時說明：「領導指示說：景臨已經將指責我的微博主動刪除了。希望我也能自行刪除有關指出團中央錯誤的微博，以避免爭論繼續升溫。我說：『這次看領導面子刪了，但下次再有類似情況仍會堅持反擊』。」

就在任志強「聽命」降溫之際，人們本以為這場「共產主義」爭吵就要停止了，哪知這時突然殺出個程咬金，論戰的矛頭從任志強轉向了王岐山。

江派五毛攻擊王岐山

9 月 24 日，自稱「獨立學者」的知名毛左杜建國，重發其 2015 年 3 月發過的長微博稱：「我對任志強的輔導員有不滿」。此前任志強曾公開他在北京 35 中讀初中時的輔導員就是王岐山。杜建國稱任志強「惡行累累」，在諷刺王岐山的同時，杜建國還攻擊與王關係密切的財新總編胡舒立。

文章稱，「任志強的輔導員是誰，大家都清楚。我對他有幾處不滿。第一，2008 年 6 月他作為副總理出訪美國，小布什單獨接見了他半小時，事後接受記者採訪時，他竟然說：自己第一次單獨見小布什，很是緊張。小布什有什麼了不起？一副受寵若驚的樣子。」

有網友評論說，中共五毛哪裡知道中共這爛攤子支撐起來多麼難。比如中國當初在加入世貿組織時的承諾，幾乎全部都沒做到，中共欺騙了國際社會，美國要想制裁中共是很容易的，如今想要維持中美關係的不破裂，王岐山能不緊張嗎？

「第二，亂吹捧托克維爾的那本《舊制度與大革命》。《舊制度與大革命》在中國走紅，是右派或『自由派』刻意炒作起來的，用以製造『再不深化改革就要爆發顏色革命』的輿論。他竟然跟著起哄，製造恐慌氣氛。」有學者回應說，中國的現狀與當年法國大革命爆發前非常類似，提醒中共官員們看這本書，當然很有必要，否則「死到臨頭都不知怎麼死的」。

任志強呼應王岐山 炒熱共產黨話題

有人也許對五毛突然轉向攻擊王岐山所有不解，其實這是雙方早就安排的。

《新紀元》周刊封面故事《獨家：揭習訪美的最絕密話題》談到，9 月 9 日，王岐山在「2015 中國共產黨與世界對話會」上公開談及中共執政合法性問題，「中國有句俗話叫：『哪壺不開提哪壺』，不具執政合法性的中共，此時卻拋出這個話題，似乎等於變相引導人們去認清中共沒有執政合法性。

執政合法性一向是中共的禁忌話題，就如同 2004 年《大紀元》發表系列社論《九評共產黨》十多年以來，中共隻字不敢提《九評》，《九評》成了互聯網上被封鎖最嚴密的信息。因為該書詳盡剖析中共的邪教本質，也詳述中共如何以暴力及謊言竊取政權，嚴密的論證被認為徹底否定了中共執政的合法性。」

果然，中共合法性的討論引發了共產主義合法性的討論，王岐山打出第一桿，半夜兩人都能聊聊天的密友任志強接著就來打第二桿，把這球拋得很高很遠，拋出的信息是：「我們不是共產主義接班人」。

作為華遠房地產公司的老總，任志強在2100多字的博客中只是簡單表達了自己的感受，並沒有深入分析，畢竟這個話題太複雜，沒有幾十萬字是很難說清的。國民黨與共產黨打了幾十年交道，最後也沒看清中共，目前世界上唯一一本把共產黨分析透徹的只有《九評共產黨》。很多人推薦說，凡是在大陸生活過的人，每個人都應該讀讀這本奇書，才會對自己的未來有所把握。

任志強表示，當年他成為中共少先隊中的小鼓手，曾很自豪自己是共產主義接班人，1964年10月1日，他還參加了天安門前的慶祝遊行，沒想到一年多後文革開始，他的父母就成了走資本主義道路的當權派，他也因此成為黑幫子女，還有個「狗崽子」的稱號。1951年出生的任志強，父親任泉生曾任商業部副部長。

在經歷文革的痛苦後，任志強說：「我們被欺騙了十幾年。文革讓我知道只有無產階級專政下的階級鬥爭再革命。而沒有共產主義接班人！」

他在文章中表示，從接受貧下中農的再教育，到「九一三」（林彪）事件，鄧（小平）的下台，周（恩來）後的天安門事件等引發了社會更多的思考。

「共產主義不能在一個國家實現」

按照馬克思的構想，「共產主義是一種共用經濟結合集體主義的政治思想，主張消滅私有產權，並建立一個各盡所能、按需分配的生產資料共有制，而且主張一種沒有階級制度、沒有國家和政府的社會。」

任志強說，「馬克思告訴我們共產主義是不能在一個國家實現的。這就必須是個世界普世價值觀的共識。一個不分東方西方，沒有敵視的共容。至少目前這個前提是不存在的。歷史也告訴我們靠暴力革命是不行的，靠公有制經濟是不行的，靠計畫經濟也是不行的。沒有民主與法治更是不行的！」

「從封建社會到資本主義社會用了上千年，中國改革後的社會主義初級階段還不到 40 年，就想讓共青團員們接共產主義的班，豈不是天大的笑話？」

最後他建議：「先要讓法律真正能保護人民的生命與財產的安全，先要讓中國人能容入世界共同的價值觀。」

民間力挺任志強 痛斥五毛

此文一出，引起眾多網民的共鳴，很快點擊量超過百萬。很多人說，任總退休後，越來越敢說真話了。北京一家藝術中心的董事長榮劍表示，老任把他和幾代人被騙的道理講透了，「五毛」們大概聽不懂。

廣州一位網民表示：「那些拿錢發帖罵任總的，你們活該被奴役一輩子，做社會的最底層。自馬克思所謂共產主義提出到現在，北韓、古巴、蘇聯、越南，曾經的中國無一例外全部失敗。而同種、同文化語言的香港、台灣政治成就的截然不同，亦已經證明所謂的共產主義根本就是個謊言，就是個錯誤！」

四川綿陽的網民回應：「融入普世價值，共產主義不僅行不通，而且還要垮台。執政黨就是希望我們越不能普世越好，玩的是洗腦、控制思想。」

還有民眾說：「天天都有貪官下馬的消息，天天都有貪官通姦、豔照的新聞，我們真的很不服氣！統治我們的就是這幫窮奢極侈、色膽包天、紙醉金迷的狗屁玩意！我們納稅人憑什麼要用血汗錢養這幫貪財好色的垃圾！我們不幹！我們要自己選！你們選的都是垃圾！」

2015 年中共兩會之際，新浪社交網上推出話題：「小時候吹過的最大的牛是什麼」，在眾多回應中，不管是工人、農民、律師，還是公司白領、企業高層都認同:「我們是共產主義接班人」。中共少將羅援此前也承認，現在民心向背：「你不罵共產黨，都不好意思上這個網。」

也有一些人跳出來罵任志強，說不要「端著碗時吃肉、丟了碗就罵娘」。還有人揭老底說，2013 年《南方周末》有篇採訪報導題目是《任志強:我信仰共產主義 我覺得這就是最好的社會》，2013 年 8 月 26 日在搜狐財經主辦的未來大講堂上，任志強稱《我每年交幾十萬黨費 始終信仰共產主義》，問怎麼解釋。

有人馬上回駁說，道理很簡單：任志強是在 2013 年 9 月以後才覺悟的。一個當初那麼積極的老黨員都敢公開站出來挑戰中共了，可見法輪功說的大陸有 2 億人退黨、退團、退隊是可信的。

也有學者問，為何王岐山要選在習近平訪美前挑起這個敏感話題呢？有分析認為，這是習陣營在探測民意：故意拋出中共合法性問題，故意讓「任大炮」出來點炮，看的就是民眾的反饋，當看到「倒共」成了民心的主體時，當權者也應該有所體悟吧。

第二節

「中共不等於中國」任志強十一再開炮

祖國不是 1949 年才有的中國

中共官方高調宣傳建政 66 周年之際，大陸知名地產商、「網路大 V」任志強 2015 年 10 月 2 日凌晨在博客上罕見撰文《新國家還是新政權？》僅數小時，就有超過 10 萬人次點閱該文章。

該文章說，「這一天（十一）發生在 66 年之前，中國中央政府成立了」。文章認為，「從中國傳統文化的角度和從國際法的角度看，中國還是原來那個中國。中國的文化，中國的國家邊界，中國歷史上與世界各國簽定的協議等，都沒有發生任何變化。」

「如果中國是一個新的國家，那就無法繼承原有國家的文化、歷史、疆域和與世界各國舊有的協議和外交關係。尤其是在聯合國和一切國際組織中的國家地位。」文章認為，「所謂的新中國恰恰是因為既想繼承原有國家的一切，又想自認為是成立了一個新的國家。」

「從聯合國安理會的常任理事國席位可以看出，世界各國沒有將中國看成是一個新成立的國家，而只看成是能否代表中國的一個政府。其所繼承的仍然是那個在二戰中建立了反法西斯戰爭偉大功績的曾經由中華民國政府代表的中國的聯合國席位。」

「直到今天生活在中國大陸中的許多人仍在錯誤的以為今天是一個新的國家的誕生。以為祖國在過 66 歲的生日。中國這個古老的國家已經有數千年的歷史。每個朝代所發生的變化都是這個國家中的統治者，或稱代表國家主權地位的政府的變更。而不是國家的改變。」

文章說，「中國仍然是那個有著千年文化傳統的國家，每一段統治者的變化過程都是這個國家歷史中的一部分。不是重新的開始，而是歷史的傳承。」「如果僅認為這是一個只有 66 年歷史的國家，那麼怎麼會有抗戰勝利 70 年的紀念？怎麼會有歷代王朝和孔孟之道？」

「當高喊熱愛祖國的口號時，切莫以為這個祖國是 1949 年才有的中國，當高喊熱愛國家的口號時，切莫以為中國是個新成立的國家。」

文章認為，「這個祖國、這個國家包括了 1949 年之前的一切歷史，也包括了除中華人民共和國這個政府所管轄的地區之外的，仍在中華民國政府管轄下的疆域。絕不能說愛台灣就不是愛祖國，不是愛中國！」

9 月末，中共共青團中央發文，再提連黨內都無人相信的「共產主義」信仰問題，引發大陸網民撻伐。任志強隨後撰文炮轟官方造假宣傳：「被這個口號騙了十幾年。」該文得到網民力挺。

正值中共官方高調紀念「十一」之際，任志強再次「開炮」且涉及「中共不等於中國」的敏感話題，又引發大陸網民熱議。

不少網民表示，「國依舊是這個國，仍然是有著千年文化的國，無非是時代更迭，執政者的變更。」

「敢說真話的人永遠令人肅然起敬。這個概念是很重要的，國家和政府應該分開的，這樣才能理解為什麼批評政府才是愛國。每天唱讚歌其實不是愛國的。」

還有網民認為，「國家、政府是兩個完全不同的概念，絕不能混淆，但官方宣傳總是在試圖模糊兩者的概念。其實官方最擅長的是編造謊言，害怕的是真相。」

外媒：中共不等於中國

《華盛頓郵報》曾於2012年5月發表美國普林斯頓大學東亞研究系教授林培瑞（Perry Link）的評論文章，文章說，中共不等同於中國、中國人，美國政府應該把這一概念區分開，否則將是危險的。文章還以中國歷史上兩個短命的朝代——秦朝和隋朝，來隱喻中共垮台。

此前，英國《衛報》曾發表薩姆森（Catherine Sampson）的文章稱，當我們使用「中國」來表示少數掌權的中共領導人時，我們實際上是用了中共的詞彙。以「中國」來表示少數領導人只是簡略的表達方式。而幾十年來致力於整合民族主義和一黨專政的卻是中共。更重要的是，以「中國」代表一切的用法，是中共領導人加諸人民的最強而有力的控制方法。質疑一黨專政，就成了「反對中國」的異議分子。

「新中國」的由來

據《解體黨文化》一書記載，「沒有共產黨就沒有新中國」這首傳唱極廣的中共頌歌創作於 1943 年，當時的歌詞是「沒有共產黨就沒有中國」。1950 年毛澤東在「中國」前加了一個「新」字，歌詞於是變成了今天的樣子。

這一個「新」字，加得很有講究。當時的中國人，都有在中華民國生活的經歷，說「沒有共產黨就沒有中國」，和這些人的人生經歷相左，不易使人信服。此其一，更重要的一點是，在共產黨的詞典裡，「新生事物」是個有特定涵義的名詞。如果說什麼東西是新生事物，那它一定是符合歷史潮流的，有著「強大的生命力和遠大的未來」。同時，它的任何缺陷，都是「新生事物的不成熟」造成的，在一個不可確知的將來，這些缺陷都可以逐一克服。共產黨也的確是這麼給自己辯護的。

這首歌出現的背景是：1942 年，領導國民政府進行全面抗戰的蔣介石發表了《中國之命運》一書，其中有一句話，「沒有國民黨就沒有中國。」躲在延安「整風」的共產黨針鋒相對的發表題為《沒有共產黨就沒有中國》的社論，聲稱「中國共產黨才是抗日的中流砥柱」。因此，這首歌的主要內容是講「中共領導全國人民打敗了日本侵略者」。

越來越多的史料證明：「領導抗戰」既不是中共的主觀願望，也不是客觀事實。在大敵當前的危急時刻，中共真正關心的是如何藉機發展壯大自己，最終奪取政權。中共在名義上建立「抗日民族統一戰線」，用輿論收買人心，暗地裡「一分抗日、兩分應付國民黨、七分發展壯大自己」，甚至與侵華日寇暗通款曲，倒賣鴉片。應該指出的是，抗日戰爭從 1931 年的「九一八」事變就開始了，歷時 14 年，國民黨 1932 年進行了「一二八淞滬抗戰」，1933 年進行了長城抗戰，但中共卻在「九一八」事變發生兩個月後，在江西建立了割據政權。中共一直說是「堅持抗戰 8 年」，等於自供它在 1931 年到 1937 年之間根本沒有抗戰。

《解體黨文化》一書中寫道，在共產主義理想已經失去任何蠱惑人心的能力的今天，中共頻頻祭起民族主義大旗，自封為中華民族的正統代表，因此絕不會放棄對「抗戰中流砥柱」這一頂桂冠的占有。可是事實真相是，在最需要全國人民精誠合作、抗擊來犯之敵的時候，中共卻可恥地背叛了祖國和人民。

第三節

任志強炮轟共產主義背後是王岐山？

有分析認為，任志強和王岐山（圖）關係特殊，此事件背後很可能是王岐山，或正在為應對中共垮台而進行某種輿論布局。（新紀元合成圖）

任志強炮轟「共產主義」

2015 年 9 月 21 日，中共共青團中央在微博上喊出「我們要做共產主義接班人」的口號，遭中共北京政協委員、華遠房地產公司退休總裁任志強公開炮轟，在網上引起軒然大波。許多網民點讚支持，但中共豢養的「五毛」也開始對他進行猛烈攻擊。

當晚任志強發微博表示：「那就寫個長篇大論，討論一下這個口號的荒唐。」並強調：「你絕不是共產主義接班人！下輩子也不是。」

任志強對「共產主義」的炮轟，讓中共官媒受不了了。

9 月 23 日上午，共青團中央官微發表了署名團中央宣傳部長景臨寫的《與任志強先生商榷》，點名反擊任志強。共青團中央下面的地方共青團也集中力量攻擊任志強。

當晚 10 點左右，任志強再撰長微博回應稱，團中央送了頂反黨、反共產主義的大帽子，只好再寫幾句。「千萬別讓團中央用愚昧再去欺騙年輕的一代。千萬別讓改革開放退回到改革之前。我不在乎別人罵我，但團中央不能用無知欺騙社會！」

中共黨報《環球時報》也連夜趕社論，不點名批任志強。總編胡錫進不但寫了社評《共產主義理想沒有欺騙中國》，還首次自拍微視頻，解讀由他本人執筆的這篇社評過程。

鏡頭中，胡錫進表示由於互聯網上出現對共產主義的嘲弄，所以想說話。他滿臉堆著假笑稱：「共產主義沒有辜負我們這個民族。我們不能只談共產主義理想而漠視當前的尖銳問題，也不能因為買到了假貨或是遇到個腐敗的壞領導，就認定共產主義理想是『扯淡』……」

這條帶視頻的微博在網上進一步挑戰民意，掀起更大的反對聲浪，一些人嘲笑說，是不是刪帖刪得手都酸了。

任志強被「領導」要求刪帖

從任志強後來的微博中看到，這場論戰似乎受到了某位「領導」的關注。任志強在刪帖時說明：「領導指示說：景臨（共青團中央宣傳部部長）已經將指責我的微博主動刪除了。希望我也能自行刪除有關指出團中央錯誤的微博，以避免爭論繼續升溫。我說：『這次看領導面子刪了，但下次再有類似情況仍會堅持反擊』。」

後來任志強又發了一條微博說：「領導又來電說：『這條也

要刪』。我說：『評論中說他們沒刪，還置頂了。那就等他們刪了，我再刪。要不就再寫一篇長微博』。」

再後來他把這二條說明「領導」來電的微博全刪了。

SOHO 中國創辦人兼董事長潘石屹也在微薄發文：「任總這兩天走火入魔了，天天談什麼主義。」任志強則在潘的微薄上回應說：「被逼無奈啊！」

就共青湖南官微再刊罵任志強的署名長文《警惕任志強的詭辯術》，任志強轉載到自己微博上，並寫上說明說：「領導說：你大人大量。別跟流氓一般見識。」

這場圍繞共產主義的官民戰，不過三天功夫，就被引申轉變為攻擊任志強背後的「輔導員」王岐山。

這股暗流以一篇名為《我對任志強的輔導員有不滿》的文章為明顯信號，在新浪社交網浮出水面。

大陸媒體人李俊曉看過此文表示，文章的味道比「文革」猛多了。對有網友說這是在黑「老王」（王岐山）啊，他回應表示，「你有老主意，我有千條計。這事，越玩越大」。

王岐山曾主動談「合法性」問題

9 月 9 日，王岐山會見參加「2015 中國共產黨與世界對話會」的 60 多位國外前政要和知名學者時，公開談及中共執政合法性的問題，成為第一個公開論述中共合法性問題的中共中央政治局常委級官員。

9 月 10 日晚，中共黨媒《人民日報》微信公共帳號「學習大國」發表文章稱，前中共領導人過去從未明確討論共產黨執政合法性的問題。為什麼共產黨現在提出「合法性」一詞？文章說，如果共產黨不預防或克服它的統治合法性的危機，而僅僅沉湎於「打天下就可以坐天下」的陳舊觀念，那麼它有可能將重蹈蘇聯的覆轍。

該文章對王岐山的講話作出結論——「提出執政合法性問題，蘊含著深刻的危機意識」。

胡錫進遭處分文件罕見曝光

有人剛剛在網上攻擊王岐山，王岐山那邊似乎立馬有了反應。

9月26日，前央視製片人王青雷在微博上發布一則圖文消息，影印件圖片顯示：《人民日報》編委會2015年發布通告給予該報社旗下的《環球時報》總編輯胡錫進「警告處分」的決定。

《人民日報》通告稱，「經調查，2013年6月，環球時報社與德國羅伯特·博世基金會在德國柏林共同舉辦第四屆中德媒體論壇。論壇活動結束後，在未經報批的情況下，擅自變更路線，組織嘉賓到波蘭活動三天，並報銷相關費用……」

王青雷對此諷刺說：「胡錫進，這是你講的『適度腐敗』？你的老東家可不這麼看啊！美國思想家、《獨立宣言》思想奠基人之一的託馬斯·潘恩說：『一個人如果極力宣揚他自己都不相信的東西，那他就是做好了幹任何壞事的準備。』我特別想知道，你到底準備幹多少壞事？因為你嘴裡宣揚的都是謊言。」

有網民借用《環球時報》的狡辯詞諷刺胡錫進：「因私報公款彰顯了中國國庫殷實」、「適度貪腐不被一棍子打死是一種理性治理」等。隨後，此「環球體」不斷創新。

不過，還有網民認為胡錫進罕見遭到官方警告，仕途未卜：「出差時溜去周邊玩耍在官場是很普遍的現象，被抓住一般也就批評兩句和不報銷相關費用，像胡編這樣受處分算是很嚴厲了，還被曝光，弄不好官方要卸磨殺驢了。」

2015 年 2 月，大陸網路上一則關於《環球時報》主編胡錫進失聯多日的消息一度熱傳。

該消息稱，「《環球時報》主編胡錫進 1 月 29 日抵達印度新德里參加中印媒體論壇，2 月 2 日在孟買登機飛香港轉機回北京，其是否在香港轉機、是否抵達北京皆無人知曉，未到單位上班已有 8 天，目前處於失聯狀態。他最後一條微博發於孟買機場。」該消息還稱，「據可靠消息，胡錫進轉機香港後祕密乘坐去美國的航班離港，已到美國芝加哥。」

據胡錫進的新浪微博顯示，他在參加印度「中印媒體論壇」活動後，2 月 2 日在印度孟買機場發布一則消息後，直至 11 日他再次發布消息，這中間間隔 8 天時間，與上述網民所稱「失聯 8 天」的時間段恰巧吻合。

總之，遭「警告處分」的文件一曝光，胡錫進在這場網路論戰中就算被打趴下了。

半路殺出個賀衛方 自稱是齊國人

10 月 1 日，北京大學法學教授賀衛方發微博稱：「我的祖國可能是齊國，也許祖上本身就是外來人。無論如何，既然說祖國歷史悠久，文明燦爛，那就絕對不是這個剛剛 60 多年的國。事實不符，邏輯難通。古人知道朝廷如流水，故國河長在，但若用

『本朝』的傳統說法，又彷彿至今仍是個帝國。誠是大難！」等。

賀衛方的這番話在網路上引發共鳴。有網民稱，賀衛方老師是接棒任志強，讓那些分不清中國和中共的人，趕快清醒清醒吧！

王岐山仿若「置身事外」

當網路上發生關於中共意識形態的官民輿論大戰時，王岐山卻離開了北京，好像要「置身事外」。據報導，9月24日至26日，王岐山到福建調研並主持召開座談會。

王岐山強調，要在方法措施上跟上中央要求，把「紀律和規矩」放在重要位置，紀委要檢查中共官員是否貫徹當局的「路線方針政策」。

王岐山要求中共各級黨委、紀委要「守住節點、寸土不讓，越往後執紀越嚴」。王岐山還專門參觀了中共早期「紅色景點」。

任志強和王岐山有一相同「圈子」

任志強是中共高幹子弟出身，父親任泉生在中共建政前曾擔任過中共中原局稅務局長，建政後擔任過中共商業部副部長。

任志強後來加入了中共38軍某步兵團。「文革」時，很多中共高幹子弟都在這支部隊中服役，其中包括被稱為習近平「智囊」的中共中央財經領導小組辦公室主任、發改委副主任劉鶴。

劉鶴發起了智庫「中國經濟50人論壇」，成員包括吳敬璉、樊綱、劉鶴、林毅夫、易綱、許善達、吳曉靈等，任志強曾在論壇企業家理事會擔任理事。

任志強和中共「太子黨」秦曉也是朋友。

在 2013 年炎黃春秋研討會上，胡耀邦的二兒子胡德華曾披露，兩名紅二代在校友聚會上吵起來，質疑彼此的政治信仰和個人操守，甚至大爆粗口。

胡德華說，事情都知道，道理也都明白，但是不能說，不能商量。兩個紅二代，一個是孔丹，一個是秦曉。

據多方報導，2013 年在北京四中舉辦的老三屆成功校友聚會上，代表「保黨維穩派」的孔丹，指責代表「普世價值派」的秦曉是給領導添亂。

秦曉質問孔丹，你們「是真的聽不到百姓的呼聲，還是聽到了仍然如此平靜，無動於衷？」孔丹反問：「你的意思不就是要共產黨下台嗎？」

秦曉說：「同學啊，你怎麼連我們從小一起長大的同學的話都聽不進去。」孔丹反問：「你他 X 還是共產黨員不是了，你還有信仰沒有？」秦曉再說：「那你有信仰沒有啊，你把你的老婆孩子全放到美國去，那你有信仰嗎？」

孔丹急眼大爆粗口，隨後兩人拳腳相加。

秦曉出生於 1947 年 4 月，是前中科院黨組副書記秦力生之子。2001 年至 2010 年，秦曉曾任招商局董事長。

2007 年，秦曉與何迪在香港成立了博源基金會。秦曉計畫利用博源的平台做中長期中國社會和經濟轉型研究。

博源基金會理事會由國際知名人士組成，中共體制內的成員包括王岐山、周小川，還有包括秦曉在內的一批掌管中國金融資產的主要人物，在中共元老中有朱鎔基、喬石等等。

總而言之，任志強和王岐山有一相同的、特殊的朋友「圈子」。

趙紫陽祕密錄音：政治局的人不信共產主義

不光任志強等人不信共產主義，連中共前領導人趙紫陽等也不信。

杜導正 2010 年 1 月在台灣出版了《趙紫陽還說過什麼：杜導正日記》。杜導正是中共前總書記趙紫陽的老部下，曾官至中共新聞出版總署署長，後出任《炎黃春秋》雜誌社社長。在趙紫陽被「軟禁」的十幾年中，杜導正等趙的老部下常去探訪他，該書根據趙、杜之間 30 多次錄音談話整理而成。

在有關共產主義部分的論述中，趙紫陽說：「現在政治局裡的人都信共產主義？他們多數人信的是對頂頭上司順之者昌，逆之者亡，信的是自己摸索出的一套升官保官的經。」「現在不搞共產主義，這是共識，原蘇聯和東歐都不搞了，實際是人民不讓搞了。中國在大力發展資本主義，主要是經濟上的。我們說實行的是社會主義政治體制，實際上是極權體制。」

趙紫陽表示，他曾在高層小範圍講過，他自己都不清楚什麼是社會主義，因為全世界搞的社會主義都失敗了。中國有幾千萬共產黨員，絕大多數搞不清什麼是共產主義，搞不清中共現在搞的是什麼主義，只是各種原因使他們成了共產黨員。

共產主義是一個大騙局

大陸著名經濟學家茅于軾表示，共產主義是一個大騙局。中國出現好轉，不是因為堅持了共產主義，恰好是否定了共產主義。

海外中文網披露，任志強敢於和團中央等叫板，他是有底氣，有背景的。他和許多中共高層有交往，更重要的是一些核心高層，甚至習近平本人也認同他的許多觀點與看法（主要是一些未公開的看法與觀點）。

據報，習近平近期多次在高層會議上表示，社會貧富懸殊、官員暴富等問題造成政局不穩。習還對中共關於社會主義的優越性、共同富裕、執政為民、官員是公僕等六大提法表示質疑。

對於中共當前的亡黨危機，習近平、王岐山等也很清楚。

2002 年 6 月在貴州省平塘縣掌布鄉發現刻有「中國共產黨亡」6 個大字的藏字石，距今已 2.7 億年，昭示中共滅亡的命運。（網路圖片）

據《爭鳴》2015 年 7 月號報導，6 月中旬，中共政治局擴大生活會上發放的一份調研報告羅列了中共「亡黨」的六大危機，涵蓋政治、經濟、社會、信仰、前途等各個領域，並指局部政治、社會危機已經處於爆發、蔓延、惡化狀態。報導披露，習近平說，面對嚴峻事實，承認有亡黨危機。

該雜誌 2015 年 11 月號還披露，在中共 18 屆五中全會前夕的中紀委常委會上，王岐山明確表示，黨內腐敗墮落狀況、規模、深度已經到了變質、崩潰的臨界點，「這不是你承認不承認、接受不接受的嚴峻事實」，「這當然是體制、機制上出了大問題」。

第四節

任志強放炮不稀奇
蘇共總書記早有啟迪

目前中共執政合法性受到質疑的情況下，有著中共紅色血統的任志強對「共產主義信仰」的質疑言論，讓外界頗為訝異。

其實，前蘇共總書記勃列日涅夫在位時曾對自己弟弟說了一句話，今日看來更具啟迪性：「什麼共產主義，這都是哄哄老百姓聽的空話。」這是勃列日涅夫的姪女柳芭發表的回憶錄中披露的。

蘇聯解體前，戈爾巴喬夫時期的蘇共中央書記、宣傳部長雅科夫列夫曾將馬克思主義斥為「一種打著科學幌子的新宗教」。

蘇共總書記：共產主義是騙人空話

綜合資料顯示，在勃列日涅夫時期，由總書記帶頭，蘇共幹部階層享受著無與倫比的特權。據說，勃列日涅夫酷愛打獵、住豪華別墅和收藏高級轎車，他收藏的高級轎車達上百輛之多，並經常到全國各地著名的獵場打獵，還收藏了許多高級獵槍，打死的獵物不計其數。

解體蘇聯的關鍵人物葉利欽曾在自傳中寫道：「拍馬屁和唯命是從所得到的報酬是享受各種優惠待遇……你在職位的階梯上爬得越高，歸你享受的東西就越豐富。如果你爬到了黨的權力金字塔的頂尖，則可享受一切——你進入了共產主義！」而與這種虛假的「共產主義」相並存的是，共產黨高層已經不再信仰共產主義。

歷史總是驚人的相似。事實上，如果說蘇共 20 大上赫魯曉夫的祕密報告第一次使普通黨員和民眾對布爾什維克產生了懷疑，那麼勃列日涅夫時期黨政高層所出現的種種信仰塌方現象，則迅速加劇了人民對於共產主義信仰的不信任，並成為蘇聯解體的重要因素。

王岐山談「中共合法性」正話反說

關於 2015 年 9 月 9 日王岐山罕見提到中共「合法性」問題時指出的，共產黨「可能面臨執政合法性資源的流逝與枯竭，直至喪失執政地位」，時政評論員陳破空發文認為：「王的言論，迅速被中共官方媒體解讀為『首論中共合法性』、『具有新意』、乃至『重大突破』。筆者倒是覺得，應該把他說的這番話，反過來理解。與其說王岐山是在談中共合法性問題，不如說他是在談中共不合法性問題。所謂正話反說。只是，他用的是隱晦語言，表達的，是對中共迄今未能解決執政合法性的焦慮。」

9 月 10 日，微信公眾號「學習大國」即對王岐山的講話解讀稱，其蘊含著深刻的危機意識、憂患意識。有觀察者認為，今天的中國社會確實存在某些方面的嚴重問題，比如貧富懸殊、城鄉區域經濟社會發展不平衡、社會保障、收入分配以及貪污腐敗……

2015 年 1 月 27 日，中共求是網發表題為《由蘇聯的「信仰塌方」說開去》一文，稱中共官員腐敗等嚴峻問題，即使用再華麗的辭藻包裝，這種信仰（「共產主義信仰」）也會遭到歷史的唾棄，難免重蹈蘇聯共產黨的覆轍。

第十二章

拋棄中共 習可青史留名

共產黨在中國已經惡名昭彰，人人唾罵。它是迫害人類的魔，也是為迫害和毀滅中華民族而來。如果習近平能拋棄中共，完成中華民族和平轉型的偉業，將會得到民眾的擁戴和國際社會的讚譽，這是他個人的榮耀，也是中華民族的榮幸。

中國時局正發生前所未有的演變，中華民族到了轉折關頭。習近平如能順天而行，拋棄中共，挽救民族危機，將可名垂青史。（AFP）

第一節

從小讀禁書
習近平或有驚人之舉

習近平在2015年秋出訪多國時，公布了他讀過的書單，這些書籍的思想傾向引人關注。

有評論說，習公布書單是對中共左派意識形態的反擊。

也有人表示，習近平年輕時就讀過大量政治「禁書」，在西方民主思想的薰陶下，其未來或有驚人之舉。

港媒指習近平曬「禁書」 反擊左派

2015年10月27日，香港《東網》木然評論指，習近平到俄羅斯訪問，到美國訪問，到英國訪問，都列了讀書的單子。「作為一個政治家，既要看他說什麼，也要看他做什麼，更要看他讀什麼。」文章列舉了六點：

第一，習近平列出的書單，大都是在極權的背景下讀的世界名著，這些名著，在習近平年輕的時候能夠看到，能夠讀到，能夠讀下去，也是一件冒政治風險的事情。這些書大都是禁書，是所謂「封資修」、「大毒草」的書。在當時那種境況讀書，輕者被批鬥，重者會判刑，會打成反革命。「在一個充滿政治風險的極權社會裡讀反極權的書，其勇氣就值得點讚。」

第二，習列出的書單是在中共教育部禁止西方教材進課堂的背景下列出來的。習近平通過這種方式，在客觀上對中共黨內左派是一個批評和反擊。左派只讓讀中共意識形態的書，是反潮流的，是反世界化的，是讓中國走向自我毀滅的書。而讀世界名著，卻是開通世界文明進入中國通道的一種方式。

第三，習的書單是在一些中共左派反普世價值的背景下列出來的。習近平通過這種方式，在客觀上對反普世價值的人是個有力的反擊。他在美國訪問時說，讀過《聯邦黨人文集》和《常識》，他在英國訪問時提到過洛克，提到了英國的憲章運動，還提到了很多倡導普世價值的思想家。這些普世價值的書，有利於推動普世價值在中國的憲法化和制度化。

第四，習的書單是在中國政治發展處於停滯不前的背景下提出來的。習近平通過這種方式，在客觀上有利於推動政治體制改革。

第五，習列的書單是在閉關鎖網的背景下提出來的。中共國內的既得利益集團、權貴集團，出於自私的考慮，對網路進行封鎖，讓網民們難以接觸到真實的信息。一些網民，被迫翻牆去看國外的網站。習近平通過這種方式，在客觀上有利於推動網路自由，讓網民充分感受到世界文明的氣息。

第六，習近平列的書單，是在讀書處於低谷的背景下提出來的。世界名著在中國年輕人看來對他們沒有實用性。習近平列的書單，有助於讓年輕人關注人生的終極意義和價值理想，在讀書的過程中淨化心靈。

文章最後說，政治家開的書單所釋放的政治信號很重要。讓世界名著進入課堂，讓世界名著走向人們的心靈，讓世界名著在中國開出美麗的思想花朵，是有利無害的事。

不過，也有海外學者指出，好多對中國社會更有啟迪意義的書，習近平並沒有列出來；另外，學以致用，習近平對這些世界名著折射出的普世價值的實踐，是更值得期待的事情。

習近平或有驚人之舉？

10 月 6 日，海外文章《紫荊來鴻：驚人之舉》針對網路名人任志強早前與中共意識形態部門的角力分析稱，中宣部長期以來之所以沒法打壓任志強這樣一個整天公開「胡說八道」的「微末小吏」，關鍵在於他不僅和許多權臣是知無不言的「總角之交」，更重要的是，一些重要的權臣，甚至「老闆」本人賞識，認同他的許多觀點與看法（主要是一些未公開的看法與觀點）。

此文中的「老闆」根據上下文和目前的背景來看，被認為應該是指習近平。

文章稱，中宣部鼓吹的那一套，連他們自己人都知道是騙人的假話……但這些觀點未必是老闆心中認同的觀點。而任志強那些「離經叛道」的說法，卻未必不是老闆心中的看法。

文章特別表示，老闆在文革後期，利用家庭關係之便，讀過相當一批「內部讀物」（這也是當時部分落魄高幹子弟的精神寄託與「時尚」）。當年讀禁書的太子黨人，後來無論在政治觀點還是為人處世方面，西化的色彩都比較濃重，完全不同於在文革後期「偷雞摸狗，打架鬥毆」，甚至在監獄中討生活的太子黨人（諸如薄熙來之流）。

文章暗示，習在年輕時受西方理念的影響，而後在強大官場環境的制約與影響下，肯定會有一定的變化與變異。但當年年輕時，思想迷茫時，所受影響，烙印深刻，將來絕不可能「春夢了無痕」。未來只要條件成熟，或條件許可，習近平很可能會有驚人之舉。

中國問題專家楊光曾對《看中國》表示，這些消息不是空穴來風，如果習近平能像前蘇聯領導人葉利欽和戈爾巴喬夫學習，徹底從本質上認清「共產主義」的虛偽和反人性，首先把江澤民、曾慶紅抓起來，剷除江澤民集團，繼而解體中共，那他就真正實現了「中國夢」，這才是他「開創時代」的夢！

習李王是拋棄中共的最佳人選

在習近平本月訪英前，英國廣播公司（BBC）中文網 10 月 12 日刊登署名彭定鼎獨立撰稿人的文章指出，馬克思主義這一官方意識形態早已破產，而黨國體制也難以為繼，造成嚴重惡果。這一屆中共領導人沒有歷史包袱，是中國政治轉型的最佳人選。

文章稱，「六四」後鄧小平是政治改革的阻撓者和攔路虎，鄧其實是個獨裁者，當前中國社會危機的根本原因是政治制度嚴重滯後。國家的龐大的行政和司法行政機構以及武裝部隊耗費巨大，嚴重影響資本積累。更為嚴重的是，以計畫委員會為代表的經濟管理機構嚴重阻礙經濟的發展。最為嚴重的是，獨裁專制制度下正義缺失，民心喪失，貪污腐敗無可遏制，全社會價值觀扭曲，社會進入潰爛期。

不受限制的權力必然作惡。習近平認識到了這一點，於是明確提出「把權力關進籠子」。但是真要把權力關進籠子，就得去除黨國體制！不受法律約束、不受其他權力制約、只有自己內部「紀律檢查」機構的組織，不可能被關進籠子。簡而言之，黨的領導下不可能有法治，也不可能實行民主。

文章稱，中國的唯一出路就是去除黨國體制：黨國自己實行改革還是被外力推翻，換句話說，黨國要麼走蘇聯台灣道路（所謂的和平演變），要麼走羅馬尼亞道路（被推翻）。不存在第三條道路。

作者認為，「這一屆新的黨中央有著絕佳的歷史機會。這一屆領導人沒有歷史包袱：文革沒有份，習總書記甚至還是文革的受害者；『六四』沒有份，而且不遠的將來，『六四』事件的組織策劃者和既得利益者都將作古。之前的反右運動等等，更是與他們無關。江澤民時期和胡溫時期的胡作非為也無需習李王負責。前輩領導人的後代或者移民或者發財，鮮有爭權奪利之人（薄熙來這個例外已然拿下）。可以說，這一屆領導人是中國政治轉型的最佳人選。」

文章建議說：「放權的第一步是黨政分開。社會治理交給專業人士。執政黨逐步讓渡出本不應屬於自身的行政權力。第二步是健全人民代表大會，引入『民意機關』（相當於眾議院或者下議院）和『審核機關』（相當於參議院或者上議院）這樣合理完善的議會制度。第三步是取消對司法機關和武裝部隊的控制，實現司法獨立和軍隊國家化。」

文章最後說，「反腐亡黨，不反腐亡國。自覺讓渡本不應屬於自身的專制權力是我國社會平穩過渡到民主法治體制的唯一路徑，也是執政黨擺脫獨裁者身分回歸社會的唯一路徑。固步自封、抱殘守缺，還是回歸理性、融入主流，這是這一屆領導人不可回避的選擇。」

「十一」天安門古樹斷 網民熱議亡黨之兆

2015年10月1日，中共竊政紀念日，北京天安門廣場北側一棵古樹被大風吹斷。網民表示，這是中共亡黨之兆。（網路圖片）

有趣的是，就在習近平出訪美國之前的所謂「國慶」2015年10月1日，中共竊政紀念日，北京天安門廣場北側一棵古樹被大風吹斷。敏感時間、敏感地點發生此事，引發網路熱議。網民表示，這是亡黨之兆，共產黨快倒台了。

據大陸《法制晚報》10月1日報導，10月1日中午11點，記者看到在天安門廣場北側靠近長安街一側的一棵古樹被大風吹倒。目前現場已經採取安全措施圍擋，由於大樹向北側傾斜倒下，不在步道上，並無人員傷亡。

《法制晚報》配發的現場圖片顯示，一顆大樹從根部折斷，裡面已經空了。

此事引發網路熱議。

網民稱：好好的樹怎麼能折？這樹內部都爛透了就倒了；「國慶」日，社稷重地，大樹倒？在特殊日子、這麼敏感的地點，大樹轟然倒塌，何預兆？天安門那裡的一草一木都有政治意義，這樹早不倒晚不倒，偏偏今天倒？這樹真會挑時間倒啊。

一些網民表示這樹象徵中共氣數已盡：這樹根徹底爛了，就像中國共產黨；外表看起來很粗壯，實際腐朽透了，根基不穩了；樹倒啟祥瑞；祥瑞之兆出現在天安門啦；大風拔木，天象示警，亡黨之兆；吉兆啊，共產黨快倒台了，中國人民有救了，中華民族有希望了，老百姓有盼頭了；按古典名著中的說法，「國慶」之日颳妖風，吹斷宮門前的古樹，要變天了；這是改朝換代的信號；翻翻《推背圖》看看就知道了；樹倒猢猻散，猢猻散，猢猻散，重要的事說三遍；請問大內禦醫們，這根爛了還怎麼治？

有網民說：勁風吹散烏雲，豔陽復照京城；朽木爛樹滅亡，嶄新華夏重生。

還有網民與抓捕江澤民聯繫起來：這是吉兆，主老老虎即日被拿下，拭目以待；老虎頭子屬虎的，這樹倒，說明大老虎要倒了。

第二節

習內部講話：共青團「高位截癱」

中共共青團瀕臨生存危機邊緣，「團中央」自己也發文承認，「不改革就有喪失組織存在價值風險」。

港媒：習近平嚴厲指責共青團

2015 年 10 月 23 日，在中共黨內分工主管青年工作的政治局委員、國家副主席李源潮在中共中央團校與全國 200 多名省級共青團幹部讀書班學員座談。他說，要學習領會「習近平重要講話」，並要求團幹部落實中共中央關於「群團工作」決策布署。

「習近平重要講話」是指 2015 年 7 月，習近平在「中央黨的群團工作會議」的講話。當時官媒報導，習近平在講話中說，由中央召開「黨的群團工作會議」，在中共的歷史上還是第一次。

據香港《明報》報導，京城消息透露，習對共青團作出嚴厲指責，批其處於「高位截癱」的狀況。

「群團工作」在大陸是指官辦的「群眾組織」。典型的代表就是工會、共青團、婦聯，其他還包括僑聯、科協、作協、紅十字會等。

地下工作起家的中共，歷來視群眾組織為「外圍」，屬配合的工具。在政治局常委中，專責黨務的劉雲山是「群團工作」大總管。

「團中央」發文承認面臨生存危機

近兩年來，中共共青團可謂惡名遠播，其招募的「青年網路文明志願者」即五毛大軍備受詬病，五毛們罵批評政府的人，罵和自己觀點不一致的人等。

香港東網的評論員文章表示，共青團這個組織面臨被撤銷的問題。而且這個問題由習近平擺到了檯面上。

10 月 9 日，中共黨報發表署名「團中央書記處」的文章，該文稱，要學習習近平在「中央黨的群團工作會議」上的重要講話。

文章強調關於共青團的存在價值：面對新形勢新任務新挑戰，共青團如果不積極應對、不改革創新，就不僅是跟不上、不適應的問題，而且可能失去組織存在的價值。

東網的文章表示，對中共內鬥有所了解的人，都聽得懂這段話的弦外之音。說白了就是要聽話，不聽話，就有可能被撤銷。

共青團騙人口號遭任志強公開揭露

9月22日，中共共青團中央重提所謂「要做共產主義接班人」的口號，遭到大陸地產界知名人士任志強的公開反駁。任志強在微博上撰文，描述了「自己被這句口號騙了十幾年」的痛苦經歷，得到大量民眾的贊同，同時招來網路五毛的圍攻。當晚任志強撰寫長微博「我們是共產主義接班人？」論證這句口號其實是騙人的鬼話。很快這篇文章被數百萬人閱讀。

9月23日上午，共青團中央官微發表了署名團中央宣傳部長景臨的文章《與任志強先生商榷》，回擊任志強。當晚10時左右，任志強再撰長微博回應稱，「千萬別讓團中央用愚昧再去欺騙年輕的一代。千萬別讓改革開放退回到改革之前。我不在乎別人罵我，但團中央不能用無知欺騙社會！」

《環球時報》連夜盜取民意發社論「共產主義沒有欺騙我們」，不點名批任志強，「團中央」下面的地方共青團也集中火力攻擊任，而更多的網民則站在任志強一邊，為他打氣，網路大戰不斷升溫。

第三節

謀取合法性 習近平試水「解散黨組織」

北京青年报
BEIJING YOUTH DAILY
北青新闻热线:65902020
网址:HTTP://WWW.YNET.COM
今日共28版 ■2015年10月22日■星期四■乙未年九月初十■第9887期■统一刊号/CN11-0103■国外发行代号/D1253■

《中国共产党纪律处分条例》印发　新增"拉帮结派"等违纪条款

多数党员严重违纪的党组织应解散

详见A4版

雨中探访

2015年10月22日，《北京青年報》頭版大標題《多數黨員嚴重違紀的黨組織應解散》，頭版第二條新聞是習近平的《雨中探訪》。（網頁截圖）

2015年10月22日，屬胡錦濤團派的《北京青年報》在頭版刊出大標題《多數黨員嚴重違紀的黨組織應解散》，引發網路熱議。有分析認為，這是習近平在試水，釋放信號，試圖拋棄中共，謀取執政的合法性。

《北青報》發聲「解散黨組織」引熱議

10月21日，《中國共產黨紀律處分條例》重新修訂，稱要從嚴治黨，其中增加了處理黨組織的條例，對嚴重違紀的黨組織進行改組或解散。隨後各媒體紛紛予以高調報導。

10 月 22 日，《北京青年報》在其頭版習近平訪問英國的大圖片新聞上面，出現粗黑醒目的大標題《多數黨員嚴重違紀的黨組織應解散》。

10 月 23 日，該報紙的頭版圖片在社交網路上傳播並引起圍觀，民間紛紛發出歡迎聲、叫好聲。「歡迎解散！」「支持解散！自動下台！」「說的好，該解散！」

有北京人豎起大拇指說：「有良知的報刊，敢說真話。」也有北京市民建議說：「勞駕統計局協同紀委多辛苦，達到『大多數』指標，就解散。這樣軟著陸，比齊奧塞斯庫的終結方式好。」

人們還在網上熱議，現在還有幾成的黨員是不違紀的，常州一家企業的總經理表示：「準確地說，不到一成。」眾人一致認為現在就達到解散的要求了。

由於網路對「黨組織解散」反響熱烈，這張頭版的圖片在微博上成為禁圖，紛紛被刪。截至記者發稿時查詢，《北青報》電子版的頭版圖片還依然保存完好。

中共黨媒新華社的一名前資深編輯向《大紀元》記者表示，這樣不夠明確或引起聯想的標題，新華社或《人民日報》是絕對不會用的，報紙的頭版一般都是主編過目的，不知道編輯是怎麼考量的，是否有特別用意還要再看看。

原北京大學副教授、獨立作家焦國標接受《大紀元》記者採訪時表示：「這個情況有兩種解讀，一個是影射整個中共黨組織；另一個確實它的黨紀處分條例中有這麼一條，某個黨支部，如果黨員問題很多關掉了這個支部，確實有這種情況，無非是這兩種意思。如果是前一種意思的話，那應該是一個媒體事件了，如果是後者的話，那是網友的調侃和起哄了。現在基本上是哪個話題引起反響比較大，引起網民跟帖比較踴躍，就會被關掉，現在他們不想在網民關注下成為一個很大的聚焦點。」

習近平釋信號 試圖主動拋棄中共

在《北京青年報》頭版「解散黨組織」大標題之下的第二條新聞是習近平冒雨參觀英國倫敦帝國理工學院的半版圖片，其所用標題是「雨中探訪」。

從排版上可以看到，第一大標題《多數黨員嚴重違紀的黨組織應解散》和第二大標題《雨中探訪》及習近平參觀的圖片排列緊密，互相呼應。

山東大學退休教授孫文廣表示，從標題《多數黨員嚴重違紀的黨組織應解散》上可以理解成兩種意思，一種是局部黨組織解散，一種是整體的黨組織解散。這樣下標題多數是上面有人授意。

從習近平上台後打「大老虎」所揭露出來的中共黨員腐敗的嚴重情況看，已遠遠超出民眾能接受的底線，中共黨員腐敗已經是公認的普通常態。孫文廣認為，雖然《中國共產黨紀律處分條例》中所說的解散「黨組織」指的是局部的黨組織，但是大面積的「局部解散」就會變成整體的黨組織解散。

中國問題專家季達分析認為，中共報紙的標題和排版是非常講究的，往往是用「你懂的」的方式來釋放政治信號。人們也是經常通過觀察中共高層在報紙、電視上的排名、講話等來解讀政治動向，這在中共官場中早就習以為常了。《北京青年報》是共青團北京市委的機關報，屬胡錦濤的團派。

季達進一步分析說，《北京青年報》如此下大標題，不排除是習近平授意的。因為《多數黨員嚴重違紀的黨組織應解散》這個大標題下面沒有具體內容，緊接著是習近平大圖片的《雨中探訪》，寓意這是習近平在「試水」。

習近平 10 月 21 日訪英的行程中冒雨參觀倫敦帝國理工學院只是一個不起眼的參觀活動，而當天習近平與英國首相卡梅倫在英國首相府簽訂 400 億英鎊的多項協議。《北京青年報》卻選了一條冒雨參觀的小活動作頭版第二條，目的明顯是要用上「雨中探訪」這個標題來呼應「解散黨組織」，暗示是習近平的意思。

「如此鋪排絕不是偶然的。」季達肯定地說，這是要讓外界能看懂，跟風、不要站錯隊。

季達還說，從習近平上台後的一系列「依法治國」的安排中就可以看到，習在弱化黨治，強調法制。現在已經有 2 億 2000 多萬人「三退」（退出中共黨、團、隊組織），解散中共的黨組織是有民意基礎的，並非空談。

解散中共 習當局可得民心和合法性

2015 年 9 月 9 日，中共政治局常委、紀委書記王岐山在北京大會堂會見出席「2015 中國共產黨與世界對話會」的外方代表 60 餘人，首次提到中共的「合法性」問題。王岐山說：「中國共產黨的合法性源自於歷史，是人心向背決定的，是人民的選擇。」

政治學上的合法性，通常指一個政府被民眾所認可的程度。是指人們對某種政治權力秩序是否認同及其認同程度如何的問題，也稱為「正統性」、「正當性」。合法性的基礎是同意。當合法性受到侵蝕時，政治權力的行使或政府的統治就會陷入危機。

對於中共執政的「合法性」這個敏感話題，中共高層一向諱莫如深，王岐山此番主動談起，被認為是故意要打開這一方面話題的閘門。此後，與此有關聯的輿論事件接連發生。

9月21日，中共共青團中央官微推出所謂共青團員要做「共產主義」的接班人等論調。北京政協委員、地產名人任志強對此表示，自己被這句口號騙了十幾年。

在被五毛們圍攻後，9月22日任志強發表文章，詳細闡述了「共產主義接班人」是如何荒唐可笑。他在《我們是共產主義接班人？》一文表示：「我們被欺騙了十幾年。文革讓我知道只有無產階級專政下的階級鬥爭再革命，而沒有共產主義接班人！」他認為，中共想讓共青團員們接共產主義的班是天大的笑話。

隨後，在網上以《環球時報》為代表的官媒和各大共青團官微，與以任志強為代表的民間展開了罕見的公開論戰。社會各界持續聲援任志強，並一同抨擊共產主義。

10月1日，大陸著名法律學者、北京大學法學教授賀衛方發微博稱：「我的祖國可能是齊國，也許祖上本身就是外來人。無論如何，既然說祖國歷史悠久，文明燦爛，那就絕對不是這個剛剛60多年的國。事實不符，邏輯難通。古人知道朝廷如流水，故國河長在，但若用『本朝』的傳統說法，又彷彿至今仍是個帝國。誠是大難！」

10月2日，任志強發表題為《新國家還是新政權》長微博，認為66年前的10月1日，中共政權控制了大陸的主要地區，向世界宣告將替代中華民國政府管理中國，並行使國家主權。那只是一個新政權成立了，並非一個新國家誕生了。

外界評論認為，任志強直接闡述了「中共不等於中國」，中共建政，只是一個新政權而已。

10月6日，有海外中文網披露，任志強敢於和團中央等叫板，他是有底氣，有背景的。他和許多中共高層有交往，更重要的是一些核心高層，甚至習近平本人認同他的許多觀點與看法（主要是一些未公開的看法與觀點）。

還有爆料稱，任志強的觀點與當政的紅二代權貴人士的觀點有著千絲萬縷的聯繫。時間將證明，任志強等人的觀點，遠比以劉雲山為首的宣傳系統的宣傳更接近習近平本人的思路。中共公開宣傳的東西往往很令人迷惑，但那只是一個複雜大國的虛假表像。這個國家實際的領導層將往何處去，王岐山、汪洋、劉亞洲、任志強等人的觀點更具指向性。

文章還提到，有位朋友預言，未來只要條件成熟，或條件許可，習近平很可能會有驚人之舉。他「有一個宏大的，開創時代的夢」。

對於中共當前的亡黨危機，習近平也很清楚。2015年6月中旬，習近平主持中共政治局擴大生活會發放了一份調研報告，其中羅列了中共「亡黨」的六大危機。報告顯示，中共中央和地方高級官員平均合格率僅達四分之一左右，地方基層單位黨委不合格、表現差、需改組的「領導班子」高達90%以上。

習近平在會上表示，中共已面臨蛻化變質走上亡黨毀國危機，要勇於面對、接受、承認這個事實。

既然亡黨已經成為事實，那麼接受這個事實，主動解散中共，或許不失為一種真正贏得民心和執政合法性的好方法。這或許是習近平通過《北京青年報》試水「解散黨組織」的主要原因。

第四節

觸及中共體制
精英倡根本性「改革」

2015 年秋，大陸精英接連發聲，呼籲根本性「改革」，已觸及拋棄中共體制的問題。

萬科董事局主席王石表示中國「大變革時代即將到來」；財新網總編輯胡舒立說改革已「迫在眉睫」；著名經濟學家吳敬璉認為，中國經濟唯一的出路是消除制度性障礙。

地產大佬：大變革時代即將到來

2015 年 10 月 13 日，有媒體報導，萬科董事局主席王石在接受《中國慈善家》雜誌專訪時，通過對比中外發展歷史，表達對中國時局的看法。他說，中國現在是「黎明前的黑暗，大變革時代即將到來」。

王石在接受採訪時表示，中國民營企業家專程去美國學習，不僅學習開拓創新的意念，更重要的是學習對社會責任的擔當。在這方面，中國民營企業家與美國企業家相比，差距主要在於：一是方法論，再一個是觀念。方法論當然有差距，但主要的差距還在觀念上。

王石舉例說，他原以為民主的效率很低，後來發現別人已經很成功了。美國的民主能把每個人的主觀能動性都發動起來，每個人都表達自己的觀點，這些人就心甘情願地去執行。而中國這邊是，想得通得執行、想不通也得執行，都是帶有強制性的。

所以中國民營企業家要學的主要來講還是觀念：每個人都有他的權利。如果沒有這個，即使有再好的方法論、再好的工具，也很難判斷，方法論是建立在這個觀念基礎之上的。

王石在海外訪學，主要研究內容是歷史學。在接受採訪中，王石提及吉本的《羅馬帝國衰亡史》。他說，參照羅馬，對比中國現在發生的情況，你會驚訝地發現，雖然是 2000 年前的歷史，卻與現在有很多相似之處，而制度、民主、方法論上，中國還不如 2000 年前的羅馬，中國現在的制度設計比他們還要落後，就更不要說和現在進行系統比較。

王石還研究美國、日本，從傳統到近現代，如何城市化，如何工業化。他說，中國現在急速地城市化、工業化，這種狀況和美國 100 年前有著驚人的相似。中國應該借鑒 100 年前美國和日本怎麼走過來的。

王石比較分析道，日本江戶時代（1603 年～ 1867 年）的國民掃盲運動、國民教育已是全世界最好，甚至高過德國、英國和荷蘭。而中國到 1949 年文盲率還在 80%左右。這就是農業文明時代的日本工業化在全世界最高的原因。

而中國到1970年代末「改革開放」時，城市化率低於1949年，整個倒退了。

王石最後表示，現在這次城市化過程中，中國已經沒有退路，不可能再走過去的道路，城市化道路必須走下去，因為沒有回頭路可走。「如果你說明明是在走回頭路，那我告訴你，這是黎明前的黑暗，是大變革時代即將到來。」

王石是大陸房地產企業萬科股份有限公司創始人，現任集團董事會主席。2011年3月開始，王石赴美遊學3年，在哈佛大學選修城市規劃和企業倫理道德兩門課程。王石的父親曾任新疆生產建設兵團副司令，前岳父曾擔任廣東省委副書記。

財新總編胡舒立：改革已迫在眉睫

據財新網報導，2015財新紐約峰會「中國經濟新常態與國際新角色」於10月14日在位於曼哈頓時報廣場的威斯汀酒店舉行，與會者就中國宏觀經濟、人民幣國際化、一帶一路等議題展開了討論。

財新傳媒總編輯胡舒立表示，中國經濟放緩不會推遲改革的步伐，反而讓改革變得更加迫在眉睫。她說：「TPP（跨太平洋夥伴關係協議）的目標是開放的貿易和地區融合。中國應當將其當做一個機會，從而推動經濟效率，加速本土結構化改革。」

經過10年的磋商，2015年10月5日，TPP終於取得實質性突破，美國、日本和其他10個泛太平洋國家就TPP達成一致，中共被排斥在外。

胡舒立表示，中國應當以更加開放的思路和更加合作的精神來對待全球貿易框架中的挑戰，為未來恰當的時間加入 TPP 進行準備。

據悉，胡舒立與王岐山很早就相識，與習近平、王岐山關係非同一般。在習近平當局執政後，在關鍵的時刻，習近平、王岐山經常跳過劉雲山主管的媒體，以財新網等媒體替當局發聲，為反腐開路。

經濟學家吳敬璉：消除體制性障礙

10 月 25 日上午，中國著名經濟學家吳敬璉在清華大學產業發展與環境治理研究中心（CIDEG）成立十周年慶典暨學術研究會上發表演講。

吳敬璉說，中國經濟增長從 2011 年開始進入下行通道。與此同時，需求不振，出口增長緩慢，不少企業經營發生困難。

吳敬璉表示，從實際表現來看，中共一直從需求端看待經濟問題，這是源自凱恩斯主義的短期分析框架。

吳敬璉認為，用凱恩斯主義的短期分析方法看待中國長期增長的問題，存在很大問題。

在這種方法的引導下，全球金融危機發生後，中共 2009 年採取了非常強的刺激政策，想拉升經濟增長速度。2009 年到 2010 年只在很短的時期，把這個經濟增長速度從年增長 6%左右拉伸到 8%以上，甚至到了 10%，但是很短暫，到了 2010 年年末就開始進入了下行的通道，從 2010 年到現在，幾乎每年或者隔一年就會採用這個強刺激的方法希望拉升經濟增長。

吳敬璉分析說，這樣做產生了兩個負面的結果，一是投資拉動的效果越來越差。特別是到了最近兩年，這個刺激的作用幾乎等於零；另一個方面，因為過度的投資，使得國民資產負債表的負債率即所謂槓桿率變得越來越高。

他說，中國今後要保持持續穩定增長，主要的驅動力量應該是轉變經濟增長的方式，從主要依靠投資、主要依靠投入資源，轉到主要依靠技術進步、靠效率提高。其中的關鍵在於建立一套有利於創新和創業的體制。

吳敬璉認為，關於經濟模式的轉變，已經提出整整 20 年，而經過 20 年的努力，依然沒有太大的成效，原因是存在體制性障礙。要消除這個障礙，就要「在保證不發生系統性風險的條件下，把主要的精力放在切實推進改革上。」

有分析認為，中國大陸經濟的下行壓力不斷加大，中共統治搖搖欲墜，上述大陸精英人士呼籲進行根本性的「改革」，其實已經觸及到中共的體制問題，也是在暗示勸說現任執政者拋棄中共，進行政經雙重改革，把中國大陸帶上市場化自由發展軌道。

第五節

拋棄中共
習近平可望青史留名

（2015 年 10 月 13 日《大紀元》編輯部特稿）

逮捕江澤民和拋棄中共，是挽救中華民族危機必要的第一步。圖為 2015 年 10 月 20 日，英國女王與習近平乘坐的馬車路過法輪功真相橫幅，親睹「法辦江澤民」的訴求。（明慧網）

中華民族到了一個轉折的關頭。中共百年的蹂躪、羞辱和毀壞，讓中華民族處於深深的危機中。如何溯本清源，制止中共對民族和百姓的迫害，變得越來越迫切。與此同時，中國時局正發生著前所未有的演變。在這個特殊的時代，豪傑之士順應時勢之舉將令其青史留名，也會帶動中華民族走向光明。習近平以其現在的特殊位置，有著近水樓台的優勢，如能順天而行，拋棄中共，挽救民族危機，將可名垂青史。中華民族在拋棄中共之後，也必將迎來真正的復興和中華盛世。

共產黨迫害中華民族

中華民族是個幸運的民族，一直被神所眷顧和指引。歷經無數次的天災人禍和異族入侵、戰火洗禮，這個民族依然頑強地生存了五千年，而且創造出了輝煌的文化——神傳文化。那些洞觀天地的覺者、雄才大略的君王、運籌帷幄的將軍、所向披靡的勇士、風流儒雅的文人留下了人們思索不盡的智慧和回味無窮的傳奇。忠孝仁義等價值觀，讓中國人民風淳厚，順乎自然地生活。

中華民族又是不幸的，自上世紀二十年代，共產邪教傳入中國，不僅造成了八千萬到一億中國人的死亡；更惡劣的是，中共從破壞宗教開始摧毀中國人的價值觀；隨之又在文革時，從器物層面毀滅中國的典籍、文物、廟宇、古蹟，以達到徹底毀滅中華文化的目的。

中華民族本身並不是一個人種的概念而是一個文化的概念，因此漢族和不同的少數民族才統稱為中華民族。中共對中華文化的滅絕政策，實際上就是對中華民族的民族滅絕政策。

中華民族又是幸運的，因為 1992 年，法輪大法的創始人李洪志先生將萬古久遠的宇宙智慧，以直白淺近的中文講給了中國人。法輪大法「真、善、忍」涵蓋了古老中國文化的精髓。這使得中國人有機會在傳統信仰和文化瀕臨滅絕之際，重建了與神的聯繫，重樹信仰體系，也重新找回了自己文化的根。當時中共官方報導有七千萬到一億人在修煉法輪功，這些人不僅身體在恢復健康，道德也在昇華，這其實也是給中共一次選擇的機會，即如果中共不鎮壓法輪功，它也會從中受益。

中華民族又是不幸的，中共前黨魁江澤民，夥同其爪牙曾慶紅、李嵐清、羅干、周永康、薄熙來之流開始了對法輪功修煉者慘絕人寰的鎮壓。江澤民利用中共邪教集團對「真、善、忍」正信的打壓，對法輪功學員實行的群體滅絕政策，乃至活摘法輪功學員的器官牟利，就是在試圖斬斷中華民族曾經賴以生存、繁榮、賡續的源泉——正信、道德以及和神的聯繫，也是欲徹底毀滅中華民族。

共產黨的出現，及其對中華民族的迫害，都有著深層的歷史原因。這是中華民族一段苦難的歷程，也是一個鍛造英雄、浴火重生的過程。

今日之中國，古風不再。文化崩壞、信仰失落，最終顯化為生態危機、經濟危機、政治危機和社會危機——土壤、空氣和江河的污染，社會上腐敗公行和黑箱作業，有權勢者利用權力掠奪民間的財富，對國家政治和社會前途的不安全感引發的大規模資金外逃，無處不在的有毒食品、人人精神緊張防範被騙，這樣的民族不可能有光明前途。

逮捕江澤民是走出困境的第一步

上述亂象究其根本，在於中共體制以及中共江澤民集團以傾國之力發動的對億萬「真、善、忍」修煉者的漫長迫害。從這個角度看，逮捕江澤民政治流氓集團和拋棄中共，是挽救中華民族危機必要的第一步，也是習近平是否能順利施政、實現自己理想的關鍵。

事實上，江澤民自「六四」上台後至今，從未真正退出中共高層權力核心。江澤民通過其在 17 大政治局常委的要員周永康、賈慶林、李長春、吳邦國，以及江澤民安插在軍委高層的親信郭伯雄、徐才厚等挾制了胡、溫政府，讓胡、溫「政令不出中南海」；18 大習近平上台後，江澤民集團一直通過暗殺、恐怖等手段，企圖暗殺習近平，重新奪回控制中國最高層的權力。

自 2012 年王立軍夜奔美國領事館開始，我們看到的不僅是一場宮廷大戲，而是惡貫滿盈的江澤民集團開始遭受全面報應的過程。從薄熙來、李東生、徐才厚、周永康再到郭伯雄，以致地位岌岌可危的劉雲山、張高麗、張德江、曾慶紅和江澤民，這些造下彌天大罪的劊子手，正在習近平的反腐戰役中被全面清理和清算。

習近平上台後廢止了勞教制度，這是江澤民集團用以鎮壓法輪功的最趁手武器；審判了薄熙來，斷了江澤民集團的接班香火；通過成立國安委和清洗江澤民的軍中人馬，斷絕了江澤民通過兵變奪權的可能；抓捕李東生和周永康，基本癱瘓了「610 辦公室」的上層運作。當前在文宣和經濟領域的反腐，則是全面收回江系掌握的經濟資源和話語權。

從習近平的出招看來，步步為營，層層推進，整個行動經過周密的計畫、布署和實施，若無堅定決心和相當的政治智慧及操作手腕，斷然無法為之。而江系幕後的大佬如曾慶紅、江澤民，以及大小嘍囉如李長春、羅干之流，也因此感到了不寒而慄的末日恐懼。

在中共的歷史上，最高權力的爭奪一定是凶險絕倫、刀刀見血、你死我活的。面對江澤民政變集團，如果習近平不能把江澤民繩之以法，不僅等於自己在政治和肉體上的自殺，也把自己的家人和朋友置於險境。

面對反腐攻勢，江系人馬一直試圖製造事端，攪亂中國社會，只要把江澤民抓起來，停止對無辜百姓的迫害，中國社會很快就會平靜。

當下的中國，幾乎無人不罵江澤民，目前已經有超過 18 萬法輪功學員向高檢和高法提起對江澤民的刑事控告。清算江澤民的反人類罪行，方可終結中國大陸的人權災難和清理貪腐集團的總後台，也是讓中國社會走向穩定的關鍵，實為順天應人之舉。

中華民族和習本人一定要拋棄中共

在抓捕江澤民後，習近平還必須做的一件事，就是拋棄中共。因為中共體制本身，就是邪惡的最大製造者與庇護所。它將繼續危害中華民族，並成為對習近平迫在眉睫的威脅。

習近平上台後的經濟改革等措施因在中共體制內實施，這注定了在中共內部的任何改革都不可能成功。由於中國廣大民眾對中共已徹底失去信心，導致習近平政權在中共內的經濟改革都遭遇強大的阻力。中國民眾對中共嚴重的不信任、不配合，致使習近平政府在經濟上遭遇嚴重危機，由於經濟無法保持持續高增長，中國正處於巨大的危機中，同時也給世界帶來危機。

習近平在清理江澤民派系的人馬中，無論是黨內、軍隊、政界、商界還是外交、國安、公安、文宣等系統，都得罪了無數既得利益的人。江澤民「腐敗治國」的理念造成「無官不貪」的官僚集團，也對習心存怨恨。所幸由於江系惡貫滿盈，名聲極壞，習的行動深得民心。也因江澤民迫害佛法，罪業彌天，習的行動順天而為，也必得到天意眷顧，所以有驚無險，走到今天。

不可否認的是無論是清理血債幫，還是反腐，在習近平掌握最高權力的時候，政敵們可以隱忍不發，但當習將來一旦離開大位，政敵的反撲會成為必然，甚至將習本人抹黑成腐敗分子或劊子手，也輕而易舉。屆時不僅是習本人，恐怕整個家族都將身陷囹圄。

更為嚴重的是，正如《九評共產黨》指出的，中共是個邪教集團，背後有邪靈（馬克思在《共產黨宣言》的第一句話中將其稱之為幽靈），因此必定會反天理、反自然、反人性、反宇宙。

如果繼承了共產黨這個名號，接管了「黨組織」這張皮相，最高領導人就不得不背負中共的血債，延續反天理的意識形態，繼續中共毀滅中華民族信仰和文化以至最終毀滅中華民族的任務。不願意為此者，如胡耀邦和趙紫陽，其下場就是被打倒和軟禁至死；抑或如胡錦濤、溫家寶者，倍受江澤民的鉗制，飽受屈辱難有作為。

從過去六十多年的歷史看，習近平沒有第三條路可走，要麼全面繼承中共血債並為中共續命而欠下新的血債；要麼拋棄中共，將中國帶入自由。以習近平的抱負與智慧，當不至於甘心為惡，留下千古罵名。

習近平應當意識到，習近平是習近平，中共是中共，二者完全可以脫開關係。中華民族的繁榮昌盛無需依靠中共，中華兒女發揮才智實現夢想，也不需依靠中共。正如中華民族五千年的輝煌歷史，都與中共沒有任何關係。相反，中共成為中國社會與民眾的枷鎖、牢籠與最大發展的障礙。拋棄中共，無論從民族大義還是個人安危考慮，都應成為習近平簡單且必然的選擇。

只有當中國變成一個自由社會，有了獨立的司法、獨立的新聞機構，習近平才能避免被政敵誣陷的可能，才能保障家人的安全。同時，如果習近平拋棄中共，這份偉大的勛業將永垂青史，即使習過去在中共體制下曾有違心之舉，也必然得到全民的理解和寬容。

中華民族也必須要拋棄中共，擺脫這個邪靈的附體。這不僅意味著徹底拋棄中共的各級組織，更需要在意識形態領域全面拋棄中共的黨文化，恢復真正的民族文化。

習近平有機會成為第一任民選總統

在逮捕江澤民，結束對法輪功的迫害以後，習近平的歷史地位已與發布《米蘭敕令》結束對基督徒三百年迫害的君士坦丁大帝相若。但習近平所能做的，還不止於此。

習近平可以在政治、經濟和文化層面，推動中華民族的全面復興，洗雪中國自鴉片戰爭以來的近、現代化過程中所遭受的頓挫屈辱和深重苦難。

在政治層面，習近平可以開放黨禁、報禁和公民結社。如果未來中國採取民主政體，習近平將因拋棄中共的巨大貢獻而得到民眾擁戴，成為第一任民選總統，開創近代中國罕見之新局面。那時，習近平也會贏得世界的讚譽和尊重。

在經濟層面，習近平在穩定中國政局之後，以中國人的吃苦耐勞和聰明才智，以及很多移民海外的華人回流中國，帶來資金、技術，中國的經濟會在保護環境和尊重人權的基礎上健康發展，很快就可以再次騰飛。

在文化層面，曾經公開發表談話稱「『去中國化』很悲哀」，不贊成從小學課本刪除古典詩詞的習近平也表現出對中華傳統文化的支持。而這些傳統文化，正是使中國人成為中國人的原因。恢復傳統文化，也就是在復興中華民族。

中共作為一個邪教集團，其邪教意識形態必須進行全民反思和清理。這也是習近平可以推動的一項工作，讓這一邪說永不再為禍世間。

習近平可以利用現在的地位，全面保護中共的檔案和文件，以備未來還原真實歷史。

其他如教育、醫療、社會保障、環境保護等諸多方面百廢待興。

拋棄共產邪教正是人心所向

停止迫害法輪功、逮捕江澤民的機會已經成熟，全國上下無數民眾都準備好鞭炮準備慶祝這個時刻的到來。

放眼世界，拋棄共產邪教正是人心所向，大勢所趨。目前中國已經有兩億多人聲明退出中共的「黨、團、隊」組織，前共產黨國家有的禁止共產黨的存在，有的在全面清理共產意識形態的流毒。

共產黨在中國已經惡名昭彰，人人唾罵。它是迫害人類的魔，也是為迫害和毀滅中華民族而來，其背後有著歷史的深層原因。中華民族是一定要拋棄中共的，它絕不能作為黨派參加未來自由中國的民主選舉。它的可恥下場是迫害法輪功的江澤民所一手促成的，也是其對中華民族犯下滔天罪惡的因果所致。

如果習近平能拋棄中共，完成中華民族和平轉型的偉業，將會得到民眾的擁戴和國際社會的讚譽，這是他個人的榮耀，也是中華民族的榮幸。

中華民族是一個偉大的民族，歷史潮流浩浩蕩蕩，順之者昌，逆之者亡。歷史也給了習近平一個至為難得的機遇，端看習近平能否把握，以及對他本人歷史定位的期許。

第十三章

中共解體的可能方式

哥大政治學博士李天笑認為，中共解體先從下而上，再從上而下的情節，是中共解體時最有可能出現的方式。旅德著名學者仲維光表示，相對已解體的東歐共產國家，中共面臨解體的危機更加嚴重，任何一個環節都可能引發解體的問題。

現今中國農村的中共黨組織幾乎全淪為撈錢的黑幫。圖為 2013 年 3 月 2 日，廣東陸豐上浦村民為維權，掀翻村黨支書指使的黑社會打手的汽車。（AFP）

第一節

不解自散
中共基層黨組織潰爛

2015 年 11 月，《北京青年報》頭版大標題「多數黨員嚴重違紀的黨組織應解散」引發外界熱議。中國問題專家分析，中共自上而下的黨組織已潰爛，45%村委會是黑惡勢力，早已遠遠超出民眾能接受的底線。

不排除這是習近平授意釋放「解散黨組織」的信號，試水輿論反應。

在中國大陸，共產黨的組織從中央直達鄉村街道社會最基層，通過黨委、支部等各級黨組織，把社會牢牢控制。黨組織依附在企業、部門或者政府機構等之上，吸食民眾血汗。剝去這個黨組織在中國社會的畫皮，解體中共，已經成為大部分中國人的共識。

2013 年 4 月，《人民日報》旗下的人民論壇推出一個調查，在「只有中共才能帶領人民走好中國特色社會主義道路」的投票中，投「不贊同」票的高達 83.85%。以至於有民眾留帖註明「太歡樂了！」中共的黨組織到了今天，自上而下已經完全潰爛。從中央各部門的黨組織到基層的黨支部，已成為了腐敗分子掌權攫取利益的黑窩。

東網：共青團還有存在的必要嗎？

2015 年 7 月，習近平在「群團工作會議」上發表講話。港媒引用京城消息透露，習對共青團作出嚴厲指責，稱其處於「高位截癱」的狀況。消息表示，在閉門會議的脫稿講話中，習嚴厲批評共青團「不僅是跟不上、不適應的問題，而是會被青年邊緣化、被黨政邊緣化，甚至失去組織存在的價值。」

10 月 9 日，《人民日報》在第七版刊發署名「共青團中央書記處」的文章，對共青團發出嚴厲警告，「面對新形勢新任務新挑戰，共青團如果不積極應對、不改革創新，就不僅是跟不上、不適應的問題，而且可能失去組織存在的價值。」

10 月 10 日，東網發表題為《共青團還有存在的必要嗎？》的評論認為，共青團走向「官僚化、空殼化」，名聲也日益發臭。

文章說，如今青年們需要的是自組織，而不是官派組織。說句客觀話，在組織青年方面，微信群遠遠強過共青團。

當今的青年，大多對政治冷感，而追逐物質。共青團那種大而空的口號，豈能吸引這些年輕人？共產主義早就成為讓人笑話的古董，共產主義的接班人更是荒唐得不能再荒唐了。但是共青團除了喊這些口號外，又能做什麼呢？

共青團現況 折射中共黨組織的困境

共青團被大陸民眾所厭惡早有實例。

2015年7月有報導稱，山東「五毛」侯某與人在網上罵架、網下約架，遭當地警方處理。結果共青團中央以及山東共青團等，其官微第一時間站出來力挺「五毛」並指責警方，共青團的動作引發網路輿論的譁然。

9月，共青團中央再推當年矇騙過很多人的「我們是共產主義接班人」的口號時，遭到網上以任志強為代表的力量前所未有的反彈。共青團宣傳部長景臨隨即撰文《與任志強先生商榷》，給任扣了大帽子，很快各地共青團系統的攻擊文章就跟上，事件越鬧越大。最後有人還利用這個事件把矛頭指向了王岐山。

共青團湖南、湖北、呼和浩特的官微都發出了署名文章，攻擊任志強。這些官微撰寫的不管長文還是短文，有一個共同的特點，就是用惡毒的言語進行謾罵、攻擊。

看了共青團寫的這些東西，民間簡直難以置信。民眾紛紛表示：「這都是些什麼人啊！」「這裡面都養的些什麼品種？」「共青團變成了瘋狗一樣了！」

按照中共的定義，共青團是「中共的助手和後備軍」。共青團面臨的生存危機，其實根源在於中共，也折射出了當下中共的困境。

自中共建政以來，毛掌權時期，三年大饑荒餓死了3000萬中國人。中共元老葉劍英承認，「文革」整了1億人，死了2000萬人；鄧掌權時期，對「六四」進行鎮壓。中共謊稱無人死亡，海外報導死了幾千人。江澤民掌權時期，發動對法輪功的迫害，僅透過民間途徑能夠傳出的、有名有姓能夠核實的、被迫害致死的法輪功學員就有 3888 人，還有數百萬難以統計的案例，以及數量巨大、被活摘器官的學員。

一個前後屠殺了這麼多中國人的政黨，到了今天，早就已經與中國民眾離心離德。其中一個原因，就是這個黨組織從上至下已經腐爛不堪，無可救藥。

中共自上而下的黨組織已潰爛

習近平掌權後，前政法委書記周永康、軍委副主席徐才厚、郭伯雄、中辦主任令計劃、公安部副部長李東生、國安部副部長馬建都已經落馬。這些曾經是中共各個重要部門或者軍隊的頭目紛紛落馬，顯示出中共這個黨組織在高層已徹底潰爛。

在國企層面，原中石油董事長蔣潔敏、中石化總經理王天普、華潤集團董事長宋林、香港中旅集團總經理王帥廷、中國鋁業公司總經理孫兆學、中國第一汽車集團公司董事長徐建一、中石油總經理廖永遠、武漢鋼鐵公司董事長鄧崎琳、寶鋼集團副總經理趙昆等的落馬，也顯示中共這個黨組織的潰爛在向下延伸和擴大。

在地方層面，從中共 18 大後，截至 2015 年 8 月 10 日，有 27 名市委書記落馬。截至 10 月 9 日，有 22 名省級黨委常委落馬。落馬官員至今共計超過 10 萬。

由於江澤民的「貪腐治國」，使得中共官場貪腐過於普遍，幾乎人人都不乾淨。2015 年 4 月，中共社科院中國廉政研究中心的官員對王岐山提了一個腐敗相關的問題，王也只能發出一聲長嘆。

在當今的中國大陸，這個腐敗黨的觸角伸向了社會的各個角落，在企業、機構、學校、軍隊、地方各級政府等都成立了「黨組織」。

社科院調查：中共村委會45%是黑惡勢力

據中共社科院的一份抽樣調查的結果顯示，目前45%以上的農村的村委會，是由黑惡勢力當選的。

山西省公安廳10月26日對外通報，2015年以來，山西各級公安機關共抓捕「黑惡勢力」疑犯869名。其中，拘捕涉案的人大代表、政協委員、村支部書記、村主任共27人。

《人民日報》10月27日的報導承認，村組幹部貪腐線索基本上一查一個準。山西太原市晉源區區委常委、紀委書記張彤說，「比較而言，村主任、村支書屬於高危崗位。」

網上「蘇明張健評論」的《共黨的末日到了》一文說，中國的鄉村是由一個個自然村組成，而每一個自然村又都自然形成了宗族社會，每一個宗族是由族長和鄉紳管理。

中共在農村搞土改，一批好逸惡勞的人成為了積極分子，於是加入中共當了支書或隊長、會計、保管員什麼的。他們是中共在農村蒐羅並組成的黑惡勢力。這個黑惡勢力不但徹底毀滅了原來的倫理宗族制度，更毀滅了農民的人性、道義、傳統和當地的文化。

文章接著談到，凡是與農村有過接觸的人，都不難發現，那些村幹部、隊幹部，大多都好逸惡勞、好吃好喝、愛貪小便宜，時常還要耍個威風、撈點特權。隨著所謂的改革開放，中共的貪污升級到腐敗。所謂「山高皇帝遠」，農村的腐敗更甚。扒房圈地的種種罪惡，又有哪一件不是村幹部在做內線，背著村民做決定，然後欺騙村民，好讓他們分贓錢。

2010 年 8 月 3 日，中共央視《新聞 1+1》播出《農村掃黑：斬草，除根！》的節目實錄中舉例說，在廣州，2000 年靠賭博等手段聚斂巨額錢財的殷卓波，在 2008 年當選村主任後，帶領治安隊員強行向村內工廠、企業、商舖、賣淫女等收取綜合治理費。為了爭搶工程，殷卓波還指使多名組織成員發動村民到廣清高速擴建流溪河大橋工地，在武廣鐵路施工現場使用暴力威脅等手段阻礙施工。

該節目裡面提到農村部分村子被黑惡勢力把持，一些村主任並不是上任之後「變黑」，而是上來時就是「黑」的，他們用黑的手段披上了紅色外衣，進而攫取金色的財富。

底層不是微恙 而是徹底爛掉

港媒 2013 年 7 月《黨風整頓大背景揭祕》的文章中說，中共統治的下層（縣鎮兩級）不僅完成了黑社會化，而且這種黑化有向中層發展的趨勢。政治上的黑化還不同於社會層面的暴力組織化行為，而確指程式規則的私有化和黑幕化。比如，在湖南省民政廳出了「2 歲上學、14 歲參加工作」的女處長；再比如，在四川成都市出了身帶 4 個護照與攜　款出逃的副區長，凡此等等。

有關 2 歲上學的女處長一事，2013 年 6 月網上爆料稱，湖南民政部門驚現 14 歲就參加工作的女處長李曉雲，「2 歲就上學了，神童呀！」又指她高中畢業，現卻擁有黨校研究生畢業證。貼文指李從農民轉為工人，再由縣城工人升為省城處級領導。據指，李曉雲經常豪言壯語：「沒有我辦不成的事！」原因是她「有很多當大領導的乾叔叔」。當時，該事件在網上曾引起波動。

中共中央黨校教授承認，按百姓的看法，底層是徹底爛掉了。比如，湖南張家界市永定區的一位街道辦事處覃姓書記，上班期間賭博被微博曝光，但事隔三個月後不了了之。

官辦網媒中國經濟網的記者不服氣，到張家界暗訪，當地市民告訴記者：「姓覃的有人。你看連《人民日報》都說你們發微博造謠呢！人家家裡鈔票都發黴了，不拿到牌桌上晾一番，怎麼搞呢？」

目前，中共黨組織的腐敗已經了深入到各個領域，國企腐敗、金融腐敗、高校腐敗、醫療腐敗、文化腐敗、體育腐敗……。給人的印象是，中共黨組織非但表面肌體已經腐爛，現在這種腐爛更深入骨髓。

原重慶黨組織頭目薄熙來的行為

說中共的黨組織是依附在企業、機構上的畫皮，主要原因是這個黨組織在社會的方方面面都握有控制權，指揮著中國人辛勤勞動，表面上看著冠冕堂皇，實際這個黨組織卻在吸食民眾的血汗，內裡腐敗不堪。以原重慶市委書記薄熙來為例，薄在 2007 年成為重慶市委書記後，開始「唱紅打黑」。

中國政法大學教授何兵曾公開說，薄在「唱紅」上花了 2700 億人民幣。前《文匯報》記者姜維平透露，薄熙來當時利用王立軍，以「涉黑」的名義，東拼西湊、包裝了近600個所謂涉黑涉黃團伙，搶劫民企和人民的財產，非法搶得上千億。有報導說，薄熙來利用「打黑」收繳的錢去填補「唱紅」造成的財政黑洞。

在薄熙來身上，可以看到中共黨組織的問題：位於重慶市權力核心的市委書記，並不主管經濟，但卻可以為了政治目的，將巨資轉化成其政治資本，利用比如「唱紅」等等手段搞政治，造成資源的驚人浪費。

重慶市民一直認為，黃桷樹代表重慶人的堅韌、耿直而又潑辣的性格，黃桷樹是重慶人的根，炎熱的夏天為重慶人納涼，也象徵一塊風水，在農村更講究，什麼樹都可以動，就是黃桷樹不能隨便動，尤其是老黃桷樹被認為有靈氣。薄熙來卻因為喜好銀杏樹，以書記身分直接干預市政建設，一度使重慶市樹黃桷樹遭到空前劫難。

孫政才掌權重慶後，相比薄熙來低調許多，重慶在2014年、2015年上半年和三季度GDP反而在大陸排名第一。

可以推斷的是，這種一貫為政治服務的黨組織被解散後，各地運作的效率將會更高。

薄熙來只是中共黨組織中的一個例子。

黨組織已依附、滲透到私企中

現在這個腐敗黨的觸角伸向了社會的各個角落，依附在企業、機構等之上，吸食人民血汗。

舉例來說，每個省都有省委、省政府。省委是中共自稱的「黨的地方組織」，但省政府還有黨組書記、黨組成員。這個黨組，就是省委的派出機構，「代表省委在政府機關的權力」。

在中共中央層面也是這樣，國務院有黨組，很多部委都設有黨組。到了企業、學校等地方就隨處可見黨總支、黨支部。2015年6月29日，中共自稱現有基層組織436萬個，其中基層黨委20.9萬個，總支部27.1萬個，支部388萬個。

換句話說，現在中國大陸的企業、學校、地方政府、中央等部門，幾乎都被中共的黨組織所控制。大陸凱迪社區更是曝光，連現在那些私人性質的互聯網大公司，諸如阿里巴巴、百度、騰訊、新浪、搜狐、京東、奇虎360等，都已經設立了黨組織。

而這些黨組織存在的第一目的並不是為了企業如何，它們都是為了中共執政地位不被推翻而存在。所以黨組織做出的決定不可避免與機構真正的需要存在矛盾。

最簡單的例子就是：在人事上也要「加強黨的領導」。換句話說，只有對中共忠心的人，才能優先得到提拔。

中共黨組織的實質

中共早就有了對建立各類「黨組織」的偏好。

自1949年掌權以來，中共一直要求一切在「黨的領導」之下。所以在各個層面，都要有所謂的「書記」來監督、領導工作。換句話說，在中共內部，政治正確是第一位的。在軍隊，在四總部、軍區、集團軍內，也會有所謂的「政委」來監視各級將領的一舉一動。就連軍委副主席，也要有一個搞政工的。其實說白了，中共搞這套的真正目的就是怕民眾造反，怕被民眾拋棄。

但事實上，這種「黨的領導」產生了各種各樣的問題，機構臃腫只是最小的一個問題。

在江澤民掌權時候，採用了「貪官治國」的辦法。在那段時期，作為地方大員，只要忠於江，可以隨意腐敗。也因為當時的組織部長、紀委書記們，都聽命於書記，所以這些地方黨組織的頭目可以任命自己的親信到關鍵位置，同流合污而不受到同級紀委的監督。

換句話說，中央部委、省委、市委書記們掌控了人事權和監督權，這樣也就形成了各式「獨立王國」。

這其實也是薄熙來能夠在重慶無法無天搞「唱紅打黑」，周永康能把政法委打造成「第二中央」的原因之一。

習近平掌權後，為了處理這個問題，先換掉各大省市的組織部長，切斷了地方書記們的人事權。習再換掉了大部分省分的紀委書記，並讓紀檢系統獨立出來，試圖監督同級的黨委。

但是無論怎麼做，都無法改變共產主義和馬克思主義已經破產、黨組織成員沒有信仰只能為利益而做官、資源無法依靠市場進行優化的事實。

就連中紀委網站 2015 年 10 月 26 日也刊文承認，紀檢官員如果沒「堅定信念」，「天天看到這樣那樣的問題」，「時間長了就很容易動搖，對未來失去信心」。

可是，中共官員還有幾人在真心相信共產主義和馬克思主義，並為此而做官呢？

黨組織的干預成為企業發展的阻力

《大紀元》系列社論《九評共產黨》講道：「在共產黨統治

的社會主義公有制的國家裡，在通常的國家機構之上，又附著一個權力更大的黨組織——各級黨委及支部。」

多年來，中共的國有企業都存在以黨委和法定代表人負責制為核心的雙重領導。也就是說，黨組織要時刻在企業生產經營過程中以政治為核心，在政治方向上起到干預企業經營的作用。

2015 年 9 月 19 日，人文經濟學會理事、北京大學國家發展研究院教授張維迎出席「創業時代：資本與企業家」論壇並發表演講。在演講中，他其中的一個觀點是「政府不可能替代企業家，也不可能替代資本家」。他所說的「政府」可以理解為是代表中共政府進入企業參與經營的黨組織。

在談到計畫經濟時，張維迎認為，全世界的計畫經濟實驗都失敗了。凡是用政府替代企業家，替代資本家的國家，都失敗了。

為什麼政府沒有辦法代替企業家，沒有辦法代替資本家？他說：「第一點，政府官員並沒有企業家那樣的經營才能。企業家是特殊人才，需要對未來做出獨立判斷，不能人云亦云，政府需要的是執行命令的人。

企業家是不害怕犯錯的人，政府需要的是不犯錯誤的人。企業家做的是正確的事情，政府官員則是用正確的方法做事。政府官員注重的是程式，而不是事情本身對還是不對。」

「第二點，政府官員沒有企業家的那種激勵機制。一個企業家做出錯誤的決策，可能就破產了，甚至要跳樓。政府官員只要遵守程式，即使決策失誤，個人也不承擔成本。」

他還提到，國家或者政府官員作為所有權的代表，是不可能真正像資本家那樣約束企業經營者的。

他還說，所有國有企業都存在行為短期化問題。國有企業領導人考慮的都是短期的問題，因為他的位置是政府官員任命的，任命的標準不可能是企業家精神的高低，也不可能是經營者長期績效的好壞。

有權任命你的人不會因為你做得好，就讓你繼續做下去；也不會因為你做得不好，就必須把你拿掉。你的位置是否穩固，更多地依賴於政治因素和人事關係。國有企業領導人的對調就是這樣。

黨組織的領導和公司治理無法統一

中共黨的領導與公司治理，魚與熊掌能否兼得？中共國務院國資委首任主任、曾執掌國資委 7 年半的李榮融表示，國企是經濟組織，不是政治組織。

李榮融拿自己當例子說，「1984 年我在無錫油泵油嘴廠做第一任廠長負責制的廠長，現在企業的名字叫威孚高科，那時候我就知道非改不可。拿我的前任來說，廠長和黨委書記不對付，形成合力談何容易。即使我後來成為無錫第一家廠長負責制的廠長，但我真的能夠做到負責嗎？很難，因為黨委在不斷干預啊！黨委書記不管大小事，他都要求拿到黨委會上討論。而黨委會是集體決策，追究的是集體的責任，但實際上責任又是空的。」

中國金域黃金物資總公司黨委書記孫建明稱，多年來，就國有企業來說，都存在「核心」與「中心」的爭論問題，這便是企業應以黨委為核心來開展工作，黨委在企業中發揮政治核心的作用。而企業在生產經營中又必須貫徹法定代表人（總經理）負責制，即所有工作都必須圍繞法定代表人這個中心來開展。

這種爭論，長期以來，都成了班子內不團結的根本所在。一些國有企業經營不善，一個很重要的原因就是黨委書記和總經理之間職責不明、關係不和。那些黨委書記和總經理之間關係緊張的企業，其實多源於權力之爭。

一位曾任職中共央企的沈女士對《大紀元》記者表示，她所在的公司，一開始是黨委書記和總經理都由一人擔任，因公司是國家的，公司上下公款吃喝、貪腐情況嚴重，後來國資委又委任一個總經理進入公司，而原來的那個領導只擔任黨委書記一職。

原本國資委想通過互相牽制的辦法改善公司現狀，但自從權力分開後，公司不僅沒有杜絕或減少吃喝、貪腐之風，權鬥的情況卻更加嚴重，各自搞小圈子、拉關係，建立自己的人脈、互相暗中較量，把公司搞得亂作一團。公司上下無心經營，撈錢的心倒是越來越盛。

這也不過是中共治下國企的一個小例子而已。

「雙軌制」是無效率和腐敗的根源

2015 年 9 月 16 日，武漢理工大學副教授，經濟學博士談到中國特有的雙軌制問題。

他表示，雙軌制的本質，就是政府要強權介入市場，同時還要有市場特權，同時還要保證政府可以不為參與市場的行為負責；但凡政府與企業關係扯不清的地方，但凡政治與經濟扯不清的地方，無不是既沒有效率，又嚴重腐敗的地方。

他說，「如此雙軌制的劃分，能解決國企的壟斷、無效率以及腐敗等嚴重問題嗎？歷史告訴我們的答案恰恰是，無效率和腐敗的根源正是雙軌制本身，不是別的。」

多年來的實踐證明，中共的黨組織在企業中不僅不能為企業更好的發展提供幫助，反而成為窒礙經濟發展的巨大阻力。

正如《九評共產黨》一書中說，「總有一天，人民會把附著在國家行政體系之上的共產黨組織剝落，讓靠社會中堅力量維繫的社會體系獨立運作。」「減少一個盤剝吸血和整人害人的黨組織，只會改善和提高政府機關的工作水準。」

第二節

習破格會見福山 中國處巨變前夜

2015 年 11 月 3 日，以推崇資本主義、民主體制而著稱的日裔美籍政治學家福山（Francis Fukuyama），受到習近平的單獨會見。（大紀元資料室）

2015 年 11 月 3 日，以推崇資本主義、民主體制而著稱的日裔美籍政治學家福山（Francis Fukuyama），受到習近平的單獨會見。

此前的 4 月，王岐山也會見了福山。專家學者表示，中國正處於巨變的臨界點，會見福山也許是想探尋中共改朝換代的可能性。

福山與高層、學術機構談改革問題

法蘭西斯 · 福山為一名美國作家及政治經濟學人。福山是《歷史的終結及最後之人》一書的作者，他在該書中認為，隨著冷戰的結束，「自由民主」和資本主義被給以最高地位，是「資本陣營」的勝利。

有海外媒體認為，習近平趕在「五中全會」與外訪越南、新加坡並會見台灣總統馬英九之間的 2015 年 11 月 3 日破格接見福山，已經說明此項議程的重要性。不過，外界至今不知兩人祕密談了什麼。

第二天，福山在清華大學做了「中國和美國政治改革的挑戰」演講，在全球政治發展史的框架下討論了中、美政治改革的可能性，並與幾位帶有毛左色彩的中國政治學者展開了對話。清華大學教授汪暉主持了本次活動，崔之元、潘維教授對演講做出了評議。

2015 年 4 月，福山和日本著名經濟學家青木昌彥應邀參加在北京舉行的外國專家局（外專局）改革建言座談會。期間還在清華大學 CIDEG 中心、比較雜誌社等機構，就圍繞「依法治國」改革，與中國學者進行了交流。

4 月 23 日下午，中紀委書記王岐山在中南海會見了福山和青木昌彥。王與福山在一些歷史、政治、意識形態等方面的問題上有所交流。那次會面的談話內容沒有被官方報導，而被會見者整理的回憶文章在網上流傳。

抓捕江澤民、解體中共 開創新局

10 月初，萬科董事局主席王石在接受《中國慈善家》雜誌專訪時，通過對比中外發展歷史，表達對中國時局的看法。他說，中國現在是「黎明前的黑暗，大變革時代即將到來。」

10 月 26 日，大陸學者、時政評論人士童大煥在港媒發表評論文章《中國大陸正處於全面觸底反彈的巨變時代》。文章稱，（中共獨裁統治下的）過去66年是中國幾千年歷史上權力最登峰造極的時代，權力通過控制財產性資源控制了一切。於是乎，對自然、規律、規則的漠視與破壞也達到了中國歷史上最登峰造極的時代。由此帶來的對政治、經濟、文化和人心的破壞史無前例，怵目驚心。

10月29日，「五中全會」結束。當日親習陣營的消息人士牛淚撰文稱，中國社會轉型到了關鍵時點。如果沒翻過去，等著中國的將是糟糕的「中等收入陷阱」。經濟會停滯不前，社會將衝突不斷，矛盾將激烈上演，全球大國和民族復興會成為黃粱美夢。

《大紀元》特稿也指出，中國社會正處於一個巨變的臨界點，抓捕江澤民，解體中共，開拓新局面，是習近平千載難逢的機會。

第三節

專家談中共解體最有可能出現的方式

2015 年 4 月 26 日香港法輪功學員聲援 2 億中國人三退大潮（退出中共黨、團、隊）。（大紀元）

「我們不要這個黨組織了」

「昨天你翻牆看到什麼新動向啦？」張書記急切地問電腦技術員小王。

電腦技術員小王說：「解散黨組織，必須從基層做起！哈，張書記你快失業了。」

張書記憤憤地說：「我早就不想做這個黨書記了，這個邪黨壞事幹盡，誰跟它誰倒楣。」

劉祕書調侃說：「那就別幹唄，乾脆我們單位不要這個黨組織，把它解散算了，老張你幹點別的實事還對單位有貢獻呢！」

陳經理聽後一拍大腿，興奮地說：「對啊，我們大家早都『三退』了，還要這個黨組織幹嘛！沒有黨組織我們大家都不用再撒謊了，我們從始做一個真正的中華兒女。」

基層自發拋棄黨組織的風氣在大陸社會迅速蔓延，沒有黨組織的基層，國營企業人與人之間的關係，也因為不用再附和黨組織撒謊，而變得越來越真誠與和諧了。

中南海政治局常委會議上，幾個政治常委面面相覷，每個人面對基層黨組織被大面積拋棄的局面都知中共大限已到；三個江派常委面如死灰，心中叫苦不迭卻不敢作聲，因為每個人都有把柄被習近平抓在手裡，哪一條拿出來都是死罪難逃。

「大家都看到今天的局面了，這個黨都爛透了，這是江澤民以貪治國，使大部分高層幹部貪腐造成的，現在誰也救不了。我們不要這個黨組織，爭取人民的原諒吧。」習近平一拍桌子站起來肯定地說。

「重要通知：即日起各地黨組織自行解散……」中國各大媒體紛紛傳播重要通知。

「呯，呯，彭，彭……」全中國鞭炮、煙花連天，民眾湧上街頭歡呼終於結束中共一黨專制的壓迫，中國將走向新的紀元。

哥倫比亞大學政治學博士、中國問題專家李天笑認為，上面所描述的中共解體先從下而上，再從上而下的情節，是中共解體時最有可能出現的方式。

旅德著名學者、當代極權主義思想研究者仲維光表示，縱觀東歐多個共產國家的解體方式都不同，但都是一件意想不到的事情而引發的。相對已解體的東歐共產國家，中共面臨解體的危機更加嚴重，其統治已千瘡百孔，任何一個環節都可能引發解體的問題。

中共基層黨組織早就長期渙散

自從「文革」後，共產主義價值觀在中國就破產了，中共為了維持統治，就稍微放寬了一些經濟上的束縛，發展了一點私有經濟，讓窮怕了的中國百姓將注意力轉到改善生活上。1989年「六四」鎮壓學生運動後，更是以放縱人對錢、色的慾望，以換取人們不關心政治。這時加入共產黨的人無一不是為了獲取政治、社會地位等利益，而假裝相信共產主義，尤其基層的文化不高的農村黨組織，對利益衡量就更為現實。現今中國基層農村的黨組織幾乎全淪為了為撈取錢財而加入的黑幫了。

中共中央在80年代末的學生民主運動前後，就要求各地整頓軟弱渙散、癱瘓半癱瘓的農村黨支部。從1988年11月起到1989年上半年，僅河南省就抽調近萬人組成2700多個工作組，集中時間對全省4933個農村黨支部進行全面的所謂整頓。

1994年11月，中共中央曾發出《關於加強農村基層組織建設的通知》，明確要求在三年內把處於軟弱渙散和癱瘓狀態的基層組織進行整頓。

2004年11月19日開始，《大紀元時報》發表了《九評共產黨》（簡稱：《九評》）系列社論，全面揭露中共的邪惡本質，進而掀起了一股全球的「三退」（退出中共黨、團、隊組織）大潮。中共對《九評》又恨又怕，卻無可奈何，連提都不敢提。為此，中共從2005年1月開始，對全黨進行了一次為期一年半的大規模的所謂「保先教育」（「保持共產黨員先進性教育活動」），在民間被嘲諷為中共腐敗而要「保鮮」。

早在2012年中共18大前的1月，中共中組部就發文《要突出整頓軟弱渙散黨組織》；但到2014年5月，僅據中共官媒報導，就有6萬餘個「軟弱渙散基層黨組織」需要整頓。也就是說，近20年來中共的基層組織一直都存在黨組織渙散的問題。

李天笑分析說，中紀委2015年10月21日重新修訂的《中國共產黨紀律處分條例》中增加了「對嚴重違紀的黨組織進行改組或解散」的處分條例，說明中共承認至少有70～80%的黨組織存在嚴重問題，喪失了凝聚力。

李天笑以廣東烏坎村村民打跑嚴重貪腐的村黨組織，之後村民進行自發的民主選舉為例說明，中國老百姓在沒有黨組織的情況下，一樣能自發地進行自治管理，而且更加公開透明、更能代表大多數村民的利益。

李天笑說，中國古代幾千年來統治階層只是管到縣一級，縣以下是宗族鄉紳以村規民約來自治。廣東烏坎村的民主自治選舉為全中國鄉村民主自治樹立了一個非常好的榜樣，有其重大意義。

中共解體自下而上開始 到自上而下結束

李天笑分析說，現在農村黑幫化的黨組織在民眾中是沒有威信的，是強盜行為，當社會的矛盾衝突激烈時是隨時會被村民推翻的。再加上現在「三退」人數將近2億2000萬人，也就是說拋棄中共的民眾是遍布各個階層的，只要條件成熟，他們將會主動或者支持解散中共黨組織。

仲維光也表示，中共的執政是沒有合法基礎的，從現在大批富人移民、官員外逃，將子女、財產轉移到國外，說明他們已經感到中共將要崩潰了。尤其現在基層民眾對中共的不滿和反抗非常大，各種維權事件不斷，一旦某一個事件觸發，中共黨組織將會出現樹倒猢猻散的局面。

仲維光還分析說，除了基層的問題，目前中共兩派內鬥已到了不可調和、勢不兩立的地步，現在只是勉強維持。矛盾隨時可能在各個環節中爆發出來。

李天笑認為，中共的解體目前從上而下的條件暫時未看到，但是從基層開始解體的可能性就非常大。當基層拋棄黨組織的現象發展到一定程度的時候，不排除習近平會幹出大事來，從上而下宣布解體中共。因為徹底解體中共，江派集團才不可能再利用中共的邪性翻盤，習近平及支持習近平的勢力才能保安全。解體中共進而清算共產黨，也就為公開抓捕江澤民，清算其迫害法輪功罪惡掃除了障礙。

第四節

陝西神傳文化對習近平的啟示

（本節作者惠虎宇為原西安科技大學教師）

在邪惡的中共體制下，習仲勛能堅守做人的良知，死後堅決不進八寶山，魂歸故里。2005 年，習仲勛的家鄉陝西富平縣為其修建了一座坐像。（新紀元資料室）

陝西是中國神傳文化的核心省分，中國儒釋道文化奠基的地方。習近平的父親習仲勛臨終前決定魂歸陝西富平的老家，拒絕八寶山。

陝西最玄妙的啟示，早已為習近平的執政指出了最終的方向——拋棄逆天叛道的中共邪魔、讓中國重拾傳統文化。

從習仲勛魂歸故里談起

中國的文化被譽為神傳文化，其中神傳文化的核心舞台就在陝西關中地帶。這裡不僅是中國歷史上王朝建都最多的地方，前後一共有 13 個王朝建都於此地的長安（今西安及附近），陝西的關中地區也是中國儒釋道文化奠基的地方。

周至縣的樓觀台是老子傳道的地方，扶風縣的法門寺供奉著全國唯一的釋迦牟尼真身舍利，唐朝時玄奘法師在西安的大雁塔翻譯佛經，使佛教經典弘傳中華，而歷史上奠基儒家禮樂文化的兩大王朝周（西周）和漢（西漢），以及將中華儒釋道文化推向頂峰的大唐也都建都於長安。出了西安再往北走，位於陝西中部黃陵縣的橋山上，中華人文始祖軒轅黃帝的陵園——黃帝陵就建在這裡，此地有傳說中的黃帝手植柏，樹齡約 5000 年，為世界柏樹之王。每年全球華人舉辦的祭祖典禮都在這兒舉行。

筆者曾在陝西的省會城市西安居住了 19 年，這裡的人都流行一種說法，大意就是不要隨便說話，一說就成真的了，當然不是那種美夢成真的好事，而是指善惡報應兌現得很快。下面，筆者就以一個地道的陝西歷史人物為例，來談談這個善惡有報的話題，他就是當今中共領導人習近平的父親——習仲勛。

習仲勛是少數幾個死後堅決不進八寶山的中共領導人之一，習仲勛在臨終前做出了一生最後一個重要而正確的抉擇——魂歸故里，選擇安葬在陝西富平的老家。

在邪惡的中共體制下，習仲勛能堅守做人的良知，一生做了許多值得稱道的事，在胡耀邦當年遭受體制傾軋時，唯有習仲勛敢於公開為其辯護。而在陝西當地，至今很多老年人們仍然能回憶起當年習仲勛在蔓延全國的反封建、毀古蹟的癲狂中，拯救西安古城牆的驚心動魄的故事。中共建政之初，毛澤東掀起了一股反中華文化的狂潮，拆毀了北京的紫禁城，但是西安的古城牆卻在這波政治運動中倖存下來，其中、習仲勛起了重要作用。中國人認為，一個人做了好事，不但會被歷史所稱頌，也會給他的後代帶來福報。

傳聞說，毛澤東進京時，曾被高人指點，說他這一生不能住進皇城，而且必須住在與水相關的地方，否則帝位不穩。而且還告訴他，他的這一生和 8341 有關（見下文）。後來毛真的沒敢住進故宮，而選擇了原來皇家的湖泊公園，現在叫中南海的地方作為中共最高層的駐地。毛取得中國大陸的政權後，也從來沒有來過西安，或許也和西安的王朝之氣過旺有關。

中華正統文化講究奉天承運，歷代這些長治久安的王朝均是符合天意而建立起來的，用現代人習慣的說法來看，這些地方充滿了正能量，毛一生與天鬥、與地鬥、與人鬥，反天理、滅人性，攜帶的應該是與這種正能量格格不入的負能量。

了解毛的人都知道，毛一生為了奪權和保護自己的最高權力，用了無數卑鄙、陰狠、殘忍的手段，這讓筆者不禁想起武俠小說中那些妄圖稱霸武林的邪派人物。不走正道的毛，如果居住在名門正派的地方，周圍正能量太強了，可能無形中就會消滅他的負能量，使他功力消弱。這也許可以從另一個角度來解釋毛為什麼那麼仇恨中華正統文化了。

從拆毀北京城牆和保護西安古城牆來看，毛和習仲勛有那麼點對立的意味，毛死後陰魂不散，繼續盤桓在天安門廣場，籠罩著京城，而習仲勛過世後則入土為安，魂歸故里，讓自己曾經的人性重新接入中華生生不息的文化傳統的脈絡之中，回歸了自己的祖先。

中國人講風水，在天安門廣場設靈堂，將屍體泡在毒藥水裡，能是一種好風水嗎？他的後人能興旺嗎？孤家寡人的毛，弄權一生，死後不能入土為安，屍身遭受萬毒侵蝕，後人中僅存的一個傳宗接代的孫子，也帶著一股楞頭楞腦的傻氣，經常發表一些不著邊際的傻話，這能不說是一種報應嗎？而保持人性的習仲勛在陝西的風水寶地，心安理得的去見祖先，並且給後人留下了綿綿福報。他的兒子習近平最後能入主中南海，用神傳文化的觀點來說，這難道不是祖宗積德嗎？

陝西地圖 暗藏玄機

中華神傳文化的精妙，往往在很多方面得以體現，如果把中國地圖打開，看看中共建政後的陝西地圖（與民國時期大致相同、略有差別），我們就會很容易的看到，陝西地圖就是一個人跪拜上天的形象。這個人頭戴巾帽，屈臂抱拳，面朝西北方向仰望，雙腿跪在地圖的西南方向。在我們今天所應用的後天八卦的方位中，西北方向為乾，乾代表天，西南方向為坤，坤代表地，那麼陝西地圖剛好就是一個人面朝蒼天（西北）、腿跪大地（西南），在虔誠的參拜天地的這麼一個形象。

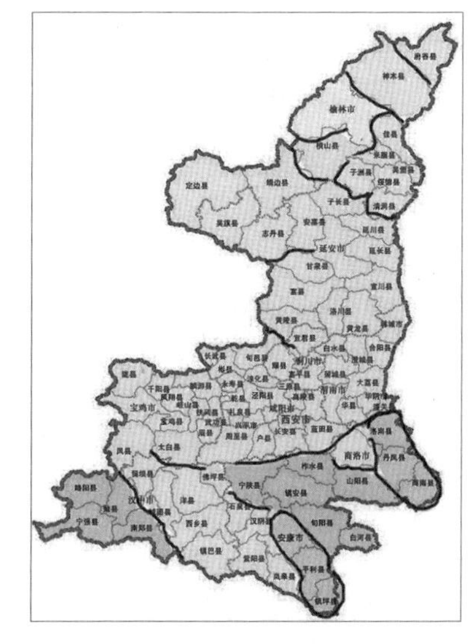

陝西地圖上縣市用顏色填出了一個大至拜天人形，可以看出是一個人頭，戴方巾跪在一毯子上，仰天作拜。（製圖／謝東延）

陝西位於中國的中心地帶，當今地理測量中所用的大地原點也被設置在關中地區的涇陽縣，結合前面講的歷史上陝西在承載中華神傳文化過程中所起的核心作用，可以說，無論從地理、歷史、文化以及當前的政治等諸多領域來看，陝西這塊土地似乎都蘊含著特殊的使命。

當中共在這 60 多年的時間內、毀佛滅道批儒、砸寺廟、燒典籍、篡改歷史，用無神論給民眾洗腦，極力破壞中華神傳文化之際，作為承傳中華神傳文化核心舞台的陝西，卻早已將自己轄區的地圖形狀，在歷史的長河中一點一滴的凝聚成一個人跪拜天地的形象，在當今的行政地圖上，這個形象已經越發清晰，這其中蘊含的玄機似乎特別的發人深省。

也許，慈悲的上天是想通過這種方式告訴當今身處共產黨無神論政權統治下的中國人，人生在世，最重要的就是要敬畏天地，遵循天命，順應天意，這是中華神傳文化最核心的理念，也是祖先留給我們中華兒女最核心的價值觀。

中國人講天人合一，萬物有靈，在陝西這塊有靈性的大地上，承載著中華五千年文明的積奠，秦風漢月、大唐氣象，十三朝的宮闕與樓台，曾經演繹了多少經天緯地、文治武功的歷史大戲。當歷史車輪滾滾向前，走到了今天，當陝西地圖徐徐展開，將五千年文明興衰成敗的最核心因素（敬天畏命、遵循天意）、用一個清晰而特殊的形象、向當今世人展示出來之際，陝西似乎將注定再次為譜寫中國歷史而做出特殊的貢獻。

2012 年，陝西人習仲勛的兒子習近平登頂當代中國最高權力舞台，並被迫捲入一場關係中國未來走向的中南海鬥爭。此刻的陝西地圖，就像是神留給當代中國人破解政治迷局的一部無字插畫天書。作為陝西人的習近平，作為當代中國的最高統治者，這幅來自故鄉的天書圖卷，包含著最正統的文化、最精粹的歷史、最深奧的智慧、最玄妙的啟示，似乎在冥冥之中，早已為他的執政指出了最終的方向。那就是拋棄逆天叛道的中共邪魔、讓中國政治倫理和社會生態重歸敬天敬神的傳統文化。

其實，中共號稱無神論的政黨，它的目的也只是為了欺騙和迷惑普通民眾，讓世人不相信在人間的政權之上，還有更高的神佛和天意的存在，從而維護自己這個既不是奉天承運、也不是民主選舉的獨裁政權在人間的最高權威。中共的黨魁其實在相信神佛和天意的存在方面，一直都比民眾表現得更為積極，如前面講過的毛澤東在進京之前有高人指點風水玄機，這裡還有一段眾所周知的故事，那就是在這次請教中，高人所指示的 8341 之玄機。毛一直不解其意，但是卻深信這個數字可以保護自己的權力，於是將自己的警衛部隊命名為 8341 部隊。據說直到毛死時，這個 8341 的謎底才被揭開，那就是毛一生陽壽 83 歲（1893 年至 1976 年），從 1935 年遵義會議開始取得中共的最高權力，一直到 1976 年去世，總共掌權 41 年。毛無論如何狂妄的戰天鬥地，砸毀寺廟，讓人們不信神佛，而相信他所鼓吹的共產主義天堂，但是縱觀他的這一生，卻終究逃不過上天早已給他設置好了的生死定數。

值得注意的是，毛的紅色江山，是在陝北（陝西省的北部地區，簡稱陝北）延安期間打下的。中共紅軍經過所謂的「長征」大逃竄後，在陝北獲得了立足之地，並利用中日戰爭的國難得以發展壯大。所以，中共真正的發家史是從陝西省開始的。看看延安在陝西地圖上的位置，恰好在這個人形的胸口位置上。以傳統文化的風水學角度來看，中共這個西來幽靈侵蝕中華時，正是從控制中華民族神傳文化核心省分的心臟部位開始的，當時的中國國力衰弱，維護自己正統文化的能力下降，終於讓這個邪靈趁虛而入。

風水學從現代科學的角度來解釋，其實就是另外空間的一種正負能量的分布和對應關係。那麼，再看看習近平的故鄉，陝西富平縣，還有鄰居的咸陽、西安這一帶在陝西地圖中的位置，大概位於這個人形的丹田部位。丹田這個名字只有在中華神傳文化中才有清晰的含義，就像經絡和穴位一樣，都不是人類表層空間的物質，但是在這個表層空間卻都有其對應部位以及可以和這個表層空間的事物發生物質和能量的交換。從中華神傳文化的角度來看，丹田是人體涵養正能量的最重要的部位，那麼，富平附近的區域也應該是陝西正能量最充沛的地區之一。

當年的中共從陝西的延安起家，控制了陝西（神傳文化核心省分）的心臟部位，終於席捲全國，竊據神州。如果天意的安排，最終是要彰顯天道循環、因果報應的自然規律，安排陝西出一位歷史人物來終結中共的話，那麼，將這個人的故鄉放在富平縣這個陝西帶有強大正能量的地區，讓他與中華祖先的脈絡息息相通，得到正能量的加持，似乎也是相當合理的安排。而且富平這個名字中，似乎也暗含著豐富習近平，滋養習近平的意思。

從當前的形勢來看，習近平正在逐漸掌控中國的大局，在上任短短三年內，他已經迅速拿下了周永康、徐才厚、郭伯雄等這些國級大老虎，以及打掉了他們身邊龐大的外圍組織，將江澤民、曾慶紅在高層、地方、軍隊以及商界苦心經營十幾年的大本營幾乎全部踹掉，使江、曾兩個超級大虎正成為光桿司令，直接暴露在習近平可能發動的下一波攻擊之下。

從客觀條件來看，習近平正在逐漸積累改朝換代的政治資本，中國民間對中共的統治早已怨聲載道，呼喚變革的民意力量已越來越強大。習近平能否將自己掌控的政治資源和來自民間的主流民意相結合，從而完成解體中共、實現中華民族偉大復興的歷史使命，將取決於習近平主觀上是否領悟了天命的啟示。

習近平王岐山名字中的天機

自從習近平繼位以來，王岐山就與他緊密聯繫在一起，從這幾年打虎的過程來看，王岐山已經成為習近平反腐的最強助力。媒體上經常把習近平、王岐山的名字放在一起來排列，如果我們讀這兩個名字時，將「王」字理解為古代漢語語法中經常使用的動詞用法，把「岐山」作為一個地理名詞來解讀，那麼這兩個名字連在一起就成為一個主謂結構齊全的完整句子——「習近平王岐山」，它具有清晰的政治含義，意思是「習近平王於岐山」或者是「習近平在岐山為王」。岐山是陝西關中地區的一個縣，也是歷史上周文王、周武王滅商興周、開創周朝800年基業的地方。

3000多年前，鳳鳴岐山，一代聖王姬昌降生在岐山境內，姬昌長大後繼承了父親的爵位，成為諸侯國周國的國君，被商朝最後一個君主紂王封為西伯侯，也就是西部諸侯之長。在武王興兵滅商建立周朝後，姬昌被追封為文王，後世稱周文王。文王在位時，並沒有興兵伐紂，但是文王尊崇德治、推行仁政，在薑子牙等一眾賢臣的輔助下，使西岐（周國的統治中心）成為當時天下歸心的王道之地，文王以「文治」達成了「天下三分，其二歸周」

的統治格局，為武王最終實現伐無道、滅商興周的大業奠定了堅實的基礎。

文王是中國歷史上著名的賢王聖君，今天我們說起古代的聖賢君主，總是習慣說堯、舜、禹、湯、文、武、周公。其中「文」就是指文王，「武」指武王，周公是文王的兒子，武王的弟弟，周朝開國的君主、輔臣，三位都是聖賢。周朝開國後，建立了完善的禮治體系，樹立了王道政治的典範，成為後世儒家思想的直接來源，它的深遠影響一直延續到今天。

所以，如果說起岐山這個地名的文化意義，它就是中國王道政治的一個重要源頭，在我們的傳統文化中，談起順天命、伐無道的話題，總是離不開文王和武王的這段歷史。《詩經》中說:「周雖舊邦，其命維新。」意思是周國雖然是個古老的諸侯國，但是上天賦予了它新的使命，就是要取代逆天叛道的商紂王。在《周易·革卦》的彖辭中，有「天地革而四時成，湯武革命，順乎天而應乎人。」這裡面的湯武革命，說的是商朝開國君主成湯討伐夏桀建立商朝，周武王討伐商紂建立周朝的歷史，這兩位賢王都是順乎天意、變革天命的典範。「革命」在中國文化中的意思就是「履行天命、進行社會變革」。

近代將內部的政治改良叫做「維新」，將改朝換代稱為「革命」，演變出「維新派」和「革命黨」的政治分歧。其實，在傳統文化中，這兩個詞的內涵都是一樣的，都表示「履行天命、進行社會變革」的意思。

那麼，「習近平王於岐山」，不是說習近平今天去岐山做個諸侯，而是說習近平應該效法在岐山建立王道大業的周文王、周武王，為當今中國人民討伐無道、終結暴政、解體中共、開創一代盛世，這就是上天賦予習近平的使命。

在中國歷史上，父輩創業，子輩變革天命的事例，除了周文王和周武王之外，還有三國時期的曹操和曹丕。其實，習近平的經歷也比較類似，習仲勛在中共黨內是與胡耀邦、趙紫陽並列的開明人士，是在中共邪惡體制內少數能信守良知的高層領導人，這為習近平在中國民間奠定了優良的家族榮譽，凝聚了民心，同時也為習近平接任中共最高領導人奠定了出身的基礎。習仲勛生前並沒有公開反對中共，但是在過世時，卻拒絕了八寶山，而回歸中原故土，在一定程度上，這也代表了一種與中共區別開來的選擇。如果習近平能在先人這個基礎上，完成解體中共的大業，那麼習家父子的功業或許在歷史上可以排在文王、武王和曹操、曹丕之後，成為後人複述歷史時的第三個相似的歷史事例。

如果習近平將眼光放在中國古老的文化和歷史中，將未來的執政方向設定為——繼承中華道統、重建中華神傳文化，那麼本文所揭示的這一切都將成為可能。何去何存，相信習近平會做出正確的選擇。

最後，筆者想透露的是，陝西地圖的這個玄機，最初是由筆者的同事，西安科技大學前副校長楊恆青教授所揭示的，是他在2013 年時親自告訴了筆者，才有了筆者目前所寫的這篇文章。楊恆青教授是一位修煉人——法輪功學員，也是一位地道的陝西人，筆者也是一位地道的陝西人。由陝西人將陝西的這些文化和歷史在這個時代揭示出來，來啟示當今掌握中國最高權力的一位陝西人，也許是巧合，或許也是天意的一種安排吧。

第五節

大陸學者解讀
中國的神性及未來走向示

2015 年 11 月，大陸哲學家趙汀陽在「2015 京城國際論壇」上的一段關於中國研究的發言，引發熱議。趙汀陽將中國比做一個有著強大向心力的漩渦，這個漩渦不斷把周邊各個地方各個文化捲到一起，形成一個極其豐富、巨大的時空存在。漩渦的核心，即精神世界有如此大的吸引力，是由於「中國的神性」。

趙汀陽在這段講話中表示，現代以來中國已經失去了以自身邏輯來講述自身故事這樣的一種方法論；認識真實中國首先需要排除由西方提供的一些概念和偏見，比如說中國古代的封建社會，中國根本沒有封建社會，沒有西方意義上的中世紀的封建社會。還包括今天應用的仍然發揮作用的，比如帝國、朝貢體系、東亞、民族主義、殖民主義，這些都是西方用來解釋中國的東西。

趙汀陽還認為，中國古代沒有民族這個概念，在今天都給搞成民族，中國古代就變成民族之間的競爭。古代中國這片土地上只發生過政權之間的戰爭，各個英雄都是忠於自己的朝廷和君主，而不是民族主義、愛國主義，這些統統不存在。

他說，關於古代中國有兩大共識。一個是說中國是一個連續不斷的文明，據說是世界上唯一一個連續不斷的文明。第二個是中國具有相容性，就是無所不包。但中國為什麼能夠長成現在我們大家所描述的這個樣子？趙汀陽表示，簡單用一句話來說，中國是一個有著強大的向心力的一個漩渦，「這個漩渦不斷把周邊各個地方各個文化捲到一起，形成一個極其豐富的、巨大的時空的存在。並且漩渦的特點就是一旦捲進來就無法脫身，它是一個向心的運動。在這個意義上來說，中國這樣一個巨大遺產，就是我們祖先留給我們的最大的遺產。」

他認為，中國就是一個自古以來連續動態博弈的遊戲。中國變大是因為各方力量不斷被捲入這個漩渦。這個漩渦之所以有吸引力，是因為中原地帶擁有當時最好的物質條件，還擁有最豐富的精神世界。各個部族到中原來，逐鹿中原，搶奪中原，搶的不僅僅是地面，更主要就是搶奪物質生產的能力以及精神生產的能力，或者是知識生產的能力。擁有了知識生產、擁有精神生產，就可以把自己合法化，而且能夠支配整個中國，支配所有地區。所以漩渦的吸引力就來自於此，它是一個最大的物質生產，同時也是一個最大的精神生產。

那麼，中國漩渦的核心——精神世界為什麼有如此大的吸引力？

趙汀陽認為：「這就要解釋中國的神性問題。中國在早期中原發展出來時，已經奠定了是一個天下。天下是以天對應，也就是說天下是要配天的，要與天相配。天是神聖的，如果我們天下的存在方式跟天相似，那麼它就因為配天而具有神性。所以中國的神性是這麼來的。」

「中國的房子為什麼蓋成這樣一個樣子？下面有一個底座，底座就是大地，上面這個蓋就是天，所以我們的房子本身就是天地，就是諸如此類的細節都表明了，中國這個文化的運動方式就是要把中國的存在方式，塑造一個配天的存在，所以它是神聖的，儘管它不是一個宗教。」

趙汀陽稱中國為一個以天下為結構的國家，或者說以世界為模型的國家，這才是中國真正的性質。他分析中國歷史性的演變，將從舊石器、新石器一直到秦始皇之前的這段時間，概括為先秦階段，叫做中國的天下，也就是說中國所建立的世界秩序；將從秦漢到清末這一段，說成一個內涵天下結構的中國。到了清末民國以來，現代中國萎縮為天下裡面的中國，也就是世界裡面的一個國，一個普通的國家。

趙汀陽還提出疑問，那麼中國未來的命運是什麼？或者說中國的天命是什麼？中國是否能夠由天下裡面的中國，重新生長為一個內涵天下結構的中國？是不是還能夠進一步發展成為一個中國的天下，中國來建立一個世界的秩序？

趙汀陽最後表示，呂不韋曾說天下是天下人的天下；那麼世界就是所有人的世界。

大陸官媒《人民日報》海外版微信公號「俠客島」發文稱，趙汀陽的視角跟國際問題學者、經濟學家的視角都不一樣，他對中國的思考是更深層次的文化結構、社會結構、心理結構問題，「有不少真知灼見」。

趙汀陽的言論引發網民熱議。大陸澎湃新聞網報導後面一天內有近 500 條評論，很多網民跟帖表示贊同。有網民稱，「中國是用厚重的文化去感召周圍的民族，共同納入中華民族體系，才能締造五千年的文明史。」「即使是外族入侵的政權，最後都得靠中華文明進行統治。不管權力如何更迭，精神文化是一脈相承的。」

還有網民表示，如今中共統治下的歷史教育只注重教「歷史」，而忽視了「中國文化史」的教育。「民族融合和文化同化」這才是趙汀陽言論的精髓，這才是中華文化的精髓。這不是什麼新概念，而是民國時期著名史學家的共識。

趙汀陽，1961 年生於廣東汕頭，畢業於中國人民大學及中國社科院研究生院。現任中國社會科學院哲學研究所研究員。兼任首都師範大學、浙江大學、河南大學、清華大學、北京大學等的客座教授及研究員。早期主要進行元哲學的思考，後轉向政治理論，提出天下體系的概念。自 1990 年至今出版有《論可能生活》、《哲學的危機》等十餘部作品。

第十四章

習政改已邁出第一步

2015 年 12 月初，官方公布政協意見書，讓政協擁有切實的參政議政的權力。此前，習近平不僅承認中共亡黨危機，並讚賞開放黨禁報禁的蔣經國，以及「習馬會」歷史性會晤，習近平正突破中共框架走自己的路。政協改革可謂習邁出政改的第一步。

（AFP）

第一節

胡耀邦冥誕 紅二代為習開路

紅二代重要人物胡德平在胡耀邦誕辰100周年紀念日的發言，被視為替習近平清洗江澤民集團開路。（AFP）

2015年11月20日是中共前總書記胡耀邦誕辰100周年的紀念日。11月16日，胡耀邦長子胡德平在中共中央黨校報刊社的座談會上發言，提到「如何清除各種特殊利益集團的障礙」，被認為在為習近平清洗江澤民集團開路。

11月20日，習近平當局舉行了高規格紀念活動，習在紀念座談會上做了5000字的發言，其他6常委悉數參加，其中就有「不情願」的常委。

有分析認為，胡耀邦在歷史上平反冤假錯案，為習近平今後的執政提供了一面參考的歷史之鏡。

胡德平黨校發言 釋放三重審江信號

2015年11月16日，中共中央黨校報刊社舉辦「胡耀邦與《理論動態》——暨紀念胡耀邦誕辰 100 周年座談會」。胡耀邦的兒子、大陸政協常委、經濟委員會副主任胡德平出席座談會並發言。

當時中國青年網發表題為《中央黨校紀念胡耀邦誕辰百年 其子出席發言》的相關報導，在大陸新浪先後轉載過二次都被拿下，財經網政經頻道首頁、中華網、鳳凰網等很多網站轉載後也紛紛拿下。

11 月 19 日，新媒體「無界新聞」微信披露了胡德平當時講話全文。當天，與習近平陣營關係密切的陸媒財新網也刊登了胡德平的近千字發言全文《從問題導向出發 不做空洞無物之文》以及視頻，並一直保留。

文革後，胡耀邦進行平反，幾乎每個太子黨、紅二代家庭都是在胡耀邦的幫助下平反，因此他們在心裡都把胡耀邦當恩人看待，於是胡德平在中共「紅二代」中頗受敬重。

胡耀邦家族與習近平家族淵源頗深，兩人都曾在西北局工作。習近平上台後，胡德平和弟弟胡德華曾在多種場合就薄熙來案、周永康案、反腐「打虎」等發表挺習言論。

外界分析認為，胡德平此次發言，是為習近平清洗江澤民集團開路。時政評論人士謝天奇認為，該文釋放了針對江澤民的三重信號。

財新網的報導引用胡德平演講中的一句話做導語：「我認為當前的問題導向就是：如何清除各種特殊利益集團的障礙，堅決推進改革事業繼續發展下去。」

近期，習近平當局全覆蓋式巡視金融監管機構，啟動國企改革，制定「十三五」規劃等，背後的實質都是習近平陣營在經濟領域與江澤民集團的對決；清除江澤民利益集團的阻撓已成為習近平當局繼清洗軍隊、政法系統及官場的江澤民勢力之後的重頭戲。

胡德平演講中直接點明「當前的問題導向就是：如何清除各種特殊利益集團的障礙」，公開替習陣營發聲，響應聲援針對江澤民利益集團的清洗行動。這是胡德平發言中第一重信號。

胡德平在發言中表示，胡耀邦冥誕100周年之際，習近平當局安排了一系列的紀念活動。其中一件重要的事情，就是出版《胡耀邦文選》。這是在習近平領頭的中央文獻編輯委員會主持、批准下做出的決定。

胡德平在發言一開始就提到，胡耀邦冥誕90周年的時候，中共中央就破例舉行了各種紀念活動。當時中央的紀念座談會由胡錦濤提議，溫家寶等人出席。胡德平對此表示，「歷史的記錄，我們會牢記在心。」

胡德平此次發言公開胡錦濤、習近平先後兩次拍板高調紀念胡耀邦，暗示了習近平、胡錦濤、溫家寶等人的政治聯盟；胡德平表示「我們會牢記在心」，也等於公開胡耀邦家族與胡習陣營的同盟關係。這是胡德平發言中的第二重信號。

胡德平發言中，還有一個被外界關注的話題是，胡德平表示胡耀邦「也是一個有血肉之軀的人，對他的缺點無需隱諱，對他的貢獻更不必溢美，對他的一生由實踐做出評價，接受歷史的檢驗，這是今後人民的事業，黨的事業所需面對的一個問題。」

胡德平的這段話耐人尋味。胡耀邦曾平反冤假錯案、推動改革，但被中共保守派元老以「反對資產階級自由化不力」為由被逼下台。胡耀邦所作所為，被外界視為是中共體制內難得的開明改革派人士，並無明顯的錯誤和缺點，反而是中共體制的受害者。

習近平 11 月 20 日參加胡耀邦冥誕紀念座談會 5000 字發言中，也高度評價胡耀邦稱其「功績彪炳史冊」，並未絲毫提及胡耀邦的缺點和錯誤。

可見，胡德平發言中提及「對他的缺點無需隱諱」，意不在胡耀邦；從這段話的後半部也可看出端倪：「這是今後人民的事業，黨的事業所需面對的一個問題」。胡耀邦曾是中共最高層。胡德平的這段話釋放的一個明顯信號是：對中共歷任高層的一生由實踐做出評價，接受歷史的檢驗；這已是需要面對的一個問題。

在中共卸任高層中，江澤民的各種賣國、淫亂、以及家族腐敗醜聞已近乎路人皆知；江澤民集團的政變罪行以及活摘法輪功學員器官等反人類罪行也已在國際社會全面曝光。

習近平當局近期密集圍剿江澤民老巢上海及其家族利益地盤；大陸媒體頻頻直接點名和影射江澤民。敏感時刻，胡德平的這番言論，無疑是向中共體制內高層釋放信號：現在已到了面臨公開江澤民的罪行，進行定罪的時刻。這是胡德平發言中釋放的第三個重要政治信號。

江綿恆在上海的核心地盤面臨清洗

也就在 11 月 20 日，中共上海市紀委網站發布消息稱，巡視組已進駐 12 家單位，並分別召開工作動員會。上海市紀委巡視組將在這些單位工作兩個月。

這 12 家單位分別是：中國太平洋保險（集團）股份有限公司、上海聯和投資有限公司、上海開放大學、上海理工大學（合併巡視上海出版印刷高等專科學校）、上海久事（集團）有限公司、上海汽車集團股份有限公司、上海申迪（集團）有限公司、上海世紀出版（集團）有限公司（合併巡視上海人民出版社）、上海文化廣播影視集團有限公司（合併巡視上海廣播電視台）等。

上述 12 家單位中，最引人關注的當屬上海聯和投資有限公司（上聯投）。它是江澤民兒子江綿恆的核心利益地盤。

1994 年，江綿恆用數百萬人民幣「貸款」買下上海市經委價值上億元的上聯投，開始了他的「電信王國」生涯。上聯投的法人代表兼董事長是江綿恆，首任總經理為現任上海市長楊雄。上聯投隸屬於上海市國資委，其投資領域涵蓋科技、電信、航空等諸多方面。對於江綿恆的擴張，上海國資委一直給予大力支持。

上聯投表面上是國企，但實際等於江綿恆私產。由於他是江澤民的兒子，所以要錢有錢，要權有權，做生意包賺不賠，海外華裔和西方商人紛紛上門拜訪或投靠，幾年時間江綿恆已建立起他的龐大「電信王國」。至 2001 年，上聯投和上聯投控股的公司已有十餘家，如上海信息網路、上海有線網路、「網通」等，業務相當廣泛，如電纜、電子出版、光碟生產、電子商務的全寬頻網路等。

2014 年 6 月，陸媒報導披露出的信息顯示上聯投已經變身成上海市政府的國有獨資公司。此舉，在當時就被認為是江綿恆在「脫殼」。

這次同時被巡視的上海汽車集團股份有限公司也是上聯投的控股公司之一。除了公開頭銜，江綿恆還有著若干隱祕的頭銜，其中之一就是上汽集團的董事之一。

此輪被巡視的上海申迪（集團）有限公司，是經中共上海市政府批准設立的國有企業，其中一項業務是負責與美方合資合作，共同建設、管理和運營上海迪士尼主題樂園。

《華爾街日報》2015 年 11 月 10 日刊文評論了上海副市長艾寶俊落馬一事。文章提到艾寶俊負責上海國際旅遊度假區管理委員會，而上海迪士尼主題公園是其核心。

11 月 10 日，中紀委通報上海副市長艾寶俊被調查。有消息稱，艾寶俊將官方項目 i-Shanghai 交給其子操作而漁利自肥；而該項目由上海市經信委（上海市經濟和信息化工作委員會）牽頭，上海電信、上海移動、上海聯通三家電信運營商負責建設。

上述上海三家電信運營商均是江綿恆的利益地盤。i-Shanghai 項目牽頭單位的上海市經信委也與江綿恆利益關係密切。

被巡視的上海久事（集團）有限公司是一家總部位於上海的國有投資經營控股公司，由上海市國有資產監督管理委員會進行監督管理。它與中國太平洋保險（集團）股份有限公司，均屬金融機構。這與近期王岐山布局全覆蓋巡視 22 家中央級金融機構相呼應。

此輪巡視對象還包括上海開放大學、上海理工大學、上海出版印刷高等專科學校三所高校。

2015 年 10 月 23 日，大陸教育部等部門出台關於地方本科高校向應用技術大學轉型的意見。此次高教體系結構調整顯示，江澤民當政時期的「高校擴招」政策被否定。

11 月，中央巡視組進教育部，廣東、湖南教育界醜聞被曝光。外界關注，曾掌控中共教育系統多年的江澤民姘頭陳至立面臨清算。

被巡視的上海世紀出版（集團）有限公司、上海人民出版社、上海文化廣播影視集團（上海文廣集團）、上海廣播電視台均屬文宣系統。江派常委劉雲山主管的文宣系統不斷被清洗，劉雲山本人近期也被陸媒公開點名影射，顯示其處境不妙。

此前，上海市紀委 3 月 10 日派出 10 個巡視組，對上海市經信委、市國資委、上海城建集團、市建管委、市司法局、市綠化市容局、市教委、上海圖書館、市合作交流辦、市科委共 10 個單位進行為期 2 個月的專項巡視。其中經信委、市國資委、上海城建集團、市建管委、市司法局等都明顯是江澤民之子江綿恆、江綿康及其侄子吳志明的利益與勢力地盤。

現任中紀委常委、上海市紀委書記侯凱是王岐山親信。2015 年年初，侯凱曾放言：「腐敗是傳染病，上海不是世外桃源。」9 月 9 日，中共上海市委副祕書長彭沉雷任上海市紀委副書記，成為侯凱的搭檔。彭沉雷是上海市委副書記應勇的祕書，應勇是習近平的舊部。

時政評論員夏小強分析，上海市紀委啟動對上聯投、上汽、申迪等 12 個單位巡視，其背景是在上海「首虎」艾寶俊落馬之後，習近平、王岐山展開對上海江澤民勢力全面清除的時刻；王岐山親信侯凱在上海全方位出擊，與習近平、王岐山的反腐「打虎」行動相呼應，巡查單位涉及江澤民家族及集團的多個核心利益領域。這表明習近平、王岐山對上海的江派勢力清洗行動正步步推進，江澤民以及家族在劫難逃。

習近平 5000 字紀念胡耀邦 江派常委被迫參加

11 月 20 日上午，習近平當局在人民大會堂舉行紀念胡耀邦誕辰 100 周年的座談會。習近平等 7 常委悉數出席，習近平在紀念座談會上發表了約 30 分鐘的講話。

中共官媒發表習近平講話全文，全文近 5000 字。習近平在講話中回顧胡耀邦生平，高度評價胡耀邦平反冤假錯案、推動改革等。

有大陸媒體報導在標題中突出習近平講話全文中 21 次提到「改革」一詞。習近平在講話中還引述胡耀邦的言論稱，「要用最大的決心、最大的毅力、最大的韌性」打擊腐敗、以權謀私，「抓住不放、頑強到底」。習近平評價胡耀邦幹實事、敢於擔當，並藉此要求中共官員有所作為、「敢於較真碰硬」。

習近平這些言論與目前中國政局的諸多焦點話題相呼應。其中，國企改革、金融監管改革、反腐等正是習近平當局目前的施政焦點。面對各級中共官員不作為問題，習近平、李克強、王岐山近期頻頻強硬發聲。

中共央視在晚間新聞聯播以重點新聞報導胡耀邦紀念座談會，轉述習近平的講話，長度約 8 分鐘。

陸媒《新京報》時政微信公眾號「政事兒」披露，20 日舉行的胡耀邦冥誕 100 周年紀念座談會上，有 13 名國級高官就坐主席台。其中包括習近平、李克強等 7 常委，還有中共中宣部部長劉奇葆、中央軍委副主席許其亮、人大常委會副委員長李建國、國家副主席李源潮、中組部部長趙樂際和中央辦公廳主任栗戰書等 6 人。

據報導，除了習近平發表講話，還有 5 名與會代表發言。他們分別是中共組織部常務副部長陳希、中央黨校常務副校長何毅亭、中央黨史研究室主任曲青山、共青團中央書記處第一書記秦宜智、湖南省委書記徐守盛。

外界有分析認為，7 名常委同時參加紀念胡耀邦的座談會，這本身規格就很高。在這 7 名常委中，可能有「不情願」的常委，但習近平參加了座談會，如果自己不參加，會被認為是「有事」，故不得不參加。

此外，中南海在 11 月還安排了其他一系列紀念活動。五集電視紀錄片《胡耀邦》也在 11 月 20 日晚間起於央視綜合頻道播出;《胡耀邦文選》已經上市、《胡耀邦畫冊》也在20日出版發行。

據財新網報導，胡耀邦冥誕百年紀念活動不僅由中央舉行，在胡耀邦家鄉湖南和安葬地江西也都將舉行連串紀念活動。

習當局為高崗正名 與紀念胡耀邦相呼應

就在習近平高調紀念胡耀邦之前，習近平當局還做了另外一件事，涉及到另一個敏感人物高崗。他和習仲勛、胡耀邦一樣，都出身於中共「西北幫」。

10 月 25 日上午，由黃土情聯誼會主辦的「紀念高崗誕辰 110 周年座談會」在北京萬壽莊賓館大禮堂舉行。出席座談會的有黃土情聯誼會在京的部分官員和會員，專程從西安等地趕到北京參會的有關人員，以及高崗的部分親屬等 150 多人。座談會由黃土情聯誼會祕書長王麟主持。

這應該是高崗在 1955 年被中共定性為「反黨聯盟」後，第一次在北京舉辦的紀念高崗的座談會。

11 月 19 日，中共官媒報導，10 月 25 日是高崗誕辰 110 周年，北京當局在座談會上播放了高崗與劉志丹、習仲勛等在陝北時期的影片。並啟動了對高崗案的重審工作，不再提高饒反黨聯盟，恢復高崗「同志」的稱謂。

報導稱，中共當局對高崗案的重審工作已歷時 3 年。2015 年 95 歲的高崗妻子李力群表示，她期待在有生之年看到對高崗的平反。

高崗是中共建政前後主要領導人之一。1930 年代，曾與劉志丹、習仲勛一起建立了中共陝北根據地。中共占領東北後，高崗被任命為東北局第一書記、東北政府主席、東北軍區司令兼政委等，被稱為「東北王」。1949 年 9 月高崗任中共中央政府副主席，後又兼任中央政府軍委副主席。

1953 年，高崗在中共高層權鬥中，被以「分裂黨、篡奪黨和國家最高領導權」的罪名整治。

1954 年 2 月 15 日至 2 月 25 日，周恩來號召揭批高崗的「反黨陰謀活動」。周恩來在會議上做總結發言稱，高崗分裂黨及奪權等「十大罪行」，給高崗定性。

1954 年 8 月 17 日，高崗服大量安眠藥自殺身亡。1955 年 3 月，高崗被中共定性為「高饒反黨集團」並被開除出中共，至今未平反。

11 月 20 日，香港東網報導稱，高崗曾被毛澤東疑忌和同僚的落井下石，1954 年被打成反黨集團頭目，撤職除黨。當時對高崗的評價就是，「負隅頑抗、自絕於人民」，惡名坐實。

中共「文革」後，雖然「撥亂反正」，但由於高崗是陳年舊案，沒有觸碰。在鄧小平主政時也不願翻舊帳。

3 年前，在胡錦濤主政時，曾委託要員探望過高崗妻子李力群，談到中共有關部門已歷時 3 年時間，查看了各個時期的 500 多份檔案。

習近平的父親習仲勛，和高崗同為陝北中共紅軍的主要領導人，共事多年，同為陝人，私交甚篤。1962年習仲勛被誣指藉《劉志丹》一書替高崗翻案，也被打成了反黨集團，全家因此開始遭受了多年的政治厄運。

報導稱，習近平上台後，恢復高崗的名譽，不僅是習仲勛晚年的心願，也是習近平在少年時因此而遭受磨難後的共鳴。

2013年10月15日，是習仲勛誕辰100周年的紀念日，在中共中央電視台播放的《習仲勛》紀錄片。

尤其值得一提的是，1978年，胡耀邦在兼任中宣部長時，曾說過：「多少年來，我們黨內有那麼一些理論『棍子』，經常打人，不是好棍子，而是惡棍。這種惡劣作風不加以清算的話，說輕一點是形而上學，說重一點就是文化專制主義，是特務行徑。」他甚至說：「堅決不允許對文藝作品妄加罪名，無限上綱，因而把作家打成反革命。」

美國華府中國問題專家石藏山認為，胡耀邦是中共「紅二代」的最大公約數，他在擔任中共中組部部長和中共總書記的幾年裡，全力推動平反冤假錯案，很多「紅二代」由於受被打倒的父輩牽連，被下放到農村，當年就是靠胡耀邦簽字才得以回城，胡耀邦是他們的共同恩人。最重要的是，當時毛澤東發動的「文化大革命」不僅使中國大陸經濟到了崩潰的邊緣，也使中國的社會矛盾、官民矛盾到了激化崩潰的邊緣。胡耀邦的平反舉措不僅緩解了局勢，也緩和了社會矛盾，這樣才有後面的「改革」。

現在習近平要進行大的「改革」，可以向胡耀邦那時的做法學很多東西，需要否定「改革」30年來的很多東西，需要進行反省。在這一方面，胡耀邦恰恰在歷史上帶了很好的頭，通過借鑑胡耀邦的經驗，習近平完全清楚自己其實應該怎麼做。另外，習近平的父親習仲勛是中共「西北幫」的頭，而胡耀邦是「西北幫」的重要成員，這也為習近平效仿胡耀邦帶來了一種先天性的歷史契機，需要全面反思「改革」30 年來功過得失。這其中，就包括「六四」問題，尤其最關鍵的是江澤民 1999 年悍然下令迫害法輪功的問題。總之，胡耀邦為習近平下一步施政提供了一面很好的歷史鏡子。

第二節

中共末路 習連番破格之舉顯不同

中共已走到末路，高層都心知肚明。

習近平不僅承認中共亡黨危機，其智囊公開談政治體制改革，並讚賞開放黨禁報禁的蔣經國；臉書在大陸局部解禁；加上「習馬會」的歷史性會晤，似乎都在告訴世界，習近平正突破中共框架走自己的路。

習近平承認中共亡黨危機

此前有報導稱，2015 年 6 月中旬中共政治局舉行的擴大生活會上發放了一份報告，羅列了中共「亡黨」的六大危機，涵蓋政治、經濟、社會、信仰、前途等各個領域；並指局部政治、社會危機已經處於爆發、蔓延、惡化狀態。

報導還披露，習近平罕見地在會上說：「面對嚴峻事實，承認、接受黨蛻化變質走上亡黨危機的事實。」

還有報導稱，8月上旬中共高層召開北戴河會議，期間專門開了退休高層的座談會。會上退休高層痛斥中共「黨內腐敗、社會民怨民憤」，當說到中共面臨「亡黨危機」時，出現痛哭場面，會議多次中斷。

9月9日，王岐山會見出席「2015中國共產黨與世界對話會」的外方代表時，首次公開提到中共執政「合法性」問題。中共黨媒解讀王岐山的言論稱「蘊含著深刻的危機意識」。

據報導，中共五中全會前夕，王岐山在中紀委常委會上明確表示，黨內腐敗墮落狀況、規模、深度已經到了變質、崩潰的臨界點。王岐山還直言：「這當然是體制、機制上出了大問題，黨內上層政治生活出了大問題。」

而10年來中國民眾持續展開的「三退」（退黨、退團、退隊）運動動搖著中共政權賴以生存的根基，使中共感到末日來臨。

近期，習近平當局也發出了很多與以前不一樣的信號。

任志強幫習近平發聲？

9月22日，習近平啟程出訪美國當天，中共共青團中央重提「要做共產主義接班人」的口號，同日遭到網路大V、大陸知名地產商任志強的駁斥。他在微博上撰文，描述了「自己被這句口號騙了十幾年」的痛苦經歷，得到了大量民眾的贊同，同時招來網路五毛的圍攻。當晚任志強撰寫長微博「我們是共產主義接班人？」論證這句口號其實是騙人的鬼話。很快這篇文章被數百萬人閱讀。

港媒曾這樣評價任志強：任曾因一度爆出驚人之語而被封為「任大炮」，後又因「扔鞋門」事件成為公眾焦點，卸任華遠集團董事長一職後也不休息，繼續在微博中譜寫著他的「炮轟進行曲」。

任志強與王岐山關係非同一般，但10月6日「紫荊來鴻」在《未來條件許可 習近平很可能會有驚人之舉》文章中透露消息顯示，任志強背景深不可測。文中說，中宣部長期以來之所以沒法打壓任志強，關鍵在於他不僅和許多權臣是知無不言的「總角之交」，更重要的是一些重要的權臣，甚至習近平本人賞識、認同他的許多觀點與看法（主要是一些未公開的看法與觀點）。

「紫荊來鴻」還表示，中宣部鼓吹的那一套，未必是習近平心中認同的觀點。而任志強那些說法，卻未必不是習心中的看法。其中的奧妙盡在不言中。

王滬寧受習近平倚重的原因

「中南海智囊」王滬寧是習近平班底的核心人物之一。那麼是什麼原因使得王深得習近平的倚重呢？

港媒的文章披露了一段鮮為人知的內情。

2012年王滬寧於中共兩會召開前夕在《思想潮流》雜誌上曾發表題為《「文革」反思與政治體制改革》一文。文中闡述：「中國要進行政治體制改革，不能不順應世界憲政潮流；而要明確世界憲政潮流之所向，不能不對中外各國憲法進行比較研究……究竟什麼是憲政潮流？這雖然不是看得見、摸得著的實物，卻是可以推算出來的一種發展趨勢。我選取了18個問題進行考察，以

110 個國家為基數，計算相關國家所占的比重（%），主流便一目了然……」

在他計算的百分比中，56%的國家憲法規定有公民投票；76%的國家議會實行直接選舉；94%的國家實行三權分立；95%的國家不承認任何政黨有政治特權；98%的國家憲法保障人權；99%的國家憲法沒有規定實行任何專政等等。

王滬寧還公然讚賞開放黨禁、報禁的蔣經國。他說：「有朋友說，如果我們有蔣經國那樣的領袖人物來推動民主憲政就好了。但是不管有沒有這樣的條件，我們作為公民，都應當盡力去推動……有人說，政治制度改革難就難在高層，其實世界上沒有不難的事，高層也要靠老百姓來推動。」

港媒評論說，他的這些言論，恰恰吸引了習近平。因為習追求的是憲政、是政改。

《中國出了個蔣經國》暗喻習近平

2014 年 11 月 28 日，一篇題為《中國出了個蔣經國》文章引發外界關注。

網上公開資料顯示，此文作者在海外媒體如澳大利亞《悉尼時報》曾任總經理兼副總編輯。2014 年 12 月，在北京成立了國際新媒體合作組織，此人還被任命為主席。有港媒披露其人更隱蔽的身分，指其有國安背景，並稱此人是王滬寧的「愛徒」。

查看這篇博文，有意思的是，這篇文章的標題《中國出了個蔣經國》的右邊特別蓋有搜狐博客「推薦」字樣。

文中說，蔣經國「打內心深處意識到，獨裁者沒有好下場，誰能領導『國家』走向民主，誰就是偉人。於是，我們看到了一個怪異的現象，他對那些要求解除報禁、黨禁的異議人士絕不留情，而最後卻由他親自動手實現了異議人士的願望。」

港媒分析說，文中闡述蔣經國「解禁」前的布署與困境，字裡行間卻予人「以蔣喻習」的感覺。明眼人不難看出，作者分明是想讓讀者順理成章地得出另一款句式「中國出了個習近平」。文章並引用文中的句式比喻說，習近平必行蔣經國之路，為民主而最終站出來推動和平轉型。

分析認為，該文自然是奉命而作，而毋庸諱言的主旨就是幫習近平「解套」。

臉書在中國大陸局部解禁

2015 年 11 月初，大陸社交網微博上，有北京民眾說自己在西直門地區的家裡可以暢通無阻地登錄臉書（facebook）。北京學者焦國標向《大紀元》證實可以直接上臉書，北京劉巍律師也向《大紀元》證實能自由登錄臉書。不過安徽地區的前檢察官沈良慶則表示，還是需要翻牆軟件才能上得去。

就臉書在大陸的局部開放，焦國標表示：「根據中國整體上政局的穩定程度，相應的該開放的會不斷的開放。總體上，我覺得最高層是願意開放的，也就是為了保證整體上不會失控。如果他覺得比較穩定的話，媒體可能也會開放。」

蔣經國當年在台灣走向民主之前也開放了黨禁和報禁。

習再有破格之舉 會見福山

2015 年 11 月 4 日，日裔美籍著名政治學家法蘭西斯・福山（Francis Fukuyama）在清華大學做了題為「中國和美國政治改革的挑戰」的演講，在全球政治發展史的框架下，討論了中、美政治改革的可能性，並與幾位中國政治學者展開了較為深入的交流。

而在此前一天（11 月 3 日），福山剛和習近平討論了相關議題。2015 年 4 月王岐山會見福山，並在一些歷史、政治、意識形態等方面的問題上有所交流，並不乏一些交鋒的細節。

據官方報導，11 月 2 日，習近平在人民大會堂會見了出席中美「二軌」高層對話第五次會議的美方主席、美國前國務卿基辛格，以及前國務卿舒爾茨等美方代表。

有海外媒體認為，習近平會見福山的安排可謂相當罕見。

有報導分析，在 2 日習近平的會見中，福山或許也在其中，卻得以在第二天被習單獨接見，說明習近平會見福山的安排不一般，是一個破格之舉。

法蘭西斯・福山是一名美國作家及政治經濟學人，並著有《歷史的終結及最後之人》一書，他在該書中認為，隨著冷戰的結束，「自由民主」和資本主義被給以最高地位，是「資本陣營」的勝利。

習會見馬英九和昂山素季

11 月 8 日，緬甸舉行了 25 年來首場自由公平的全國大選，反對派民運領袖昂山素季領導的「全國民主聯盟」（全民盟，

NLD）在四個已知選舉結果的省或邦級地區大獲全勝。分析認為，此次大選將是緬甸民主的標誌。

6月，昂山素季從10日到14日展開了其首次訪華之行，並與習近平會晤。當局最高層會見外國政府反對派領袖，且是國際民主人權象徵的昂山素季，實屬罕見，昂山素季與習近平的會面消息也登上了中國各大門戶網站的顯著位置。

11月7日，「習馬會」的新聞成為全世界關注的焦點，部分歐美媒體分別用了「歷史性事件」和「令人鼓舞的一步」來對此定位。「習馬會」被認為是兩岸66年來的歷史性舉動。

時事評論員夏小強表示，「習馬會」告訴世界，習近平正在突破中共的框架走自己的路，顯而易見，這條路與中共走的死路完全不同。

2015年11月7日，習近平（右）與馬英九（左）在新加坡會面，成全世界關注焦點。傳「習馬會」這個決定是由習近平本人拍板決定的。（AFP）

習近平的外交策略與中共過去不同

習近平掌權後還有一個現象，就是降低了與「社會主義」國家的交往程度。

目前世界上還堅持所謂「社會主義」的國家有越南、朝鮮、老撾與古巴。2005 年 10 月，胡錦濤在掌權的第 3 年即訪問了朝鮮和越南。次年 11 月，胡錦濤再訪越南，並在隨後對老撾進行國事訪問。

在習近平掌權後，對「社會主義」國家的交往程度有所降低。無論是越南還是古巴，習近平均不曾單獨出訪。

2014 年 7 月，作為拉美之行的最後一站，習近平順道出訪古巴；2015 年 11 月，在新加坡進行的歷史性會晤「習馬會」，使得習之前訪問越南也更像是順道訪問。直到今天，習近平還未曾與朝鮮金正恩進行過會晤。無論是習近平還是李克強，上任後都不曾踏足老撾。

體制內學者預警：中國大變局在即

同時，中共體制內學者接連公開預警中國將有「大變局」。

2015 年 11 月 5 日，在財新傳媒舉行的第六屆財新峰會上，中國社科院學部委員余永定表示，中國目前面臨四大外部風險，並稱「這是 30 年來未有之變局」。

10 月 29 日，中共 18 屆五中全會閉幕。同日，海外消息人士牛淚撰文稱，本次全會對習近平非常重要。中國今天面臨的挑戰，也決定了領導層必須認真對待「十三五」規劃。牛淚還說，中國社會轉型到了關鍵時點。如果沒翻過去，等著中國的將是糟糕的「中等收入陷阱」。經濟會停滯不前，社會將衝突不斷，矛盾將激烈上演，全球大國和民族復興會成為黃粱美夢。

10 月 26 日，大陸學者、時政評論人士童大煥發表評論文章《中國大陸正處於全面觸底反彈的巨變時代》。文章說，（在中共獨裁統治下的）過去66年是中國幾千年歷史上權力最頂峰的時代，權力通過控制財產性資源控制了一切。於是乎，對自然、規律、規則的漠視與破壞也達到了中國歷史上最頂峰的時代。由此帶來的對政治、經濟、文化和人心的破壞史無前例，怵目驚心。

文章分析後認為，當下，自上而下主導和控制一切的時代結束，自下而上、個體強大的時代空前到來，中國大陸正處於巨變時代，不以任何人的意志為轉移。

大陸學者焦國標就中國大陸出現的「訴江」大潮表示，從中國歷史上看，控告江澤民是一個里程碑事件。

10月初，萬科董事局主席王石在接受《中國慈善家》雜誌專訪時，通過對比中外發展歷史，表達對中國時局的看法。他說，中國現在是「黎明前的黑暗，大變革時代即將到來」。

第三節

政協可選 19 大領導
習政改的第一步

「政協是花瓶，人大是橡皮圖章」，早已成為各界共識。而政協可協商關鍵人選，往後發展下去，就是民主選舉的基礎。（AFP）

2015 年 12 月初，大陸中央辦公廳印發了《關於加強政黨協商的實施意見》。也就是說，政協可就國家主席、國務院總理、常務副總理、人大委員長、政協主席等職位提出建議人選。中共執政以來，政治局常委乃至總書記的產生以及分工，一直都是內部操作。為何這時習近平推出政協意見書呢？

2017 年中共最高層面臨換屆。有評論指，習這樣做的首要及直接效應就是：確保自己陣營人馬的上位，並在政治局常委掌控關鍵職位，並可通過已掌控的政協及統戰系統，把江派人選淘汰出局。另外從長遠深層來看，有了政協對關鍵人選的協商，往後發展下去，就是民主選舉的基礎。

另外在官方公布政協意見書之前，習近平陣營釋放了強烈的政治改革的信號。

分析認為，這一系列有計畫、有系統的安排，匯集起來都在傳遞一個強烈的信號：政協改革只是習近平整個政治改革大局中的一環，習已邁出政改的第一步。

2015 年 12 月初，大陸中央辦公廳印發了《關於加強政黨協商的實施意見》，要求各地區各部門執行，12 月 10 日，官媒新華網在首頁以標題《乾貨！一文讀懂關於加強政黨協商的實施意見》予以報導，澎湃新聞網等媒體則在標題突出：「協商新規：國家領導人建議人選列入協商主要內容」。

也就是說，政協可就國家主席、國務院總理、常務副總理、人大委員長、政協主席等職位提出自己的建議人選，過去這些一直被中共政治局常委分掌。中共執政 66 年來，中共政治局常委乃至總書記的產生以及分工，一直都是黑幫性質內部操作，「政協是花瓶，人大是橡皮圖章」，早已成為各界共識，以往任何決議的最終拍板都是中共，政協和人大只負責宣傳和舉手贊成，只是走一個形式。更有學者形象的把中共治下的「民主黨派」描繪為「寵物」，每年春季的中共兩會上穿著「華裝麗服」秀一秀「民主」。

新增讓政協可選國家領導人

2015 年 2 月，中共中央印發《關於加強協商民主建設的意見》，其中談到，就「重要人事安排」在醞釀階段召開人事協商座談會，但當時沒有提及政黨協商「國家領導人建議人選」。該意見列出政黨協商的主要內容包括：中共全國代表大會、中共中央委員會的有關重要文件；憲法的修改建議，有關重要法律的制定、修改建議；國家領導人建議人選；國民經濟和社會發展的中長期規劃以及年度經濟社會發展情況；關係改革發展穩定等重要問題等。

有觀察指出，中辦這個文件，其規定極為詳細，與以往有所不同。文件中的規定環環相扣步步銜接，甚至細化到什麼人在什麼時間做什麼事的地步，具有極強的可操作性，中共各級官員依照規定循規蹈矩就能發揮出政治協商的作用。《意見》還明確規定了政黨協商分為會議、約談和書面三個形式，又分別針對這三種形式詳細確立了協商的程式，並且制定了多種機制的保障。

該《意見》文件規定的政黨協商的深度和廣度與以往有所不同，深度上：下屆中共國家領導人的建議人選和憲法的修改建議，都必須經過政黨的協商；廣度上：政黨協商還包括無黨派人士和工商界人士。

有觀點認為，該《意見》的頒布將讓政協擁有切實的參政議政的權力。另外，作為政治體制改革的重要內容，政協民主制度化可能代表了政改的方向。

早在中共 18 屆三中全會時，習近平就曾聲稱，以政協改革為核心的「協商民主制度化」是「政治體制改革的重要內容」。在 2014 年慶祝政協成立 65 周年大會上，習近平稱「民主不是裝飾品，不是用來做擺設的，而是要用來解決人民要解決的問題的。」「我們要堅持有事多商量，遇事多商量，做事多商量，商量得越多越深入越好。」統計發現，中共 18 大以來，已有 31 省市區政協主席全部「退常」，也就是說，政協主席不再由中共黨委常委兼任，而是另外選人，這被認為是政協去行政化的關鍵一步。

為何這時習近平推出政協意見書呢？這可從表面和深層兩個

層面來看。

表面上看，2017 年就是中共的換屆年了，19 大的人選如何定，如何避免 18 大時被強加的江派人馬，這是習最關心的，讓政協部分參與其中，至少是在輿論上為習爭取了主動，從而取得的最直接功效就是讓 19 大的人事安排更多地廢除江澤民派系的干擾。從長遠深層來看，有了政協對關鍵人選的協商，往後發展下去，就是民主選舉的基礎。

讓政協參與 有利習的 19 大布局

中共領導人的「選舉」歷來是黑箱作業。胡耀邦與趙紫陽遭中共元老逼迫下台，鄧小平的「隔代指定」，以及重慶事件後被廣泛披露的江澤民、曾慶紅、薄熙來、周永康等人的政變奪位密謀，均折射中共高層內鬥的血雨腥風與重重危機。

2017 年中共最高層面臨換屆，除習近平、李克強按慣例將連任外，確定其他下屆常委人選已提上議程。在此敏感時刻習近平定下新規，將「國家領導人」的建議人選列入協商主要內容，表面上看政協只能就國家主席、總理等職務提出推薦人選，但由於中共歷來是黨務和政府兩條線平行進行，比如正副總理、政協主席一定是政治局常委，選這些政府官員也就變相參與了對中共 19 大常委的選舉。

有評論指出，習這樣做的首要及直接效應就是：確保自己陣營人馬的上位，並在政治局常委掌控關鍵職位，避免 18 大劉雲山之流被硬塞進政治局常委的事再發生。

體制內退休高官辛子陵此前披露，中共高層事實上存在兩個司令部，以習近平為首的改革派組成的司令部，和一個地下的以「江澤民為核心的」反對派司令部。中共 18 大的七名常委中，江澤民推薦了三個，劉雲山的票數少於汪洋，但江堅持要劉上，胡習只好讓步，讓汪洋下。

劉雲山遭 48 名民主人士反對入常

據《爭鳴》2012 年 9 月報導，18 大前夕，劉雲山是內定 18 屆準政治局常委的人選之一，但也是中共高層深感棘手且最具爭議的人選之一。2012 年 7 月 26 日，中共中央召開民主黨派負責人座談會，通報 18 大籌備情況。當時有關 18 大的多項重要議程還處於有大爭議、大分歧之中，其中包括對準中央政治局常委候選人評議問題。

報導稱，在座談會上，民革中央主席周鐵農、民建中央主席陳昌智，點名反對劉雲山被列作準政治局常委候選人。民盟中央主席蔣樹聲、農工黨中央主席桑國衛以及陳昌智，點名中宣部被劉雲山搞得一團糟，更疾呼：如果劉雲山進中央政治局常委班子，會引起中共內部、社會大的反彈，造成政治上被動後果。

8 月上旬，八個民主黨派中央領導人在北戴河休假期間，有 48 名民主黨派人士中央主席、副主席及前主席聯署致信中共中央，第四次強烈表達反對劉雲山列作準常委候選人。

中共黨內外對劉雲山的工作、人品、作風劣評如潮。中共理論界、新聞界、宣傳部門及黨校都對劉雲山主持宣傳、理論工作十年的表現，對劉雲山的直接領導李長春管轄宣傳、理論、新聞系統十年的所作所為，十分反感。

報導還表示，新聞系統普遍搞經濟創收、廣告掛帥、有價新聞，致使色情、凶殺暴力、光怪陸離事件氾濫，劉雲山對此要負責任。

此外，劉雲山利用掌管中宣部及有李長春撐腰，多次在中央書記處會議上發難，而且借江的言論來抗衡胡錦濤、溫家寶對有關工作的指示、意見。

但如此惡評如潮的劉雲山，最後還是在 18 大上被江澤民塞進了政治局常委，成為江派檯面上的實權人物和代言人。

廢除江派的 19 大布署 習調動政協

如今眼看 19 大就要來了，但江澤民早在 18 大就開始布署 19 大。據港媒披露，胡錦濤在五中全會前再度致信政治局，要求撤銷 18 大前夕高層內部會議提議通過的 19 屆、20 屆政治局核心人員名單，也就是說，若習近平不採取行動，很可能另一個劉雲山又將被安插進 19 大。

於是習近平把政協的人請來一起商議領導人，想借助體制內「民意」確保自己陣營人馬入選「國家領導人」，而將江派人馬排除在外。這將大大降低江派最後時刻瘋狂手段威脅、攪局、反撲的風險。

習這樣做的關鍵原因就是因為他已經掌控了政協。目前政協主席是現任常委俞正聲，俞正聲與習近平同屬太子黨，是習近平的政治同盟。

另外，18 大以來，政協系統已被習深度清洗。除政協副主席蘇榮、政協副主席、統戰部長令計劃兩名副國級高官落馬外，曾經擔任黨政一把手的江派省部級高官退居政協後也紛紛被抓落馬。此前習近平還出台了新的統戰條例，調整中央及地方統戰系統的重要人事。

將「國家領導人」建議人選列入協商的主要內容，習可通過已掌控的政協及統戰系統，把江派人選淘汰出局。

習近平此時推出落實政協權力的意見書，還有更深的含義。在 2015 年 12 月 10 日官方公布政協意見書之前，習近平陣營做了很多配套的工作，釋放了強烈的政治改革的信號。比如 10 月 8 日，財新網公布了胡錦濤的智囊俞可平談中共體制違背了六大政治學公理，是要遭到歷史懲罰的。10 月 8 日同一天，具有特殊背景的「奉命歸國」發出了把選舉權歸還給子孫後代，讓民眾具有選舉權的呼籲。10 月 9 日，曾任山西省長的于幼軍，公開談反思文革……

這一系列有計畫、有系統的安排，匯集起來都在傳遞一個強烈的信號：政協改革只是習近平整個政治改革大局中的一環，習已邁出政改的第一步。

俞可平辭去編譯局副局長是種切割

12 月 7 日，財新網發表了《俞可平：我們違背了哪些政治學公理》的文章，這是俞可平 12 月 3 日在北京大學的公開演講內容。此文一出，引起極大關注。

俞可平被外界視為胡錦濤的文膽、智囊。在胡錦濤當政期間，俞曾在倒薄等政治事件上替胡溫發聲，習近平上台後，俞也多次發表挺習言論。2014 年 4 月 16 日，中共黨刊《求是》雜誌刊登俞可平的署名文章《沿著民主法治的軌道推進國家治理現代化》，文章提及習近平的「中國夢」，稱「沒有高度發達的民主政治」，「難圓復興中華的中國夢」。

在介紹俞可平的北大演講內容之前，我們先介紹俞可平此前的身分變化。

從2001年以來，42歲的俞可平任職中央編譯局副局長。編譯局的全稱是中共中央馬克思、恩格斯、列寧、斯大林著作編譯局，成立於1942年，是中央直屬機構，副部級單位，是典型的中共意識形態機構。被百姓稱為毛左的領地。

不過俞可平在中央編譯局任職期間，屢屢發表與中共意識形態相相背離的敏感言論，如2006年12月28日，他在《北京日報》上發表《民主是個好東西》一文，引起海內外廣泛反響。近兩年他還發表過《政治傳播、政治溝通與民主治理》、《協商民主是人類文明的公共成果》等民主相關文章。俞可平還曾公開表示，收入分配不公是導致社會不公的重要根源；評價幸福要「人民說了算」，不能「被幸福」；最危險的不是「貪錢腐敗」，而是「特權腐敗」。

俞可平任職編譯局副局長期間，還兼任北京大學中國政府創新研究中心主任等，同時他也兼任北大、清華、人大等大學的教授或研究員。不過在2015年10月28日，56歲的俞可平在中國深化改革理論研討會上宣布，經多次申請，他已獲批辭去中央編譯局副局長一職，將轉任北京大學擔任新組建的北大政治學研究中心主任、講席教授，並兼任北大政府管理學院院長。

辭職第二天，俞可平就在財新網上撰文《鄧小平與中國政治的進步》，再談政治改革。俞在文章中強調，沒有政治改革，經濟改革不可能有任何重大的突破；政治體制改革目標是民主和法制、政治體制改革關鍵是黨和國家領導制度改革等。

10 月 30 日，北京大學政府管理學院院長舉行院長交接儀式。俞可平在履新發言一開始就說，27 年前離開北大時，身上懷著作為一個政治學者的強烈責任感，「這種責任感就是：推動中國政治的進步，推進中國政治學的發展。」27 年後重新回到了母校，這種責任感始終沒有減弱。言外之意，這 27 年來中共政治並沒有多大的發展。

時政評論員謝天奇分析說，俞可平這次也完全可以在保留編譯局副局長職位的同時到北大兼職。俞可平此次離職時間點敏感，不僅正處中共五中全會召開期間，也適逢近期大陸民間乃至高層就馬克思共產主義話題公開分裂、對立之際。

謝天奇認為，如果說俞可平過去十多年的諸多敏感言論表明其內心與中共意識形態相背離，這次他辭去中央編譯局副局長一職，放棄副部級待遇，則可視為其徹底下決心脫去中共馬克思共產主義這層外衣，作出一種切割。

中共違背六項政治公理 將受懲罰

俞可平在 12 月 3 日的北大演講中表示，政治有許多的定義，在世界範圍內來看公認度最高的一個定義是：政治是關於重大利益的權威性分配。政治與人的根本利益相關，不同的利益就會有不同的立場，從而形成不同的觀點。但政治學有自身的公理。「如果違背了這些公理，無論是誰都會受到懲罰」。

俞可平結合中共官場現狀，盤點六條政治學公理：

一、「誰產生權力，權力就對誰負責」：很多中共官員對上唯唯諾諾，對「主人」百姓則頤指氣使。因為現在中共官員的選拔制度，違背了一條政治學公理：誰產生權力，權力就對誰負責。如果這個官職是老百姓給的，那這個官員就必定聽老百姓的話。如果這個官職是上級領導給的，那他當然就只對上言聽計從了。

二、「執政能力與制度設計：政須出一門」：執政能力與制度設計密切相關：政須出一門。如果一件事有好多部門管理，那麼效率肯定低。

三、「由上及下的決策指令與由下及上的效果測試不能走同一管道」：上面官員到下面去調研發現很多數據不真實，有水分，因為中共制度設計違背了另一條政治學原理：由上及下的政策指令信息與由下及上的政策效果信息不能走同一條管道，誰要是違反了這套規律，毫不例外，得到的信息在相當程度上是不真實的。

四、「權力須受到制衡，並形成封閉的環」：中共官員貪污腐敗，現在整治力度很大，有 100 多隻「老虎」被抓，但俞可平表示，「如果幾個官員腐敗，那確實是個人信仰缺失等等，如果是一片官員腐敗，那肯定是制度出了問題」。權力必須受到制衡；權力不但要受到制約，而且還要形成封閉的環。不能有一個環節缺失，只要有一個關鍵環節缺失，那麼其他的環節都無效。特別是對第一把手的制約，缺漏太多。

五、「下屬權利原則」：在民主政治條件下，官員權力的上下級關係並不等於官員權利的上下級關係。作為公民，大家的權利是平等的，但在中國，「官大一級壓死人」的現象比比皆是，不同官員級別不僅薪水不同，而且在退休、住房、用車、醫療等方面都有不同的待遇，這就沒有保障「下屬權利原則」。

六、「每個官員都有自己的個人『理性』」：俞可平說，現在政治生活中有一個非常頭疼的問題，就是公共利益部門化，部門利益合法化，最後是合法利益個人化。不同的利益群體事實上也已經形成了，不同的利益群體都有自己的利益訴求，有些群體掌握著決策權，在制定政策的時候自覺或不自覺地為自己的群體或部門利益傾斜。俞可平表示，國家的制度設計，必須規範官員的「理性」，既保護其正當的利益要求，又防止其「理性」的過度擴張。

演講中俞可平強調，違背了這些政治學公理的制度，一定會遭到公理的懲罰，否則就不是公理了。這就暗示中共體制必須得改革了。

奉命歸國：選舉權力還給子孫後代

就在財新網發表俞可平的六條政治公理的同一天，12 月 8 日上午 9 時左右，背景神祕的「奉命歸國博客」在新浪博客發表博文《不要霸占子孫權力》。帖子這樣寫道：「請不要霸占自己子孫的權力：不要為現在手中權力著迷，中國官場的權力的確誘人，但還是要冷靜想想，這權力真正是誰的？手握重權你們真正的感到幸福踏實嗎？天天爭權奪利，勾心鬥角，累不累？這種權力自然構成了今天官場政治生態，官員之間大部分貌合神離，台上柔情似水、台下刀光劍影，同時也造成現在官員人不人、鬼不鬼、台上笑台下鬥公私不分的狀況。請不要戀權，用好、守好手中的權力，讓其平穩過渡將它還給咱們的子孫後代。」

《新紀元》在此前分析過，「奉命歸國」背後很可能是習近平的女兒、從美國哈佛大學畢業歸國的習明澤的團隊在運作。仔細品味這段話，內容很豐富。它先講了中共官場權力的誘人，但也很醜陋，最後提醒說，「請不要戀權，用好、守好手中的權力，讓其平穩過渡，將它還給咱們的子孫後代。」也就是說，要習近平把權力平穩過渡給後來人，把權力還給民眾。

難怪有網民跟帖說，「給人民選舉權！大大（指習近平）要名垂青史啊！」

這些敏感博文及跟帖發表後，幾天都未被刪除，這很罕見，因為此前「奉命歸國」的不少帖子都被劉雲山掌控的網管給刪除了。

前省長于幼軍公開談「反思文革」

在俞可平、奉命歸國等發聲後的第二天，12 月 9 日，曾任文化部副部長的于幼軍，以「反思文化大革命」為主題的系列講座首次在廣州中山大學開講。該講座共分七個部分，從 12 月 9 日起到 25 日，分八天講完。根據通知，僅限於校內老師，碩博在校生。「現場請勿錄音、拍照、攝像」。

官方簡歷顯示，于幼軍，1953 年 1 月生，曾任廣州市委常委、廣東省委宣傳部部長，深圳市市長，湖南省委副書記，山西省委副書記、省長，文化部副部長，2010 年 12 月至 2015 年 1 月任國務院南水北調工程建設委員會辦公室副主任。2015 年 10 月 9 日，于幼軍被聘任為中山大學哲學系教授、博士生導師。

于幼軍在演講中稱，中共當局 1982 年就說，文革是一場錯誤「運動」，但文革「研究都變成了不成立的禁區」。這些年，「文革陰魂若隱若現，侵蝕執政黨和人民肌體。」「文革的土壤還在，特別是人們還沒有理性、深刻認識的情況下，文革有可能會在一定的歷史條件下部分重演。」

于幼軍還透露，他選擇「文革」話題開講，是由於「明年是文革發生 50 周年」；讓大家「自覺地拒絕文革」、「不讓文革在新時代穿上一件馬甲就粉墨登場」。

有消息稱，于幼軍此次「反思文革」，是來自北京高層的安排。公開資料顯示，習近平、王岐山等北京高層在文革期間都曾遭受迫害。

習近平曾在山東曲阜市考察孔府和孔子研究院時，與當地「專家學者」座談時談到了「文化大革命對傳統文化的戕害」，並鼓勵與會者「因勢利導」，「深化研究」孔子和儒家思想。習近平 10 年前曾撰寫過一篇文革經歷的文章，內容詳述了文革期間由於父親習仲勛因所謂「《劉志丹》小說問題被立案審查，自己亦被作為『黑幫』的家屬揪出來了」等多個事例。

同絕大部分中國人一樣，對於文革之害，習近平有切膚之痛。

福山：中國缺乏兩根立國的大柱子

除了上述這些信號之外，此前還有諸多跡象表明習近平在為政治改革造輿論。

12 月 3 日，羅瑞卿之子、太子黨羅宇在香港《蘋果日報》上發文向習近平喊話，呼籲習近平用 5 個步驟，盡快結束中共的一黨專制。羅宇表示，今天的中國遍地危機，一切的總禍根就是中共的一黨專政。只有實行民主憲政，才可能從根子上解決貪腐的問題，這是唯一的出路。

12 月 3 日同一天，《福山在多倫多大學講了什麼？》的文章在網上熱傳。熱中於推廣西方民主體制的日本籍美國學者福山，此前曾於王岐山、習近平多次會談，很多人相信，福山在多倫多大學商學院就政治秩序和政治衰退的發言，與他跟習近平的交談，至少是觀點相同的。

福山談到中國政治現狀稱，在他的「國家、法治、民主」的三維分析框架裡，中國有強大的國家，但後面兩個支柱始終沒有出現，因此，這樣的國家就必然會不穩定。

他說，中國實際上還是一種封建王朝的運行模式。中國現在擅長的事情也是中國過去 250 年所擅長的，那就是官僚集權、快速決策、大量投資（基礎設施）。但是，（中共）政府的合法性危機事實上在日益加重。合法性都押在經濟上，但目前經濟也在嚴重滑坡；還在玩馬列主義的意識形態，但對合法性全無幫助，因為沒人相信。

法蘭西斯．福山（Francis Fukuyama）是一名美國作家及政治經濟學者，他在《歷史的終結及最後之人》一書中認為，隨著冷戰的結束，自由民主和資本主義被給以最高地位，是「資本陣營」的勝利。2015 年初，福山兩卷本《政治秩序的起源》的第二卷《政治秩序與政治衰退：從產業革命到民主全球化》問世。

11 月 25 日，與習近平陣營關係密切的財新網刊登鳳凰「高見」欄目對福山的採訪內容。採訪中，福山認為，現代政治體制有三個要素：強而有力的政府、法律制度和民主責任制。如果只有強大的政府，則會導致獨裁主義；如果只有民主，則可能會造成政府的軟弱和無效。中國一直都有強有力的政府，「但中國還不完全是個法治社會，因為共產黨制定法律卻不完全受法律的約束」；「正式的民主責任制在中國還不能算有」。

福山認為，中國可以仿效德國等歐洲國家，從建立法治社會開始，然後再過渡到民主制度。

政改兩件大事：平反冤案、民主啓蒙

11 月 30 日，財新網刊文《為什麼需要真相委員會》，提及調查獨裁政權侵犯人權的罪行、追責、刑事審判，以及「轉型正義」等敏感字眼；影射中國政局最核心的真相——法輪功被迫害問題。

《新紀元》此前分析過，習近平要進行改革，還需要進行兩件事。習近平還沒做這兩件事，其反腐力度再大，百姓都會感覺與自己並不相關。

那就是要在思想上把人們從文革的禁錮中解脫出來，並大規模平反冤假錯案。

有評論說，如果說俞可平、于幼軍等人的演講，是在思想輿論上為習的改革造勢的話，那抓捕江澤民、停止迫害法輪功，就成了習陣營的另一重要任務。

目前在國際上，江澤民集團政變尤其是活摘法輪功學員器官等反人類罪行已被廣泛曝光，江澤民的這些罪惡與中共體制互為依附。在中國，習近平陣營針對江澤民的圍剿已經展開，箭在弦上，不得不發。在大陸，超過 20 萬民眾向最高法院、最高檢察院控告江澤民，超過 2 億 2000 萬人退出中共及其附屬組織。抓捕江澤民與解體中共，都已經是不以人的意志為轉移的必將發生的大事件。

中國大變動系列 **041**

全中國坐等出事

作者：王淨文 / 季達。**執行編輯**：張淑華 / 韋拓 / 古春秋。**美術編輯**：吳姿瑤。**出版**：新紀元周刊出版社有限公司。**地址**：香港荃灣白田壩街5-21號嘉力工業中心B座3樓25。**電話**：886-2-2949-3258 (台灣) 852-2730-2380 (香港)。**傳真**：886-2-2949-3250 (台灣) / 852-2399-0060 (香港)。**Email**:mag_service@epochtimes.com。**網址**: www.epochweekly.com。**香港發行**：田園書屋。**地址**：九龍旺角西洋菜街56號2樓。**電話**：852-2394-8863。**台灣發行**：高見文化行銷股份有限公司。**地址**：新北市樹林區佳園路二段70-1號。**電話**：886-2-2668-9005。**規格**：21cm×14.8cm。**國際書號**：ISBN978-988-13960-0-6。**定價**：HK$128 / NT$450 / KRW$20,000 / US$29.98。**出版日期**：2016年3月。

新紀元
NEW EPOCH WEEKLY